BIBLIOGRAPHIE

DE

L'HISTOIRE DE BELGIQUE

BIBLIOGRAPHIE

DE

L'HISTOIRE DE BELGIQUE

CATALOGUE MÉTHODIQUE ET CHRONOLOGIQUE

DES SOURCES ET DES OUVRAGES PRINCIPAUX

RELATIFS A L'HISTOIRE DE TOUS LES PAYS-BAS JUSQU'EN 1598 ET A

L'HISTOIRE DE BELGIQUE JUSQU'EN 1830

PAR

H. PIRENNE

PROFESSEUR A L'UNIVERSITÉ DE GAND

DEUXIÈME ÉDITION

BRUXELLES

H. LAMERTIN, LIBRAIRE-ÉDITEUR

20, RUE DU MARCHÉ-AU-BOIS

GAND

C. VYT, LIBRAIRE-ÉDITEUR

13, RUE BASSE DES CHAMPS

Gand, imprimerie Eug. Vander Haeghen, rue des Champs, 60

1902

DU MÊME AUTEUR :

**Histoire de la constitution de la ville de Dinant au
Moyen âge.** Gand, Vuylsteke, 1888, in-8° . . . . fr. 4.00

**Histoire du meurtre de Charles-le-Bon, comte de
Flandre**, par GALBERT DE BRUGES. Paris, A. Picard,
1891, in-8° 6.00

Le livre de l'abbé Guillaume de Ryckel (1249-1272).
Polyptyque et comptes de l'abbaye de Saint-Trond au
milieu du XIII° siècle. Bruxelles, Kiessling, 1896, in-8° . 5.00

**La version flamande et la version française de la
bataille de Courtrai.** Gand, C. Vyt, 1892, in-8° . . 1.50

La Hanse flamande de Londres. Gand, C. Vyt, 1899,
in-8° 2.00

Geschichte Belgiens. I. Bis zum Anfang des XIV. Jahrhunderts. Deutsche Uebersetzung von Fritz Arnheim.
Gotha, F. A. Perthes, 1899, in-8° 15.00

Histoire de Belgique. I. Des origines au commencement
du XIV° siècle. 2° édition. Bruxelles, Lamertin, 1902,
in-8° 7.50

La Nation Belge. 3° édition. Bruxelles, Lamertin, 1900,
in-8° 1.00

**Le soulèvement de la Flandre maritime en 1323-
1328.** Bruxelles, Kiessling, 1900, in-8° 5.00

BIBLIOGRAPHIE

DE

L'HISTOIRE DE BELGIQUE

CATALOGUE MÉTHODIQUE ET CHRONOLOGIQUE

DES SOURCES ET DES OUVRAGES PRINCIPAUX

RELATIFS A L'HISTOIRE DE TOUS LES PAYS-BAS JUSQU'EN 1598 ET A

L'HISTOIRE DE BELGIQUE JUSQU'EN 1830

PAR

H. PIRENNE

PROFESSEUR A L'UNIVERSITÉ DE GAND

DEUXIÈME ÉDITION

<table>
<tr><td>BRUXELLES</td><td>GAND</td></tr>
<tr><td>H. LAMERTIN, LIBRAIRE-ÉDITEUR</td><td>C. VYT, LIBRAIRE-ÉDITEUR</td></tr>
<tr><td>20, RUE DU MARCHÉ-AU-BOIS</td><td>13, RUE BASSE DES CHAMPS</td></tr>
</table>

Gand, Imprimerie Eug. Vander Haeghen, rue des Champs, 60

1902

PRÉFACE DE LA DEUXIÈME ÉDITION

Malgré ses imperfections, ce petit ouvrage a rendu quelques services. Publié en 1893, il était épuisé dès 1896, et j'ai dû me décider à le reprendre et à tenter de le remettre au point. Je n'ai rien changé d'essentiel au plan et à la méthode dont les principes sont exposés dans la préface de la première édition. La seule innovation que je me suis permise consiste en un certain nombre de notes que j'ai rendues aussi brèves et aussi peu nombreuses que possible. Pour le surplus, ma tâche s'est bornée à reviser soigneusement mon catalogue, en évitant surtout de le surcharger d'un trop grand nombre de titres. On ne s'étonnera point cependant que, partageant le sort de tous les répertoires bibliographiques, il se soit accru assez considérablement. Au lieu de 2084 numéros, il en comprend aujourd'hui 2586.

Pendant l'impression du volume, qu'absorbé par d'autres besognes je n'ai pu mener aussi rapidement que je l'aurais voulu, je n'ai cessé d'avoir recours à la compétence d'un grand nombre de savants, de collègues et d'amis. Je les prie d'excuser les taches trop nombreuses, qui, par la faute de l'auteur, déparent encore un travail qui leur doit tant d'améliorations.

C'est avec une profonde gratitude que j'adresse mes remerciements au R. P. Dom Ursmer Berlière de l'abbaye de Maredsous, à MM. E. Gossart et H. Hymans, conservateurs à la bibliothèque royale, V. Brants, professeur à l'Université de Louvain, H. Lonchay, professeur à l'Université de Bruxelles, A. Delescluse, chargé de cours à l'Université de Liège, Hanns Schlitter, archiviste aux archives impériales de Vienne, L. Devillers, conservateur honoraire des archives de l'État à Mons, J. Vannérus, conservateur-adjoint des archives de l'État à Anvers, qui ont bien voulu revoir en épreuves de longues parties de mon ouvrage. Je dois beaucoup aussi à MM. P. Bergmans, conservateur à la Bibliothèque de l'Université de Gand, A. Cauchie, professeur à l'Université de Louvain, G. Espinas, attaché au

Ministère des Affaires étrangères à Paris, P. Fredericq, professeur à l'Université de Gand, V. Fris, G. Kurth, professeur à l'Université de Liège, É. Matthieu, avocat à Enghien, L. Vanderkindere, professeur à l'Université de Bruxelles, É. Vander Mynsbrugge, archiviste aux archives du royaume et J. Vercoullie, professeur à l'Université de Gand, qui, soit spontanément, soit sur ma demande, m'ont fourni une foule d'indications précieuses.

Juillet 1901.

PRÉFACE DE LA PREMIÈRE ÉDITION

Ce livre n'a pas la prétention de fournir la bibliographie complète de l'histoire de Belgique. Ce n'est qu'un essai de répertoire systématique des principales sources et des principaux travaux d'érudition relatifs à cette histoire. Bref, j'ai voulu faire de mon côté, pour notre pays, ce que Dahlmann et Waitz (¹) ont fait pour l'Allemagne et plus récemment M. Monod (²) pour la France.

Mon but, comme le leur, a été avant tout pédagogique. Je ne m'adresse ni aux bibliographes, ni aux spécialistes. Je me propose seulement d'épargner aux étudiants des peines et des tâtonnements inutiles. J'espère toutefois que mon travail rendra quelques services aux maîtres eux-mêmes. Non sans doute qu'il soit de nature à leur rien apprendre qu'ils ne sachent déjà. Mais il pourra du moins leur alléger la tâche fastidieuse et pourtant indispensable de dicter à leurs auditeurs de longues listes d'ouvrages. Peut-être aussi, en possession de l'inventaire des résultats acquis dès maintenant, leur sera-t-il plus aisé de montrer à leurs élèves tout ce qui reste à accomplir et de leur indiquer les questions vers lesquelles doit se porter de préférence l'activité scientifique.

Comme on s'en apercevra au premier coup d'œil, la disposition du livre est la même que celle des deux manuels que j'ai mentionnés plus haut. Il eût été dangereux d'innover en cette matière et de modifier sans utilité un plan qui est excellent et qui a fait ses preuves. Je n'ai eu donc

---

(¹) Dahlmann-Waitz. *Quellenkunde der Deutschen Geschichte. Quellen und Bearbeitungen systematisch und chronologisch verzeichnet.* 6° édit. par E. Steindorff. Göttingen, 1894, in-8.

(²) G. Monod. *Bibliographie de l'histoire de France.* Paris, 1888, in-8.

qu'à adapter à la bibliographie de notre histoire des cadres en quelque sorte tout préparés. Mais si par là ma tâche a été singulièrement facilitée, elle n'a pas laissé, d'autre part, de présenter encore d'assez graves difficultés.

Et, tout d'abord, que faut-il admettre dans une bibliographie de l'histoire de Belgique et qu'en faut-il exclure? Pour l'Allemagne, pour la France surtout, cette incertitude n'existe pas. Les mots " histoire de France „ ou " histoire d'Allemagne „ éveillent dans l'esprit des idées fort nettes. Il en est tout autrement pour l'histoire de Belgique. A vrai dire, en effet, avant la réunion des diverses principautés des Pays-Bas sous les ducs de Bourgogne, notre histoire se confond en grande partie avec celle de nos deux puissants voisins du Sud et de l'Est. Il est impossible de l'en détacher tout à fait : elle y est, pour ainsi dire, continuellement engagée. Si donc j'avais voulu mentionner ici tous les travaux sans le secours desquels une connaissance scientifique de l'histoire de Belgique est impossible, j'aurais dû faire de mon livre une sorte de bibliographie en raccourci de l'histoire de l'Europe occidentale. Par là, je lui aurais enlevé son caractère et son utilité.

Aussi, de parti pris, me suis-je tenu dans des limites fort étroites et me suis-je assigné une tâche très modeste. J'ai exclu presque complètement de mon répertoire les travaux et les sources qui n'ont pas directement pour sujet les événements politiques ou les phénomènes sociaux, économiques, juridiques, religieux, etc., que l'on peut considérer comme appartenant exclusivement à notre histoire (¹). J'ai écarté aussi, des chapitres traitant des sciences auxiliaires et de la bibliographie, l'indication des ouvrages généraux et des grandes collections de textes, comme les *Monumenta Germaniae Historica* ou le *Recueil des Historiens de France*. Au reste, j'ai eu soin, à chaque paragraphe, de renvoyer le lecteur aux paragraphes correspondants des livres de DALHMANN-WAITZ et de M. MONOD. Ainsi, la bibliographie de l'histoire de Belgique, entre la bibliographie de l'histoire de France et la bibliographie de l'histoire d'Allemagne, est comme la Belgique elle-même entre l'Allemagne et la France : indépendante d'elles, mais incomplète sans elles.

(¹) J'ai fait exception pour certains ouvrages qui, bien que ne traitant pas spécialement de l'histoire de Belgique, consacrent cependant à celle-ci des chapitres importants. Je citerai par exemple, comme se trouvant dans ce cas, plusieurs volumes de la collection des *Jahrbücher der Deutschen Geschichte* et un bon nombre des récents travaux du même genre publiés en France.

Une seconde question se posait. Quels territoires convient-il de considérer, aux diverses époques, comme le théâtre de notre histoire ? L'absence d'unité de race et d'unité géographique, aussi bien que les fluctuations considérables des frontières politiques, du moyen âge jusqu'à nos jours, rendaient la réponse à cette question passablement malaisée. Il m'a paru que la solution la plus simple et la plus conforme à la fois au caractère de notre développement national, était de considérer comme rentrant dans le champ de l'histoire de Belgique, l'ensemble des pays qui ont partagé pendant des siècles les destinées de ceux qui constituent aujourd'hui notre patrie. L'Artois, les évêchés de Cambrai et d'Utrecht, les comtés de Hollande et de Gueldre, appartiennent, à ce point de vue, à l'histoire de Belgique au moyen âge (¹). Les en exclure, sous prétexte qu'ils ne sont plus compris aujourd'hui dans nos frontières, c'est ôter à celle-ci tout caractère organique et la réduire à n'être plus qu'un assemblage de faits arbitrairement juxtaposés. Du reste, ceci n'est vrai que pour les temps antérieurs au XVI⁰ siècle. Du jour, en effet, où apparaissent, dans le Nord, la république des Provinces-Unies et, dans le Sud, les Pays-Bas Catholiques, l'unité du développement politique et de la civilisation est à jamais rompue. Deux États différents, deux nationalités distinctes se forment, n'ayant plus désormais rien de commun. L'histoire de Belgique s'oppose dès lors à l'histoire de Hollande : à partir de l'avènement d'Albert et d'Isabelle, sauf pendant les dix-sept années qui s'écoulent de 1814 à 1830, il ne peut plus être question d'histoire des Pays-Bas.

Aussi, si jusqu'en 1598 (²), j'ai cru devoir faire entrer dans mon livre la bibliographie relative à l'histoire de l'ensemble des Pays-Bas, je n'ai plus, au contraire, après cette date, indiqué que les ouvrages consacrés exclusivement à l'histoire des Pays-Bas Catholiques.

J'ai adopté, pour la division de notre histoire en périodes avant l'avènement de la maison de Bourgogne, un système nouveau que je dois rapidement justifier. La longue évolution historique dont le résultat a été la formation, au XV⁰ siècle, d'un État intermédiaire entre la France et l'Allemagne, ne

______

(¹) Il n'en est pas de même de la Frise qui a conservé, comme on sait, pendant longtemps, une civilisation complètement distincte de celle des Pays-Bas du Sud. Mais les rapports continuels du comté de Hollande avec ce pays m'ont obligé à citer au moins les principaux travaux dont son histoire a été l'objet.

(²) Bien que l'indépendance des Provinces-Unies n'ait été reconnue que par la paix de Westphalie en 1648, c'est à partir de l'avènement d'Albert et d'Isabelle que se forment dans les Pays-Bas deux nationalités distinctes. L'année 1598 me parait donc devoir être préférée ici à toute autre date.

commençant qu'à la dislocation de l'empire carolingien, j'ai consacré un seul chapitre, fort court, aux temps antérieurs à l'année 843. Après cette date, le commencement du XII° siècle m'a fourni un nouveau point de repère. Il est en effet, aussi bien pour la Flandre, relevant de la couronne de France, que pour la Lotharingie, partie intégrante de l'Empire, la fin d'une période organique. En Lotharingie, l'acquisition presque simultanée du titre ducal par les familles rivales des comtes de Louvain et des comtes de Limbourg, brise l'unité du duché et inaugure l'ère du morcellement féodal. En Flandre, avec la mort de Charles le Bon en 1127, coïncident à la fois l'extinction de la race des comtes nationaux et les premières tentatives des rois de France pour établir leur autorité sur le comté resté jusque là indépendant. La troisième période comprend les XII° et XIII° siècles. Pour la Flandre, on peut lui assigner comme terme l'avènement de Philippe le Bel. Pour la Lotharingie, je me suis arrêté à la fin du grand interrègne, époque à laquelle se rompent les derniers liens qui rattachaient encore ce pays à l'Empire. L'avènement de la maison de Bourgogne est le terme naturel de la quatrième période, aussi bien pour la Flandre que pour les principautés lotharingiennes qui, à partir de Philippe le Bon, se trouvent enfin réunies définitivement sous un même souverain.

Cette division de l'histoire de Belgique au moyen âge présente, me semble-t-il, de grands avantages. Non seulement elle donne à cette histoire si compliquée un caractère suffisant d'unité, mais elle a encore le mérite de pouvoir s'adapter également aux deux groupes de territoires dont l'ensemble constitue les Pays-Bas : ceux de la mouvance française à gauche de l'Escaut, et ceux de la mouvance impériale à droite de ce fleuve. En outre, elle est loin d'être arbitraire et artificielle. Elle s'applique aussi bien à l'histoire purement politique qu'à l'histoire de la civilisation.

A partir de la période bourguignonne, la division chronologique de notre histoire ne présente plus de difficultés. J'ai donc conservé simplement celle qui est généralement admise, en réservant, dans chaque chapitre, un paragraphe spécial au pays de Liège qui a maintenu, comme on sait, son indépendance politique jusqu'à la fin du XVIII° siècle.

Dans chaque chapitre, on trouvera d'abord l'indication des sources, puis celle des principaux travaux modernes. Ce n'est que pour l'époque proprement féodale, du XIII° au XIV° siècle, que j'ai cru devoir indiquer séparément l'historiographie des divers territoires (¹). Avant cette date,

---

(¹) Il va sans dire que les mots *Brabant*, *Flandre*, *Hainaut*, etc. désignent, dans ce livre, les territoires qui ont anciennement porté ces noms.

l'historiographie n'a pas encore de caractère assez nettement local pour qu'on puisse la répartir en groupes bien distincts. En règle générale, je n'ai indiqué pour chaque source qu'une seule édition : celle qui m'a paru la meilleure. Il eût été inutile d'accumuler ici les détails bibliographiques. On ne s'étonnera pas non plus que j'aie cité régulièrement les auteurs du moyen âge d'après les *Monumenta Germaniae Historica*. Cette grande collection comprend, en effet, presque toutes les sources de notre histoire antérieurement au XIVe siècle, et elle fournit ordinairement, étant plus récente que les autres recueils similaires, des textes plus purs et mieux établis. Pour les sources les plus importantes, j'ai cru utile de renvoyer le lecteur aux principaux travaux critiques dont elles ont été l'objet. On remarquera, de plus, que j'ai donné, pour le moyen âge, un nombre de sources relativement beaucoup plus considérable que pour les temps modernes. A partir du XVIe siècle, en effet, il fallait nécessairement se borner à ne citer que les documents essentiels, sous peine de grossir énormément le volume de ce livre et d'en altérer gravement le caractère.

Si le choix des sources était chose relativement facile, il en allait tout autrement pour celui des travaux modernes. Notre littérature historique est très vaste, mais malheureusement de valeur fort inégale. Je me suis naturellement efforcé de citer surtout des ouvrages vraiment scientifiques. Toutefois, je n'ai pu échapper très souvent à la nécessité d'accueillir des livres auxquels on peut à bon droit reprocher leur manque de critique et de méthode; mais j'ai tenté du moins de n'indiquer que des travaux contenant des renseignements que l'on chercherait vainement ailleurs. On trouvera peut-être que j'ai réservé une place trop large à l'histoire locale : j'y ai été obligé. D'une part, le particularisme encore si puissant en Belgique a conduit une foule d'historiens à se placer dans leurs études au point de vue de l'histoire locale, d'autre part, le rôle des villes a été si important à toutes les époques de notre développement national, qu'il fallait nécessairement fournir au lecteur l'indication des travaux relatifs aux plus considérables d'entre elles.

J'ai renoncé à désigner par des caractères typographiques spéciaux ou par des astérisques, les titres des ouvrages les plus importants. Ceux-ci ne sont pas en si grand nombre qu'ils ne puissent être facilement indiqués aux étudiants. D'ailleurs, dans la première édition d'un travail comme celui-ci, il m'a semblé qu'il était prudent de n'être pas trop affirmatif et d'attendre de la collaboration de ceux qui sont appelés à s'en servir, les moyens de le perfectionner et de le rendre moins indigne de son titre.

Tel qu'il est, mon livre est un essai dont personne mieux que moi ne voit l'insuffisance et c'est avec la plus entière sincérité que je réclame pour lui l'indulgence du lecteur. Ce n'est que le désir d'être utile qui me l'a fait entreprendre et qui m'a soutenu jusqu'à son achèvement. On voudra bien me tenir compte, je l'espère, des difficultés de l'œuvre, et ne pas me reprocher trop sévèrement les erreurs de titres ou de dates ainsi que les omissions fort nombreuses sans doute que l'on ne manquera pas de relever dans ce volume.

Il me reste à adresser de chaleureux remercîments à toutes les personnes qui ont bien voulu s'intéresser à mon ouvrage et m'apporter le concours de leurs conseils et de leur science. La bonne grâce et l'inépuisable complaisance qu'elles n'ont cessé de témoigner à mon égard, m'ont singulièrement facilité le travail pénible et monotone que je termine enfin aujourd'hui. Je dois une reconnaissance toute particulière à TH. J. ARNOLD, conservateur à la bibliothèque de l'Université de Gand et à mon collègue de Groningue M. P. J. BLOK, qui m'ont fourni nombre d'indications précieuses sur la bibliographie des travaux parus en Hollande. Si mon livre peut contribuer, pour une faible part, à réunir dans une œuvre commune, les historiens du Nord et du Sud des Pays-Bas, je me plais à reconnaître que c'est à eux qu'il le devra. MM. J. LAMEERE, conseiller à la cour de cassation, H. LONCHAY, professeur à l'Université de Bruxelles, P. FREDERICQ, A. DE CEULENEER et L. CLOQUET, professeurs à l'Université de Gand, G. KURTH et E. HUBERT, professeurs à l'Université de Liège, ont bien voulu revoir, de leur côté, certains chapitres de mon répertoire. Je dois beaucoup aussi à l'obligeance de MM. E. GOSSART, conservateur à la bibliothèque royale de Bruxelles, R. VAN DEN BERGHE, conservateur à la bibliothèque de l'Université de Gand et P. BERGMANS, secrétaire adjoint de la *Biographie Nationale*. Enfin, je suis heureux de citer parmi ceux qui ont collaboré à ce livre destiné surtout aux étudiants belges, mes anciens élèves de l'Université de Gand : MM. H. VANDER LINDEN, CH. HUYGENS, J. JACOBS et L. & J. MEYSMANS.

Avril 1893.

TABLE DES MATIÈRES

PREMIÈRE PARTIE

RECUEILS ET OUVRAGES GÉNÉRAUX

I. Sciences auxiliaires.

II. Sources.

III. Travaux historiques proprement dits.

IV. Recueils de mémoires et périodiques.

DEUXIÈME PARTIE

HISTOIRE PAR ÉPOQUES

I. Les Pays-Bas avant le traité de Verdun.

II. Les Pays-Bas du traité de Verdun au commencement du XIIe siècle.

III. Les Pays-Bas au XIIe et au XIIIe siècle.

IV. Les Pays-Bas de la fin du XIIIe siècle à l'avènement de la maison de Bourgogne.

V. Les ducs de Bourgogne (1384-1477).

VI. Les Pays-Bas depuis le mariage de Maximilien d'Autriche avec Marie de Bourgogne (1477) jusqu'à l'abdication de Charles-Quint (1555).

Liste des abréviations employées dans le corps de l'ouvrage.

AA. SS. = Acta Sanctorum. Antwerpiæ, depuis 1643, in-fol.

MG. SS. = Monumenta Germaniæ Historica. Scriptores. Hannoverae et Berolini, depuis 1826, in-fol. et in-4.

CRH. = Bulletins de la Commission royale d'histoire. Bruxelles, depuis 1834, in-8.

Pour les recueils périodiques, la série est indiquée par un chiffre arabe et le volume par un chiffre romain. Ainsi : **CRH. 3. II** = Bulletin de la Commission royale d'histoire, 3ᵉ série, tome II.

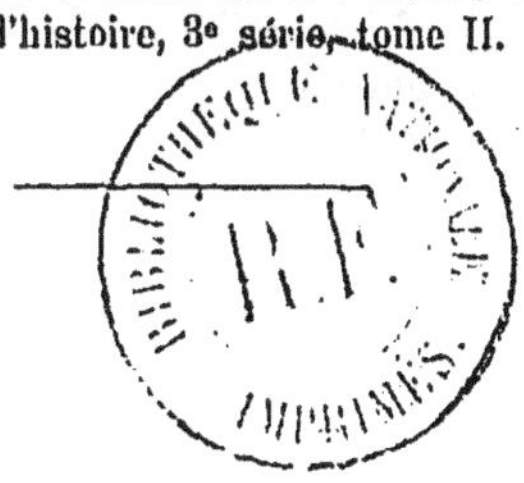

BIBLIOGRAPHIE

DE

L'HISTOIRE DE BELGIQUE

PREMIÈRE PARTIE

RECUEILS ET OUVRAGES GÉNÉRAUX

—

I

SCIENCES AUXILIAIRES.

1. Bibliographie générale.

(Cf. Dahlmann-Waitz-Steindorff, Nᵒˢ 798-814; Monod, Nᵒˢ 1-64.)

1. A défaut de répertoires et de périodiques spéciaux relatifs à l'histoire des Pays-Bas en général, on consultera :

Pour la Belgique : La *Bibliographie nationale. Dictionnaire des écrivains belges ou catalogue de leurs publications* (de 1830 à 1880). Bruxelles, depuis 1882, in-8, et Fʀ. DE POTTER. *Vlaamsche Bibliographie. Lijst der boeken in Belgïë van 1830 tot 1890 verschenen.* Gent, depuis 1893, in-8.

Pour la Hollande : C. L. BRINKMAN. *Alphabetische Naamlijst van boeken* (1833-1849). Amsterdam, 1858, in-4. — R. VAN DER MEULEN. *Brinkman's Catalogus van boeken, etc.* (1850-1882). Amsterdam, 1884-85, in-4, et la continuation (1882-1891) de cet ouvrage sous le même titre. Ibid. 1893, in-8. Ces deux ouvrages sont pourvus d'excellents répertoires systématiques.

Pour la bibliographie courante :

Belgique : *Bibliographie de Belgique. Journal officiel de la librairie*. Bruxelles, depuis 1875, in-8. — *Revue bibliographique belge*. Bruxelles, depuis 1889, in-8.

Hollande : *Nederlandsche bibliographie*. 's Gravenhage, depuis 1856, in-8. — *Brinkman's alphabetische naamlijst van boeken*. Amsterdam, depuis 1846, in-8, suite des répertoires de même nom mentionnés plus haut et à consulter par conséquent depuis 1891.

Depuis 1899, les *Archives belges, revue critique d'historiographie nationale* sous la direction de G. KURTH. Liège, in-8, donnent des comptes rendus critiques de tous les ouvrages nouveaux intéressant l'histoire de la Belgique ainsi que le dépouillement des revues relatives à l'histoire nationale.

Pour la Hollande, on utilisera dans le même but : *Museum, maandblad voor philologie en geschiedenis*, éd. P. J. BLOK, J. S. SPEYER et B. SYMONS. Groningen, depuis 1893, in-4.

———

2. R. FRUIN, etc. Repertorium der verhandelingen en bijdragen betreffende de geschiedenis des Vaderlands, in mengelwerken en tijdschriften tot op 1860 verschenen. Leiden, s. d., in-8. — Suppléments en 1872, 1884 et 1893.

3. E. VAN BRUYSSEL. Table générale des notices concernant l'histoire de Belgique publiées dans les revues belges de 1830 à 1865. Bruxelles, 1869, in-8.

———

4. S. DE WIND. Bibliotheek der Nederlandsche geschiedschrijvers. Middelburg, 1831-35, in-8.

5. J. BOLHUIS VAN ZEEBURGH. Kritiek der Friesche geschiedschrijvers. I. 's Gravenhage, 1873, in-8.

6. S. MULLER. Lijst van Noord-Nederlandsche kronijken, met opgave van bestaande handschriften en littoratuur. Utrecht, 1880, in-8.

7. W. WATTENBACH. Deutschlands Geschichtsquellen im Mittelalter bis zur Mitte des XIII Jahrhunderts. 6e édit. Berlin, 1893-94, 2 vol. in-8. — O. LORENZ. Deutschlands Geschichtsquellen... seit der Mitte des XIII Jahrhunderts. 3e édit. Berlin, 1886-87, 2 vol. in-8.

———

8. VALERIUS ANDREAS. Bibliotheca Belgica. Lovanii, 1623, in-4.

9. J. F. FOPPENS. Bibliotheca Belgica sive virorum in Belgio vita scriptisque illustrium catalogus librorumque nomenclatura..... usque ad a. 1680. Bruxellis, 1739, 2 vol. in-4.

Puisé pour la plus grande partie dans le précédent, auquel il a ajouté une continuation.

10. J. N. PAQUOT. Mémoires pour servir à l'histoire littéraire des Pays-Bas et du Pays de Liège. Louvain, 1763-1770. 3 vol. in-fol. ou 18 vol. in-8.

11. F. VANDER HAEGHEN, I. ARNOLD et R. VAN DEN BERGHE. Bibliotheca Belgica. Gand, depuis 1880, in-16. ·

> Bibliographie très détaillée de tous les ouvrages imprimés dans les Pays-Bas aux XV⁰ et XVI⁰ siècles et des principaux ouvrages parus depuis 1600.

———

12. A. DINAUX. Bibliographie cambrésienne. Cambrai, 1822, in-8.

13. H. R. DUTHILLOEUL. Bibliographie douaisienne. Douai, 1842-54, 2 vol. in-8. — Appendice par E. NÈVE. Bruxelles, 1850, in-8.

14. F. VANDER HAEGHEN. Bibliographie gantoise. Gand, 1858-69, 7 vol. in-8.

15. I. L. A. DIEGERICK. Essai de bibliographie yproise. Ypres, 1881, in-8. (Annales de la Soc. hist. d'Ypres).

16. E. DESMAZIÈRES. Bibliographie tournaisienne. Tournai, 1882, in-8.

17. J. DELECOURT. Bibliographie de l'histoire du Hainaut. Mons, 1864, in-8. (Annales du cercle archéologique de Mons). — H. ROUSSELLE. Bibliographie montoise. Mons, 1858, in-8. — Supplément par L. DEVILLERS. Mons, s. d., in-8 et ibid. 1873, in-8.

18. X. DE THEUX. Bibliographie liégeoise. 2⁰ édit. Bruges, 1885, in-4. — C. BAMPS. Additions à la bibliographie liégeoise. I. Liège, 1895, in-8.

19. F. D. DOYEN. Bibliographie namuroise. Namur, 1884-88, 2 vol. in-8.

———

20. A. WARZÉE. Essai historique et critique sur les journaux belges. Gand, 1845, in-8. (Messager des sciences historiques). — U. CAPITAINE. Recherches sur les journaux et écrits périodiques liégeois. Liège, 1850, in-16.

21. W. HAVERSMIT. De Courant. Leiden, 1884, 2 vol. in-8. — KLUIT, W. P. SAUTIJN. Travaux sur l'histoire des journaux hollandais. (Handelingen en mededeelingen van de Maatschappij der Nederlandsche letterkunde te Leiden, 1870-1883).

———

2. Linguistique.

(Cf. Dahlmann-Waitz-Steindorff, Nᵒˢ 81-127; Monod, Nᵒˢ 78-107.)

22. G. Van der Schueren. Teuthonista of Duytschlender (1477), éd. J. Verdam. Leiden, 1896, in-8.

23. [Ch. Plantin.] Thesaurus Theutonicae linguae. Antverpiae, 1573, in-4.

24. C. Kiliaan. Etymologicum Teutonicae linguae. Antverpiae, 1574, 1588, 1599. — Nouv. édit. par G. Van Hasselt. Utrecht, 1777, in-4. — Synonymia latino-teutonica ex etymologico C. Kiliani deprompta, éd. E. Spanoghe. Antwerpen, I, II, 1889-92, in-8.

Le tome III, éd. J. Vercoullie paraitra sous peu.

25. A. C. Oudemans. Bijdrage tot een Middel- en Oudnederlandsch woordenboek. Arnhem, 1878-80, 7 vol. in-8.

26. K. Schiller et A. Lübben. Mittel-Niederdeutsches Wörter-buch. Bremen, 1872-81, 6 vol. in-8.

27. A. Lübben. Mittel-Niederdeutsches Handwörterbuch. Norden, 1888, in-8.

28. E. Verwijs et J. Verdam. Middelnederlandsch woordenboek. 's Gravenhage, depuis 1882, in-8.

29. M. de Vries et L. A. te Winkel. Woordenboek der Neder-landsche taal. 's Gravenhage, depuis 1864, in-8.

30. K. von Richthofen. Altfriesisches Wörterbuch. Göttingen, 1840, in-4.

31. Waling Dijkstra et F. Buitenrust Hettema. Friesch woor-denboek. Leeuwarden, depuis 1896, in-8.

Avec une liste de noms propres frisons par J. Winkler.

———

32. K. Stallaert. Glossarium van verouderde rechtstermen uit Vlaamsche, Brabantsche en Limburgsche oorkonden (A-Overdrach). Leiden, 1886-1893, in-8.

33. Ed. Gailliard, Glossaire flamand de l'inventaire des archives de Bruges. Bruges, 1879-82, 2 vol. in-4.

34. S. Muller. Glossarium van de middeleeuwsche rechtsbronnen der stad Utrecht. 's Gravenhage, 1885, in-8.

———

35. L. W. Schuermans. Algemeen Vlaamsch Idiotikon. Leuven, 1865-1870, 2 vol. in-8.

36. L. De Bo. Westvlaamsch Idioticon. 2º édit. par Samyn. Gent, 1890, in-4.

37. J. Tuerlinckx. Bijdrage tot een Hagelandsch Idioticon. Gent, 1886, in-8.

38. A. Rutten. Bijdrage tot een Haspengouwsch Idioticon. Antwerpen, 1890, in-8.

39. J. Cornelissen et J. B. Vervliet. Idioticon van het Antwerpsch dialect. Gent, depuis 1899. (Vl. Akad.)

40. Hoeufft. Bredaasch taaleigen. Breda, 1830-37, in-8.

41. Jongeneel. Een Zuidlimburgsch taaleigen. Heerlen, 1884, in-8.

42. Molema. Wörterbuch der Groningischen Volkssprache. Norden-Leipzig, 1888, in-8.

43. W. Draaijer. Woordenboekje van het Deventersch dialect. 's Gravenhage, 1895, in-8.

44. A. Opprel. Het dialect van Oud-Beierland. 's Gravenhage, 1896, in-8.

45. G. J. Boekenoogen. De Zaansche volkstaal. Leiden, 1898, in-8.

46. Fr. Kauffmann. Deutsche und Niederländische Mundarten (dans H. Paul. Grundriss der Germanischen Philologie. 2ᵉ édit. Strassburg, depuis 1896).

———

47. G. Van Hoorebeke. Études sur l'origine des noms patronymiques flamands. Bruxelles, 1876, in-8. — J. Winkler. De Nederlandsche geslachtsnamen. Haarlem, 1885, in-8.

48. A. Body. Onomatographie (Bullet. de la Société liégeoise de littérature wallonne, 1879).

———

49. Ch. Grandgagnage. Dictionnaire étymologique de la langue wallonne I. Liège, 1845, in-8. II (éd. A. Schéler). Bruxelles, 1880, in-8.

50. L. Remacle. Dictionnaire wallon-français. 2ᵘ édit. Liège-Leipzig. 2 vol. in-8.

51. A. Forir. Dictionnaire liégeois-français. Liège, 1866-71, 2 vol. in-8.

52. A. Schéler. Glossaire philologique de la Geste de Liège. Bruxelles, 1882, in-4. (Mém. Acad.).

53. L. Vermesse. Dictionnaire du patois de la Flandre française. Douai, 1867, in-8.

54. G. Hécart. Dictionnaire rouchi-françois. 3ᵉ édit. Valenciennes, 1834, in-8.

55. J. Sigart. Glossaire étymologique montois ou dictionnaire du wallon de Mons. Bruxelles, 1866, in-8.

3. Paléographie, Diplomatique, Chronologie, Sigillographie, Héraldique.

(Cf. Dahlmann-Waitz-Steindorff, Nᵒˢ 128-204; Monod, Nᵒˢ 65-77, 108-153.)

56. E. Reusens. Éléments de paléographie. Louvain, 1897-99, in-8.
> Contient de nombreux facsimilés de manuscrits belges et d'utiles remarques sur les écritures usitées dans les anciens Pays-Bas.

57. J. Flammermont. Album paléographique du Nord de la France. Lille, 1896.
> 56 facsimilés de documents de 1096 à 1655, tirés des archives de Lille.

58. A. Wauters. Des différentes manières de dater qui ont été successivement adoptées en Belgique. (Table chronolog. des chartes et diplômes imprimés I.) — De quelques difficultés que présente la chronologie des diplômes, bulles et chartes au XIIᵉ siècle et au commencement du XIIIᵉ (Ibid. III). — De quelques particularités concernant la manière de dater les actes (Ibid. IV). — Des modifications qui s'introduisirent en Belgique au XIVᵉ siècle dans la manière de commencer l'année. (Ibid. IX). — A propos de la manière de compter que l'on suivait dans la partie du Brabant ressortissant à l'évêché de Liège (CRH. 4, I).

59. E. Reusens. Les chancelleries inférieures en Belgique depuis leur origine jusqu'au commencement du XIIIᵉ siècle. (Analectes pour servir à l'hist. ecclés. de la Belgique, XXVI).

60. H. Pirenne. La chancellerie et les notaires des comtes de Flandre avant le XIIIᵉ siècle. (Mélanges Julien Havet. Paris, 1895).

61. E. de Marneffe. Styles et indictions suivis dans les anciens documents liégeois. Bruxelles, 1896, in-4.

62. S. Muller. Bijdragen voor een oorkondenboek van het sticht Utrecht. 's Gravenhage, 1890, in-8.
> Très important pour les usages chronologiques suivis dans les Pays-Bas septentrionaux.

63. Van Riemsdijk. Études sur les registres des comtes de Hollande de la Maison de Hainaut. (Verslagen en Mededeelingen der Akad. van Wetenschappen, 1891).

Important pour la chancellerie des comtes de Hainaut.

64. J. de Fremery. De jaardagstijl, de jaarstijl der heeren van Naaldwijk, der heeren van Voorne tot 1372 en de gemeene stijl van Holland. (Bijdragen voor vaderl. geschied., 1895).

65. R. Fruin, Th. Az. Over de dateering van eenige oorkonden der Hollandsche graven. (Bijdragen voor vaderl. geschied., 1898). — Additions par de Fremery. (Ibid. 1899).

66. Calendriers des diocèses de Liège et d'Utrecht, dans H. Grotefend. Zeitrechnung des Deutschen Mittelalters. II. Hannover, 1892, in-4.

67. É. Gachet. Recherches sur les noms des mois et les grandes fêtes chrétiennes. Bruxelles, 1865, in-8 (CRH. 3, VII).

———

68. L. P. Van den Bergh. Grondtrekken der Nederlandsche zegel- en wapenkunde. 3e édit. 's Gravenhage, 1881, in-8.

69. Vredius. Sigilla comitum Flandriae et inscriptiones diplomatum ab iis editorum cum expositione historica. Brugis Flandrorum, 1637, fol. — Genealogia comitum Flandriae a Balduino ferreo usque ad Philippum IV Hisp. regem, variis sigillorum figuris representata. Brugis Flandrorum, 1642, fol.

70. G. Demay. Inventaire des sceaux de la Flandre. Paris, 1873, 2 vol. in-4.

71. G. Demay. Inventaire des sceaux de l'Artois et de la Picardie. Paris, 1877, in-4.

72. Sceaux des comtes de Namur (Monum. pour servir à l'hist. des prov. de Namur etc. I). — Sceaux de villes brabançonnes (Piot, Inventaires divers, etc.). — Sceaux de métiers de Flandre (Saint-Genois, Inventaire des chartes des comtes de Flandre).

73. B. Endrulat. Niederrheinische Städtesiegel des XII bis XVI Jahrhunderts. Düsseldorf, 1882, in-4.

74. J. Th. de Raadt. Sceaux armoriés des Pays-Bas et des pays avoisinants. Bruxelles, depuis 1897, in-8.

75. P. de Ram. Notice sur les sceaux des comtes de Louvain et des ducs de Brabant. Bruxelles, 1852, in-4. (Mém. Acad.).

76. L. Devillers. Les sceaux des comtes de Hainaut (Description de cartulaires et de chartriers du Hainaut, VIII).

77. R. Chalon. Les seigneurs de Floronnes, leurs sceaux et leurs monnaies. Bruxelles, 1869, in-4 (Mém. Acad.).

78. Beschrijving der vroegere Nederlandsche gemeentezegels in het Rijks-Archief. 's Gravenhage, 1878, in-8.

79. A. Guesnon. Sigillographie de la ville d'Arras. Arras-Paris, 1865, in-4.

80. A. Hermand et L. Deschamps de Pas. Histoire sigillaire de la ville de Saint-Omer. Paris, 1861, in-8.

81. É. Prud'homme. Les sceaux, leur origine, leur usage, principalement dans le Hainaut. Mons, 1881, in-8.

82. É. Prud'homme. Les signatures dans les actes publics et privés de l'ancien Hainaut. Mons, 1885, in-8. (Mém. de la Soc. des Sciences du Hainaut, 4. IX).

83. G. Des Marez. Les scings manuels des scribes yprois au XIIIe siècle. (CRH. 5. IX).

---

84. F. V. Goethals. Dictionnaire généalogique et héraldique des familles nobles du royaume de Belgique. Bruxelles, 1849-1852, 4 vol. in-4. — I. de Stein d'Altenstein. Armorial du royaume de Belgique. Bruxelles, 1845, in-4.

85. R. de Vegiano. Nobiliaire des Pays-Bas et du comté de Bourgogne; éd. J. de Herckenrode. Gand, 1865-76, 7 vol. in-8.

   L'édition originale a paru à Louvain en 1760. Plusieurs suppléments de divers auteurs jusqu'en 1847.

86. J. B. Rietstap. Wapenboek van den Nederlandschen adel met genealogische aanteekeningen. Groningen, 1880-87, 2 vol. in-fol.

87. J. B. Rietstap. De wapens van den tegenwoordigen en den vroegeren Nederlandschen adel. Groningen, 1890, in-8.

88. d'Ablaing van Giessenburg. Nederlandsche gemeente wapens. 's Gravenhage, 1862, in-fol.

89. L. Arendt et A. de Ridder. Législation héraldique de la Belgique. Bruxelles, 1896, in-8.

---

90. Heraldieke bibliotheek. Tijdschrift voor wapen- geslacht- zegel- en penningkunde, publ. par J. B. Rietstap. 's Gravenhage, depuis 1872, in-8.

91. De Nederlandsche Heraut. Tijdschrift op het gebied van geslacht- wapen- en zegelkunde. 's Gravenhage, depuis 1884, in-8.

---

4. Numismatique.

(Cf. Dahlmann-Waitz-Steindorff, Nᵒˢ 205-249; Monod, Nᵒˢ 154-185).

92. G. Van Loon: Histoire métallique des XVII provinces des Pays-Bas depuis l'abdication de Charles V jusqu'en 1716. La Haye, 1732-37, 5 vol. in-fol.

93. F. Van Mieris. Beschrijving der bisschoppelijke munten en zegelen van Utrecht. Leyden, 1726, in-8.

94. F. Van Mieris. Historie der Nederlandsche vorsten uit de huizen van Beyeren, Borgonje en Oostenrijk. 's Gravenhage, 1732, 2 vol. in-fol.

95. J. Ghesquière. Mémoire sur trois points intéressants de l'histoire monétaire des Pays-Bas. Bruxelles, 1786, in-8.

Traite de l'histoire monétaire de ces pays jusqu'en 1450.

96. A. Heylen. De steden of andere plaetsen der Nederlanden in de welke de respective souvereynen geld-specien hebben doen slagen gedurende de XIVᵉ en de XVᵉ eeuw. Bruxelles, 1787, in-4. (Mém. Acad.).

---

97. P. O. Van der Chijs. De munten van Holland en Zeeland. Haarlem, 1858, in-4.

98. P. O. Van der Chijs. De munten der bisschoppen van Utrecht. Haarlem, 1859, in-4.

99. P. O. Van der Chijs. De munten der voormalige hertogdommen Braband en Limburg. Haarlem, 1852, in-4. — Supplément, 1862, in-4.

100. P. O. Van der Chijs. De munten der voormalige graven en hertogen van Gelderland. Haarlem, 1852, in-4. — De munten der voormalige heeren en steden van Gelderland. Haarlem, 1853, in-4. — De munten der voormalige heeren en steden van Overijssel. Haarlem, 1854, in-4.

101. P. O. Van der Chijs. De munten van Friesland, Groningen en Drenthe. Haarlem, 1856, in-4.

102. V. Gaillard. Recherches sur les monnaies des comtes de Flandre jusqu'au règne de Robert de Béthune. Gand, 1852, in-4. — Recherches etc. sous les règnes de Louis de Crécy et de Louis de Mâle. Gand, 1857, in-4.

103. L. Deschamps de Pas. Essai sur l'histoire monétaire des comtes de Flandre de la maison de Bourgogne et de la maison d'Autriche. Paris, 1863-74, 2 vol. in-8.

104. A. de Witte. Histoire monétaire des comtes de Louvain, ducs de Brabant et marquis du St-Empire. Anvers, 1894-1900, 3 vol. in-4.

105. R. Chalon. Recherches sur les monnaies des comtes de Namur. Bruxelles, 1860, in-4. (Mém. Acad.). — Supplément. Bruxelles, 1870, in-4. — Add. n° 77.

106. R. Chalon. Recherches sur les monnaies des comtes de Hainaut. Bruxelles, 1848, in-4. — Suppléments en 1852, 1854, 1857. — A. de Witte. Supplément aux recherches sur les monnaies des comtes de Hainaut. Bruxelles, 1891, in-4.

107. J. de Chestret de Haneffe. Numismatique de la principauté de Liège et de ses dépendances (Bouillon, Looz) depuis leurs annexions. Bruxelles, 1888-90, 2 vol. in-4. (Mém. Acad.).

108. R. Serrure. Essai de numismatique luxembourgeoise. Paris, 1893, in-8.

109. A. Hermand. Histoire monétaire de la province d'Artois. Saint-Omer, 1843, in-8.

110. C. Robert. Numismatique de Cambrai. Paris, 1861, in-4.

111. F. Verachter. Documents pour servir à l'histoire monétaire des Pays-Bas. Anvers, 1840-45, in-8.

      Surtout XVe et XVIe siècles.

112. M. Gérard. Recherches sur les monnaies frappées dans les provinces des Pays-Bas au nom et armes des ducs de la maison de Bourgogne. Gand, 1838, in-8.

113. R. Serrure. Dictionnaire géographique de l'histoire monétaire belge. Bruxelles, 1880, in-8.

114. G. Cumont. Bibliographie générale et raisonnée de la numismatique belge. Bruxelles, 1883, in-8.

---

115. Revue de la Numismatique belge. I. Tirlemont, s. d. (1842). II. Bruxelles, 1846 et suiv., in-8. A partir de 1875 : Revue belge de Numismatique. Tables, 1858, 1872.

116. Tijdschrift van het Nederlandsch Genootschap voor Munt- en Penningkunde. Amsterdam, depuis 1893, in-8.

---

5. Biographie, Généalogie.

(Cf. Dahlmann-Waitz-Steindorff, Nᵒˢ 259-281, 1148-1155; Monod, Nᵒˢ 239-295).

117. M. DELVENNE. Biographie du royaume des Pays-Bas. Mons, 1829, 2 vol. in-8.

118. Biographie nationale, publiée par l'Académie de Belgique. Bruxelles, depuis 1866, in-8.

119. A.-J. VAN DER AA. Biographisch woordenboek der Nederlanden (contin. par J. R. VAN HARDERWYK et G. D. J. SCHOTEL). Haarlem, 1852-79, 21 vol. in-8.

120. L. ABRY. Les hommes illustres de la nation liégeoise, éd. H. HELBIG et ST. BORMANS. Liège, 1867, in-8.

121. DE BEC-DE LIÈVRE. Biographie liégeoise. Liège, 1836, 2 vol. in-8.

122. A. NEYEN. Biographie luxembourgeoise. Luxembourg, 1860-61, 2 vol. in-8.

123. A. MATHIEU. Biographie montoise. Mons, 1848, in-8.

124. C. CARTON et O. DELEPIERRE. Biographie des hommes remarquables de la Flandre Occidentale. Bruges, 1843-49, 4 vol. in-8.

―――――

125. A. DUCHESNE. Histoire généalogique des maisons de Dreux, de Bar-le-Duc, de Luxembourg et de Limbourg, etc. Paris, 1631, in-fol.

126. A. DU CHESNE. Histoire généalogique des maisons de Guines, d'Ardres, de Gand et de Coucy. Paris, 1631, in-fol.

127. A. DU CHESNE. Histoire généalogique de la maison de Chastillon-sur-Marne. Paris, 1621, in-fol.

128. J. DE CHESTRET DE HANEFFE. Histoire de la maison de La Marck. Liège, 1898, in-8.

129. E. RICHARDSON. Geschichte der Familie Merode. Prag, 1877-81, 2 vol. in-8.

130. PH. DE L'ESPINOY. Recherche des antiquités et noblesse de Flandres. Douai, 1632, in-fol.

131. J. LE ROUX. Théâtre de la noblesse de Flandre et d'Artois. Lille, 1708, in-4.

132. J. VAN DEN LEENE. Le théâtre de la noblesse du Brabant. Liège, 1705, in-4.

133. J. G. Loyens. Recueil héraldique des bourgmestres de la noble cité de Liège. Liège, 1720, in-fol. — Ophoven. Continuation du recueil héraldique des seigneurs bourgmestres de la noble cité de Liège. Liège, 1783, in-fol. — Supplément par X. de Theux. Liège, 1863, in-fol.

134. C. de Borman, Les échevins de la souveraine justice de Liège. I. Liège, 1892, in-4.

135. J. de Theux. Le chapitre de Saint-Lambert à Liège. Bruxelles, 1871-72, 4 vol. in-4.

136. L. Le Blond. Quartiers généalogiques des familles d'Espagne ... et des XVII provinces. Bruxelles, 1781, in-12.

137. de Reiffenberg. Histoire de l'ordre de la Toison d'or. Bruxelles, 1830, in-4.

138. Ch. Poplimont. La noblesse belge. Bruxelles, 1853-55, 2 vol. in-4. — La Belgique héraldique. Bruxelles, 1863-67, 11 vol. in-8.

139. J. Huyttens. L'art de vérifier les généalogies des familles belges et hollandaises. Bruxelles, 1865, in-8.

---

6. Archéologie.

(Voy. plus loin : Histoire de l'Art.)

---

7. Géographie, Toponymie et Ethnographie.

(Cf. Dahlmann-Waitz-Steindorf, Nos 1-80 ; Monod, Nos 296-346).

140. de Ferraris. Carte chorographique des Pays-Bas Autrichiens y compris les principautés de Liège et de Stavelot, 1777.

Voy. Gachard. Notice historique sur la rédaction de la carte de Ferraris. Bruxelles, 1843, in-4. (Mém. Acad.). — É. Hennequin. Étude historique sur l'exécution de la carte de Ferraris. Bruxelles, 1891, in-8.

141. Carte de la Belgique au 20,000e ; id. au 40,000e, exécutées par l'Institut cartographique militaire de Bruxelles.

142. Topographische en militaire kaart van het koningrijk der Nederlanden, vervaardigd door de officieren van het generaal staf (au 50,000e).

---

143. G. DE VRIES. De Kaart van Hollands Noorderkwartier in 1288. Amsterdam, 1865, in-4. (Verhand. Akad.).

144. VAN DER BEKE. Carte de Flandre de 1538, avec texte explicatif par F. VAN ORTROY. Gand, 1897.

145. Carte du Franc-de-Bruges, dressée par POURBUS (XVIe siècle). Bruges, 1850, in-8. (Annales de la Soc. d'Émulat. de la Flandre Occidentale).

146. J. DE DEVENTER. Atlas des villes de la Belgique au XVIe siècle, éd. CH. RUELENS. Bruxelles, in-fol. 15 livr. (inachevé).

147. P. C. VANDER ELST. Atlas des Pays-Bas représentant l'état géographique des XVII provinces aux différentes époques de l'histoire. Bruxelles, 1831, in-fol.

148. JUSSERET. Atlas historique de la Belgique. Bruxelles, 1835.

149. A. MEES. Historisch atlas van Noord-Nederland van de XVIe eeuw tot op heden (avec texte explicatif). Rotterdam, 1865, in-fol. — 2e édit. abrégée. Leiden, 1880, in-4.

—

150. L. P. VAN DEN BERGH. Handboek der Middelnederlandsche geographie. 2e édit. 's Gravenhage, 1872, in-8.

151. CH. PIOT. Les *pagi* de la Belgique. Bruxelles, 1869, in-4. (Mém. Acad.).

152. L. VANDERKINDERE. Histoire de la formation territoriale des principautés belges au moyen âge. I. La Flandre. Bruxelles, 1899, in-8. (CRH. 5, VIII, IX).

153. CH. DUVIVIER. Recherches sur le Hainaut ancien du VIIe au XIIe siècle. Bruxelles, 1865, in-8. — La Forêt charbonnière. (Rev. d'Hist. et d'Archéolog. III).

154. G. J. DE CORSWAREM. Mémoire sur les anciennes limites et circonscriptions de la province de Limbourg. (Bullet. de la Comm. Centrale de Statistique, 1857).

155. E. DE MARNEFFE. Recherches sur les limites des anciens comtés de Moha et d'Avernas. (Bullet. de l'Instit. archéologique liégeois, XIV).

156. F. DE BYLANDT. Descriptio historico-geographica comitatus Flandriae quo tempore Margaretha Ludovici Maleani filia Philippo Audaci, Burgondiae duci, nupsit. Lovanii, 1826, in-4. (Annales Academiae Lovaniensis).

157. K. VON RICHTHOFEN. Untersuchungen über Friesische Rechtsgeschichte. II, III (pagi frisons). Berlin, 1883, in-8.

158. C. B. DE RIDDER. Notice sur la géographie ecclésiastique de la Belgique avant l'érection des nouveaux évêchés. (Analectes pour servir à l'hist. ecclés. de la Belgique, I, II, III).

159. C. BERTHELS. Notice sur les limites de l'ancien diocèse de Liège. (Rev. d'Hist. et d'Archéolog. I).

160. A. D'HERBOMEZ. Géographie historique du Tournaisis. (Bullet. de la Soc. royale belge de géographie, 1892).

161. C. PIOT. Les limites et les subdivisions de l'ancien évêché de Tournai. Bruges, 1870, in-8. (Annales de la Soc. d'Émulat. de la Flandre Occid.).

162. La partition de l'évêché de Térouanne (1559). Bruxelles, 1873, in-8 (Publ. de la Société des bibliophiles de Belgique).

163. J. A. COPPENS. Nieuwe beschrijving van het bisdom van 's Hertogenbosch. 's Hertogenbosch, 1840-44. 5 vol. in-8.

———

164. MERIAN. Topographia circuli Burgundici, d. i. Beschreibung des Burgundisch-Niederländischen Craises oder der XVII Niederländischen Provintzen. Frankfurt, 1654, fol.

165. J. B. CHRISTYN. Les délices des Pays-Bas ou description des XVII provinces belgiques. Bruxelles, 1697, in-8. — 6e édit. Liège, 1769. 5 vol. in-8.

166. E. KINTS. Les délices du pays de Liège. Liège, 1738-44, 3 vol. in-fol.

167. A. SANDERUS. Flandria illustrata sive descriptio comitatus istius. Coloniae, 1641, 2 vol. in-fol. — 2e édit. Hagae-Comitum, 1732-35, 3 vol. in-fol.

> L'édition néerlandaise publiée à Leyde en 1735 sous le titre de Verherlykt Vlaandre, n'est qu'une traduction incomplète de l'original latin.

168. J. LE ROY. Castella Brabantiae et coenobia celebriora. Antverpiae, 1694, 1696, 1697, 1699, in-fol. — Notitia marchionatus sacri Romani imperii hoc est urbis et agri Antverpiensis. Amstelodami, 1678, in-fol. — Topographia historica Gallo-Brabantiae. Amstelaedami, 1692, in-fol. — Le grand théâtre profane du duché de Brabant. La Haye, 1730, in-fol.

> Ce dernier ouvrage, qui a paru en même temps en néerlandais, n'est qu'une traduction des précédents.

169. Le grand théâtre sacré du duché de Brabant (attribué à tort à J. LE ROY). La Haye, 1729, 2 vol. in-fol.

170. DE CANTILLON. Délices du Brabant. Amsterdam, 1757, 4 vol.

in-8. — Vermakelijkheden van Brabant. Amsterdam, 1770, in-fol.

171. J. Lessabé. Hannoniae urbium et nominatiorum locorum ac coenobiorum anacaephalaeosis. (Monum. pour servir à l'hist. de Namur, Hainaut, etc. I). — Trad. française. Mons, 1885, in-4.

———

172. J. Tarlier et A. Wauters. La Belgique ancienne et moderne. Géographie et histoire des communes belges. (Arr. de Nivelles et de Louvain). Bruxelles, 1859-87, 4 vol. in-8.

173. A. Jourdain et L. Van Stalle. Dictionnaire encyclopédique de géographie historique du royaume de Belgique. 2ᵉ édit. Bruxelles, s. d. (1896), 2 vol. in-8.

174. Ph. Vandermaelen. Dictionnaires géographiques des provinces de Liège, Namur, Hainaut, Flandre orientale, Flandre occidentale, Anvers, Limbourg, Luxembourg. Bruxelles, 1831-38, 8 vol. in-8.

175. A. J. Van der Aa. Aardrijkskundig woordenboek der Nederlanden. Gorinchem, 1839-51. 13 vol. in-8.

176. P. Witkamp. Aardrijkskundig woordenboek van Nederland. Tiel, 1876-77, 2 vol. in-8. — J. B. Rietstap. Beknopt aardrijkskundig woordenboek van Nederland en zijne koloniën. Groningen, 1892, in-8. — M. Pott. Aardrijkskundig woordenboek van Nederland. Groningen, 1899, in-8.

177. Statistique archéologique du département du Nord. Lille, 1867, 2 vol. in-8.

178. A. J. G. Le Glay. Glossaire topographique de l'ancien Cambrésis. Cambrai, 1849, in-8. (Mém. de la Soc. d'Émulat. de Cambrai). — A. Bruyelles. Dictionnaire topographique de l'arrondissement de Cambrai. Cambrai, 1862, in-8.

179. P. Chevalier. Dictionnaire topographique de l'arrondissement d'Avesnes. Fourmies, 1886, in-8.

180. A. Courtois. Dictionnaire géographique de l'arrondissement de Saint-Omer avant 1789. Saint-Omer, 1869, in-8. (Mém. de la Soc. des antiquaires de la Morinie, t. XIII).

181. H. Delvaux. Dictionnaire géographique de la province de Liège. 2ᵉ édit. Liège, 1841-42, 2 vol. in-8.

182. A. de Ryckel. Les communes de la province de Liège. Notices historiques. Liège, 1892, in-8.

183. E. Tandel. Les communes luxembourgeoises. Arlon, depuis 1889, in-8.

184. Tn. Bernier. Dictionnaire géographique, historique et archéologique etc. du Hainaut. 2° édit. Mons, 1891, in-8.

185. G. P. Roos. Beknopt geschied- en aardrijkskundig woordenboek van Zeeuwsch-Vlaanderen. Oostburg, 1874, in-8.

186. J. T. Bodel-Nijenhuis. Topographische lijst der plaatsbeschrijvingen van het koningrijk der Nederlanden. Amsterdam, 1862, in-8. — Supplément, 1868.

187. W. Nijhoff. Bibliographie van Noord-Nederlandsche plaatsbeschrijvingen tot op het einde der XVIII° eeuw. Amsterdam, 1894, in-8.

188. R. Van der Meulen, W. J. D. van Iterson, E. Engelenburg, J. van Heurn, J. C. van Renesse. Algemeene aardrijkskundige bibliographie van Nederland. Leiden, 1888-89, 3 vol. in-8.

———

189. G. Kurth. La frontière linguistique en Belgique et dans le Nord de la France. Bruxelles, 1896-98, 2 vol. in-8 et une carte. (Mém. acad.).

> Ouvrage capital tant pour l'étude de la répartition des nationalités que pour celle de la toponymie de la Belgique. Contient une bibliographie des travaux relatifs à l'étude des noms de lieux belges.

190. Nomina geographica Neerlandica. Geschiedkundig onderzoek der Nederlandsche aardrijkskundige namen, publ. par J. Dornseiffen, J. H. Gallée, H. Kern, S. A. Naber et H. C. Rogge. Leiden, depuis 1885, in-8.

191. Ch. Grandgagnage. Mémoire sur les anciens noms de lieux de la Belgique orientale. Bruxelles, 1854, in-4. (Mém. Acad.). — Vocabulaire des anciens noms de lieux de la Belgique orientale. Liège. 1859, in-8.

192. A. Wauters. Des localités distinguées par le qualificatif *oud* et de leur ancienneté. Bruxelles, 1881. (Bullet. Acad.).

193. G. Kurth. Glossaire toponymique de la commune de Saint Léger. Namur, 1886, in-8. (Annales de la fédération archéologique et historique en Belgique). — Majerou. (Annales de l'Institut archéologique du Luxembourg, 1885).

194. J. Cuvelier et C. Huysmans. Toponymische studie over de oude en nieuwere plaatsnamen der gemeente Bilsen. Gent, 1897, in-8. (Vl. Akad.)

195. G. G. Roland. Toponymie namuroise. (Annales de la Soc. archéolog. de Namur, depuis 1899).

———

196. H. Blink. Nederland en zijne bewoners. Amsterdam, depuis 1880, in-8.

197. L. Vanderkindere. Recherches sur l'ethnologie de la Belgique. Bruxelles, 1872-79, in-8.

198. L. Vanderkindere. Les origines de la population flamande. (Bullet. Acad. 1885, 1886).

199. L. Vanderkindere. Sur l'établissement des Francs en Belgique spécialement d'après la toponomastique. (Bullet. de la Soc. d'Anthropologie de Bruxelles, 1884-85).

II.

SOURCES.

1. Chroniques, Mémoires, Pamphlets.

(Recueils généraux pour l'Europe : Monod, Nᵒˢ 347-362, 398-423 ; Recueils généraux et autres pour l'Allemagne : Dahlmann-Waitz-Steindorff, Nᵒˢ 282-453 ; Id. pour l'Angleterre : S. Gardiner et J. Bass Mullinger, Introduction to the study of English history (London, 1894, 3ᵉ édit.) ; Id. pour la France : Monod, Nᵒˢ 363-397.)

200. S. Feyerabend. Annales sive historiae rerum Belgicarum a diversis auctoribus ad haec nostra usque tempora conscriptae. Francofurti, 1580, in-fol.

> Contient la réimpression des Annales Flandriae de J. Meyer, les chroniques de Brabant et de Hollande de Barlandus et de Geldenhaurius, et pour le XVIᵉ siècle celles de Marchantius, de Guichardin, de Gallacus et de Candidus, qui sont sans importance.

201. J. Chapeaville. Qui gesta pontificum Tungrensium, Trajectensium et Leodiensium scripserunt auctores praecipui. Leodii, 1612-1616, 3 vol. in-4.

> Tome I : Chroniques de Hériger et d'Anselme, vies de S. Lambert par Gotescalc, Etienne, Nicolas et Rénier de Sᵗ-Laurent ; tome II : Gilles d'Orval, Hocsem (avec des fragments de Jean de Warnant), Triumphus S. Remacli, Triumphus S. Lamberti, Triumphus S. Lamberti in Steppes (Vita Odiliae) ; tome III : Rodulphus de Rivo, Suffridus Petri (gestes des évêques de Liège de Jean de Bavière à Érard de La Marck) et une continuation par Chapeaville jusqu'à Ferdinand de Bavière.

202. F. Sweertius. Rerum Belgicarum annales chronici et historici. Francofurti, 1620, in-fol.

> Le tome 1 seul de cette collection a paru. Il renferme le Chronicon Egmundanum et les chroniques de Jean de Leyde, de Renier Snoy et de Gilles de Roye.

203. A. Matthaeus. Veteris aevi analecta seu vetera monumenta hactenus nondum visa. Amstelodami, 1698-1710, 10 vol. in-8. — 2e édit. Hagae comitum, 1738, 5 vol. in-4.

> Ce recueil renferme pêle-mêle, avec des chartes, des lettres, des textes juridiques et des dissertations de l'auteur, des chroniques, pour la plupart relatives aux Pays-Bas septentrionaux, et de valeur fort inégale. Il est inutile d'en donner ici la liste complète. Les plus importantes à notre point de vue sont celles d'Emo et de Menco, de Wilhelmus Procurator, de Jean Beka et de Sibrandus Leo. — Les Vetera Analecta sont cités dans le présent ouvrage d'après l'édition in-4.

204. G. Dumbar. Analecta sive vetera aliquot scripta inedita. Daventriae, 1719-1722, 3 vol. in-8.

> Le tome I renferme surtout des textes relatifs à G. Grote et aux frères de la vie commune, ainsi que la chronique apocryphe dite de Kolijn Klaas; les tomes II et III des chroniques du XVIe siècle relatives à la Gueldre et à l'Overyssel.

205. M. Brouërius van Nidek. Analecta medii aevi ofte oude en nooit voorheen gedrukte Nederlandsche geschiedboeken. Amsterdam, 1725, in-8.

> Chroniques frisonnes du XVIe siècle dont la plus importante est celle de Sikko Beningha.

206. C. P. Hoynck van Papendrecht. Analecta belgica. Hagae comitum, 1743, 6 vol. in-4.

> Contient surtout des mémoires et des correspondances relatifs au XVIe siècle (J. Hopperus, J. B. de Taxis, Viglius, etc.).

207. J. Ghesquière, Corn. De Smet et Isfr. Thys. Acta Sanctorum Belgii (antérieurs à 729). Bruxellis et Tongerloae, 1783-1794, 6 vol. in-4.

208. Collection des chroniques belges inédites publiées par les soins de la Commission Royale d'Histoire. Bruxelles, depuis 1836, in-4.

> Corpus chronicorum Flandriae éd. J. J. De Smet; Monuments pour servir à l'histoire des provinces de Namur, de Hainaut et de Luxembourg, éd. de Reiffenberg, Devillers, De Smet et Ad. Borgnet; Chroniques de Brabant et de Flandre, éd. Ch. Piot; Chroniques relatives à l'Histoire de la Belgique sous les ducs de Bourgogne, éd. Kervyn de Lettenhove; Documents relatifs aux troubles du pays de Liège au XVe siècle, éd.

P. de Ram; Chroniques de Van Heelu, Philippe Mousket, Jan De Klerk
(Brabantsche Yeesten), De Dynter, Jean d'Outremeuse, Jean de Stavelot,
Istore et chroniques de Flandre, etc. — Cartulaires des abbayes de
S. Trond et d'Orval; Codex Dunensis; Cartulaire des comtes de Hainaut.
— Extrait des mss. de la bibliothèque nationale de Paris et des biblio-
thèques de Madrid et de l'Escurial. — Table chronologique des chartes
et diplômes imprimés. — Correspondance de Granvelle. Relations
politiques du Pays-Bas et de l'Angleterre sous le règne de Philippe II.
— Collection des voyages des Souverains des Pays-Bas, etc.

209. Collection de mémoires relatifs à l'histoire de Belgique,
publiés par la Société de l'histoire de Belgique. Bruxelles, 1858-
74, in-8.

> 1re Série : Mémoires sur le XVIe siècle. 29 vol. — 2me Série : Mémoires
> sur le XVIIe siècle, 11 vol. — 3me Série : Mémoires sur le XVIIIe siècle,
> 4 vol.

210. Codex diplomaticus neerlandicus, verzameling van oorkonden
betrekkelijk de vaderlandsche geschiedenis, publié par l'Historisch
genootschap van Utrecht. Utrecht, 1848, 2 vol. in-4, et 1852-1863,
6 vol. in-8.

> Sous ce titre sont réunies des chartes, des correspondances et des
> chroniques du XIVe au XVIIe siècle. — Table : Register op de onder-
> werpen behandeld in de Kronijk, de Berigten en den Codex diplomaticus
> [van het hist. genootschap]. Utrecht, 1877, in-8.

211. Werken van het Historisch genootschap te Utrecht. Utrecht,
's Gravenhage, depuis 1863, in-8.

> Chroniques, mémoires, correspondances, documents divers concernant
> l'histoire de Hollande. Les documents du moyen âge sont publiés sous
> le titre de : Bronnen van de geschiedenis der Nederlanden in de
> middeleeuwen.

212. Publications de la Société des bibliophiles de Belgique.
Bruxelles, 1867-86, 18 vol. in-8.

> Chroniques et documents divers en langue française.

213. Publications de la Société des bibliophiles de Mons. Mons,
depuis 1835, in-8.

> Chroniques et documents divers concernant surtout le Hainaut.

214. Maatschappij der Vlaamsche bibliophilen. Gent, depuis
1839, in-8.

> Chroniques, mémoires, documents divers concernant la Belgique
> flamande.

215. Publications de la Société des bibliophiles Liégeois. Liège,
depuis 1864, in-8.

> Chroniques, mémoires, documents divers concernant le pays de Liège.

216. Uitgaven der Antwerpsche Bibliophilen. Antwerpen, depuis 1872, in-8.

Chroniques, mémoires, correspondances, etc. concernant surtout l'histoire d'Anvers.

N. B. Un grand nombre de sociétés historiques ont fait paraître dans leurs bulletins et publications diverses (voy. ch. IV) des sources intéressant l'histoire provinciale. On trouvera l'indication des plus importantes de ces sources dans la bibliographie spéciale de chaque période.

217. J. K. Van der Wulp. Catalogus van de Tractaten, Pamfletten, enz. over de geschiedenis van Nederland. I, 1500-1648. II, 1649-88. III, 1689-1713: Supplément 1510-1688. Amsterdam, 1866-78, in-4. (Collection Meulman à la bibliothèque de l'Université de Gand). — P. A. Tiele. Bibliotheek van Nederlandsche Pamfletten. I, 1500-1648. II, 1649-72. III, 1672-1702. Amsterdam, 1858-61, in-4. (Collection F. Muller à la bibliothèque de l'Université de Gand). — L. D. Petit. Bibliotheek van Nederlandsche Pamfletten. I, 1500-1648. II, 1649-1702. 's Gravenhage, 1882-84, in-4 (Collection Thysius à la bibliothèque de l'Université de Leyde). — W. P. C. Knuttel. Catalogus van de Pamflettenverzameling berustende in de koninklijke bibliotheek (1486-1688). 's Gravenhage, 1889-95, 4 vol. in-4. — J. Broekema. Catalogus van de Pamfletten aanwezig in de provinciale bibliotheek van Zeeland. I, 1568-1795. Middelburg, 1892, in-8.

218. U. Berlière Inventaire des obituaires belges (collégiales et maisons religieuses). Bruxelles, 1899, in-8. (CRH.).

2. Documents d'Archives.

(Cf. Dahlmann-Waitz-Steindorff, Nos 454-684; Monod, Nos 448-621).

A. *Inventaires et recueils généraux.*

219. A. Wauters. Table chronologique des chartes et diplômes imprimés concernant l'histoire de la Belgique. (—1339). Bruxelles, depuis 1866, 9 vol. in-4.

Le t. VIII constitue un supplément aux six premiers volumes jusqu'en 1300.

220. A. Miraeus. Codex donationum piarum. Bruxellis, 1624, in-4. — Diplomatum belgicorum libri II. Ibid. 1628, in-4. — Donationum

Belgicarum libri II. Antverpiae, 1629, in-4. — Notitia ecclesiarum Belgii. Ibid., 1630, in-4.

Ces divers recueils ont été réunis et pourvus d'un supplément qui en a plus que doublé le contenu dans l'ouvrage ci-dessous.

221. F. Foppens. Auberti Miraei opera diplomatica. Lovanii et Bruxellis, 1723-1748, 4 vol. in-fol.

Voy. A. Le Glay. Revue des Opera diplomatica de Miraeus. Bruxelles, 1856, in-8. (CRH.). — B. C. De Ridder, Aubert Le Mire, sa vie, ses écrits. Bruxelles, 1863, in-8. (Mém. Acad.).

222. Jos. de Saint-Genois. Monuments anciens essentiellement utiles à la France et aux provinces de Hainaut, Flandre, Brabant, Namur, Artois, Liège, Hollande, Zélande, Frise, Cologne et autres pays limitrophes de l'Empire. I, 1e partie. (aussi sous le titre de : Droits primitifs des anciennes terres et seigneuries ... de Hainaut). Paris s. d.; 2e partie. Lille s. d. et Bruxelles, 1806, in-fol. II, Tables des noms de familles, villes etc. contenus dans les monuments anciens. Lille, s. d., in-fol.

Cet ouvrage a été publié en livraisons de 1782 à 1816. Les exemplaires complets en sont fort rares. La 1e partie renferme un " Tableau général de la cour féodale du Hainaut en 1473 „ comprenant l'indication des titres relatifs aux différentes pairies; la 2e partie: un inventaire chronologique des titres des comtes de Flandre, d'Artois et de Namur, de 706 à 1525, qu'on trouve à la chambre des comptes de Lille, lequel, jusqu'en 1300, n'est guère qu'une reproduction textuelle de l'inventaire manuscrit de Godefroid; un inventaire des titres du château de Namur de 1183 à 1513; puis des documents relatifs à Tournai et au Tournaisis. — É. Gachet a publié un petit supplément à la partie des monuments anciens relatifs à la Flandre (CRH. 2. III).

223. Gachard. Analectes belgiques ou recueil de pièces inédites, mémoires, notices, concernant l'histoire des Pays-Bas. Bruxelles, 1830, in-8. — Collection de documents inédits, concernant l'histoire de Belgique. Bruxelles, 1833-35, 3 vol. in-8. (I, XVe et XVIe siècles; II, XVe siècle; III, XVIIIe siècle). — Analectes historiques (CRH. 2. V, VII, VIII, IX, X, XI, XII; 3. I, III, IV, VII, VIII, IX, X, XI, XII, XIII. Table 1871).

Les analectes contiennent surtout des documents relatifs à l'histoire moderne.

224. Codex diplomaticus neerlandicus. Voy. n° 210.

225. L. Ph. C. Van den Bergh. Gedenkstukken tot opheldering

der Nederlandsche geschiedenis, opgezameld uit de archieven te Rijssel. 's Gravenhage, 1842-47, 3 vol. in-8.

> I. Chartes, lettres etc., 1100-1598; II, III, correspondance de Marguerite d'Autriche.

226. R. C. Bakhuizen van den Brink, L. Ph. C. van den Bergh, J. de Jonge. Les archives du royaume des Pays-Bas, recueil de documents inédits (aussi sous le titre : Nederlandsche Rijksarchief, verzameling van onuitgegevene oorkonden voor de geschiedenis des vaderlands). Amsterdam, 1855-57, in-8.

227. A. Wauters. Analectes de diplomatique. (CRH. 4, VII, VIII, X, XIII, XIV, XVII).

> Renferme surtout des actes du moyen âge.

228. Ch. Duvivier. Actes et documents anciens intéressant la Belgique (813-XIIIe siècle). Bruxelles, 1898, in-8. (CRH.)

229. Bulletins de la Commission Royale d'histoire de Belgique. Bruxelles, depuis 1834, in-8.

> Renferment une quantité de documents de toute époque relatifs à toutes les parties de la Belgique. La table des 3 premières séries, (Bruxelles, 1874) en donne l'inventaire chronologique. Celle de la 4e série est sous presse.

230. E. Reusens et J. Barbier. Analectes pour servir à l'histoire ecclésiastique de la Belgique. Louvain, depuis 1864, in-8. Table des seize premiers volumes (1864-79) au tome XVI.

> Collection précieuse à cause du grand nombre de chartes relatives à divers établissements ecclésiastiques qu'elle renferme. On y trouve entre autres les cartulaires de Saint-Aubain de Namur (t. V, VI, VII, IX, XI, XIV), Salzinnes près Namur (III, IV, VII), Fosses (IV, IX, XIII), Grimberghen (XI), Andenne (XV), Waulsort et Hastière (XVI), Herckenrode (XVI), Floreffe (XVII), Malonne (XX), Flône (XXIII, XXIV), Heylissem (XXIV, XXV, XXVII). — Le Cartulaire d'Affligem, publ. par E. de Marneffe (1894-96) inaugure une série de " Cartulaires et documents étendus ". Les Analectes, surtout depuis le t. XVII renferment encore une foule de documents relatifs à l'ancienne Université de Louvain.

231. Gachard, Ch. Piot, Al. Pinchart, L. Galesloot. Inventaire des archives de la Belgique. Bruxelles, 1837-90, in-4. (Gachard et Pinchart. Inventaire des archives des chambres des comptes. 6 vol. — Inventaire des cartes et plans conservés aux archives générales du Royaume. — Galesloot. Id. de la cour féodale de Brabant. 2 vol. — Id. du notariat général de Brabant. 1 vol. — Piot. Inventaires divers. Supplément à l'inventaire des cartes et plans. Inventaires

des archives de la cour féodale de Malines et des archives communales
de Léau et de Vilvorde. 1 vol. — Inventaire des chartes des comtes
de Namur. 1 vol.

GACHARD. Notices des comptes en rouleaux conservés aux archives
générales du Royaume. XIII°-XV° siècle. (CRH. 2. VI).

232. GACHARD. Notice sur le dépôt des archives du royaume de
Belgique. Bruxelles, 1831, in-8. — Rapport sur l'administration et
la situation des archives générales du royaume, depuis 1831.
Bruxelles, 1866, in-8.

233. Tableau synoptique des archives de l'État dans les provinces.
(Inséré dans le Moniteur belge du 10 Juillet 1876).

234 Inventaire des cartulaires conservés dans les dépôts des
archives de l'État en Belgique. Bruxelles, 1895, in-8. (CRH.). —
Inventaire des cartulaires conservés en Belgique ailleurs que dans
les dépôts des archives de l'État. Ibid., 1897, in-8. (CRH.). —
Inventaire des cartulaires belges conservés à l'étranger. Ibid., 1899,
in-8. (CRH.).

235. L. DEVILLERS. Inventaire analytique des archives des com-
manderies belges de l'Ordre de Saint-Jean de Jérusalem ou de Malte
(XII°-XIII° siècle). Mons, 1876, in-4.

---

236. GACHARD. Bibliothèques de Madrid et de l'Escurial. — Bibliothèque Nationale de Paris. Bruxelles, 1875-77, 3 vol. in-4. (Indication de mss. relatifs à l'histoire de Belgique). — Rapport sur les
documents concernant l'histoire de Belgique qui existent dans les
dépôts littéraires de Dijon et de Paris. Bruxelles, 1843, in-8. —
Rapport sur différentes séries de documents concernant l'histoire de
la Belgique qui sont conservés dans les archives de l'ancienne
chambre des comptes de Flandre à Lille. Bruxelles, 1841, in-8.

Les recherches de Gachard à Paris n'ont pas été poursuivies au-delà
de 1856. Il faut joindre : A. WAUTERS. Explorations des chartes et des
cartulaires belges existants à la Bibliothèque Nationale à Paris. (CRH.
4, II).

237. Nombreux rapports de GACHARD. GACHET, VAN BRUYSSEL,
WAUTERS, CAUCHIE, BACHA, MAGNETTE, PONCELET, HUYSMAN,
LAMEERE, FAYEN, etc. sur les documents concernant l'histoire de
Belgique conservés dans les bibliothèques et les archives d'Allemagne,
de France, d'Angleterre, d'Autriche et d'Italie, dans les diverses
séries du Bulletin de la Commission royale d'Histoire.

238. R. C. Bakhuizen van den Brink. Overzicht van het Nederlandsche Rijksarchief. 's Gravenhage, 1854, in-8.

239. Verslagen omtrent 's Rijks oude archieven. 's Gravenhage, depuis 1879, in-8. — Table, 1887.

240. J. A. Nijhoff. Overzicht van de tot heden in het licht verschenen registers en inventarissen van oude archieven in Nederland. (Bijdragen voor vaderl. geschied. 1864).

241. Overzicht van de inventarissen der oude Rijksarchieven in Nederland. 's Gravenhage, 1884, in-8.

---

242. L. Ph. C. Van den Bergh. Historische nasporingen in Frankrijk gedaan. Arnhem, 1839, in-8.

> Inventaire chronologique des chartes inédites concernant les Pays-Bas conservées à Lille.

243. P. J. Blok. Verslag aangaande een onderzoek in Duitschland naar archivalia belangrijk voor de geschiedenis van Nederland. 's Gravenhage, 1888; in-8. — Verslag etc. in Duitschland en Oostenrijk. 's Gravenhage, 1889, in-8. — Verslag etc. in Engeland. 's Gravenhage, 1891, in-8. — Rapports analogues de C. C. Uhlenbeck pour la Russie (1891), de H. Brugmans pour l'Angleterre (1895), de Busken Huet et Van Veen pour Paris (1899-1900).

Pour ce qui concerne en général l'organisation, les inventaires et le contenu des divers dépôts d'archives de Belgique et de Hollande, on consultera Ch. V. Langlois et H. Stein. Les Archives de l'Histoire de France, Paris, 1891, in-8. (2ᵉ partie, chapitres III et VIII).

B. *Inventaires et recueils provinciaux et locaux.*

N. B. On ne trouvera ici que l'indication des inventaires et des recueils de documents d'archives se rapportant à l'histoire des diverses provinces des Pays-Bas. Mais beaucoup de travaux d'histoire locale contiennent des pièces justificatives importantes. Les lettres (P. J.) suivant la mention de leurs titres cités ci-dessous, III, § 2, permettront de les reconnaître facilement.

BRABANT.

244. Jos. de Saint-Genois. Essai de diplomatique sur le Brabant. 1794, in-fol.

245. J. F. Willems. Codex diplomaticus (1267-1293), publié en appendice à la chronique de Van Heelu (Bruxelles, 1866, in-4) et

(1125-1406) aux tomes I et II des Brabantsche Yeesten. Bruxelles, 1839-43.

246. L. Galesloot. Livre des feudataires de Jean III, duc de Brabant (1312-35). Bruxelles, 1865, in-8 (CRH.).

247. L. Galesloot. Inventaire des archives de la cour féodale de Brabant. Voy. n° 231.

248. C. R. Hermans. Analytische opgave der charters, diplomas, handvesten, plakkaten enz. betrekkelijk Noord-Braband (704-1648). 's Hertogenbosch, 1844, in-8.

249. E. de Marneffe. Cartulaire de l'abbaye d'Affligem. Louvain, depuis 1894, in-8. Voy. n° 230.

———

250. Gachard. Notice sur les archives de la ville d'*Anvers*. (Collect. de docum. inéd. t. II. Voy. n° 223). — Ch. Nys. Inventaire des chartes et documents appartenant aux archives d'*Anvers*. (1221-1405.) Anvers, 1855-60, in-8. — F. Verachter. Inventaire des anciens chartes, privilèges et autres documents conservés aux archives de la ville d'*Anvers*. (1193-1858). Anvers, 1860, in-4. — P. Génard. Bulletin des archives d'*Anvers* ou *Antwerpsch* archievenblad. Anvers, depuis 1864, in-8. — Pauwels. Verzameling van oorkonden onder den naam van Stadsprotocolen. Antwerpen, depuis 1885, in-8. — H. Jacobs. Inventaris der archieven van het provinciaal bestuur van Antwerpen. I, Oude archieven. Antwerpen, 1890, in-8.

251. S. H. Hingman. Inventaris van het archief der stad *Breda*. Breda, 1884, in-8.

252. A. Wauters. Inventaire des archives de la ville de *Bruxelles*. I. Bruxelles, 1888-94, in-8.

253. Ch. Stallaert. Inventaire des chartes concernant les seigneurs et la ville de *Diest*. (CRH. 4. III). — F. J. Raymaekers. Cartulaire de *Diest* (746-1478). (CRH. 3. II).

254. R. A. Van Zuijlen. Inventaris der archieven van de stad *'s Hertogenbosch* (1399-1700). 's Hertogenbosch, 1863-66, 2 vol. in-8. — C. R. Hermans. Verzameling van kronyken, charters en oorkonden betrekkelijk de stad en meijerij van *'s Hertogenbosch*. 's Hertogen-bosch, 1848, in-8.

255. Ch. Piot. Inventaire des archives de *Léau*. Voy. n° 231.

256. E. Mast. Inventaire des archives de *Lierre* (dans les rapports annuels de l'administration communale).

257. Gachard. Notice sur les archives de la ville de *Louvain*.

(Collect. de docum. inéd. t. III. Voy. n° 223). — E. Van Even. Inventaire des registres des trois ci-devant chambres échevinales de *Louvain*. Louvain, 1865, in-8. — Inventaire chronologique et analytique des chartes et autres documents sur parchemin appartenant aux archives de la ville de *Louvain*. Louvain, 1873, in-8.

258. Gachard. Notice sur les archives de la ville de *Malines*. (Collect. de docum. inéd. t. II. Voy. n° 223). — B. J. F. C. Gyseleers-Thys. Additions et corrections à la notice sur les archives de la ville de *Malines* de M. Gachard. Bruxelles, 1834-38, 4 vol. in-8. — P. J. Van Doren et V. Hermans. Inventaire des archives de la ville de *Malines*. Malines, 1859-95, 8 vol. in-8. — V. Hermans. Inventaire des lettres missives. Nouvelle série. Malines, 1885, in-8. — Een woord aangaande het stadsarchief van Mechelen (Bullet. du Cercle arch. de Malines, 1892). — Inventaire des archives de la Cour féodale de *Malines*. Voy. n° 231.

259. C. R. Hermans. Charters en geschiedkundige bescheiden betrekkelijk het land van *Ravenstein*. 's Hertogenbosch, 1848-54, 2 vol. in-8.

260. Ch. Piot. Inventaire des archives de *Vilvorde*. Voy. n° 231.

FLANDRE, ARTOIS ET TOURNAISIS.

261. J. de Saint-Genois. Inventaire des chartes des comtes de Flandre avant l'avènement des princes de la maison de Bourgogne (1168-1380). Gand, 1843-46, in-4.

262. V. Gaillard. Inventaire analytique des chartes des comtes de Flandre autrefois déposées au château de Rupelmonde. Gand, 1857, in-8. (CRH. 2. VI. VII).

> Complète le précédent par l'inventaire des actes relatifs aux finances et à la justice aux XIII° et XIV° siècles.

263. J. de Saint-Genois. Notice sur le dépôt des archives de la Flandre Orientale. (Messager des sciences historiques, 1841-42).

264. F. d'Hoop. Les archives de l'État à Bruges. Origine et développement du dépôt. (Annales de la Société d'Émulation de Bruges, XVII).

265. O. Delepierre et F. Priem. Précis analytique des documents que renferme le dépôt des archives de la Flandre Occidentale. Bruges, 1840-58, 12 vol. in-8.

> Les trois premiers volumes de cet ouvrage, publiés par Delepierre, contiennent : 1° un inventaire de pièces (1089-1365) conservées aux

archives du département du Nord à Lille, de 1089 à 1365, 2º un inventaire de documents conservés aux archives de la Flandre Occidentale, de 1084 jusqu'au XVIIIᵉ siècle. Les neuf volumes suivants forment une 2º série publiée, sauf le premier volume, par Priem. Les tomes I à V de cette série renferment l'analyse des comptes du Franc de Bruges de 1397 à 1753. Les quatre derniers volumes, parus sous le titre de « Documents extraits du dépôt des archives du l'État et de la province à Bruges », comprennent divers documents relatifs à l'administration de la Flandre Occidentale depuis le XVᵉ siècle, ainsi que (t. IX) la « Nauwkeurige beschrijving van het land van den Vrijen » d'ADRIEN BALTYN († 1623).

266. É. VANDEN BUSSCHE. Inventaire des archives de l'État à Bruges. 1ᵉ section : Franc de Bruges. Bruges, 1881-84, 2 vol. in-4.

267. F. D'HOOP. La Flandre Orientale et ses anciennes archives. Alost, 1886, in-8.

Etat sommaire des archives des communes.

268. A. MERGHELYNCK. Cabinet des titres de généologie et d'histoire de la West-Flandre. Tournai, 1896-98, in-8.

269. A. LE GLAY. Histoire et description des archives générales du département du Nord. Paris, 1843, in-4.

270. Inventaire sommaire des archives départementales du Nord. — A. et J. LE GLAY et A. DESPLANQUE. Trésor des chartes de Flandre. Lille, 1863, in-4. Nouv. édit. remaniée par C. DEHAISNES et J. FINOT. Lille, 1899. — II. A. DESPLANQUE. Analyse des cartulaires et registres des chartes. Lille, 1872, in-4. — III. C. DEHAISNES. Registres de l'audience. Lille, 1877, in-4. — IV-VII. C. DEHAISNES et J. FINOT. Recette générale des finances. Lille, 1877-92, in-4.

271. ED. DE COUSSEMAKER. Inventaire analytique et chronologique des archives de la chambre des comptes à Lille, 706-1270. (Inventaire de Godefroy). Paris et Lille, 1865-66, 2 vol. in-4.

272. H. LORIQUET. Les archives départementales et notamment les archives du Pas-de-Calais. Arras, 1888, in-8. (Mém. de l'Acad. d'Arras).

273. Inventaire sommaire des archives départementales du Pas-de-Calais. I, II. J. M. RICHARD. Trésor des chartes d'Artois. Arras, 1878-88, 2 vol. in-4. — III. GODIN et COTTEL. Inventaire de la série B. (Cours et juridictions). Paris, 1875, in-4. — IV. J. A. COTTEL. Inventaire de la série C. (Intendance). Arras, 1882, in-4. — V. D. HAIGNERÉ. Inventaire de la série D. (Archives ecclésiastiques : évêché de Boulogne). Arras, 1891, in-4.

274. L'inventaire sommaire des archives communales comprend, pour le département du Nord : les inventaires des archives d'ARMEN-TIÈRES (par DEHAISNES, Lille, 1877); BERGUES (par DEHAISNES, Lille, 1882); BOUCHAIN (par DEHAISNES, Lille, 1882); BOURBOURG (par DEHAISNES, Lille, 1877); COMINES (par FINOT, Lille, 1883); DOUAI (par DEHAISNES et LEPREUX, Lille, 1876-79); HAZEBROUK (par FINOT, Lille, 1886); HONDSCHOOTE (par DEHAISNES, Lille, 1880); HOUPLINES (par FINOT, Lille, 1891); LA BASSÉE (par DEHAISNES, Lille, 1880); LA GORGUE (par FINOT et DE CLEENE, Lille, 1885); LE CATEAU CAMBRÉSIS (par FINOT, Lille, 1887); LESQUIN (par LEURIDAN, Lille, 1889); LINSELLES (par LEURIDAN, Lille, 1881); MERVILLE (par FINOT, Lille, 1893); NOYELLES-LÈS-SECLIN (par LEURIDAN, Lille, 1890); ROUBAIX (par LEURIDAN, Paris, 1866); SECLIN (par FINOT et VERMAERE, Lille, 1887); WASQUEHAL (par LEURIDAN, Lille, 1890); WATTIGNIES (par LEURIDAN, Lille, 1887).

275. T. DE LIMBURG-STIRUM. Codex diplomaticus Flandriae. (1296-1327). Bruges, 1879-89, 2 vol. in-4.

> F. FUNCK-BRENTANO. Additions au Codex diplomaticus Flandriae (1314). (Bibliothèque de l'École des Chartes, 1896).

276. T. DE LIMBURG-STIRUM. Cartulaire de Louis de Male (1348-1358). I. Bruges, 1898, in-4.

277. V. GAILLARD. Archives du Conseil de Flandre ou recueil de documents idédits. Gand, 1856, in-8.

278. KERVYN DE LETTENHOVE. Codex Dunensis sive diplomatum et chartarum medii aevi amplissima collectio. Bruxellis, 1875, in-4.

> Recueil de chartes et de lettres de toute espèce, pour la plupart non datées, mais relatives principalement au XIII° siècle. L'édition est très défectueuse. La notice publiée par KERVYN DE LETTENHOVE sur ce codex en 1850 (Mém. Acad.) peut suppléer jusqu'à un certain point à l'absence d'une table des matières.

279. ED. SCOTT et L. GILLIODTS VAN SEVEREN. Documents pour servir à l'histoire des relations entre l'Angleterre et la Flandre de 1341 à 1473. Bruxelles, 1896, in-4. (Aussi sur le titre : Le Cotton manuscrit Galba B. I.)

280. DE SCHOUTHEETE DE TERVARENT. Livre des feudataires des comtes de Flandre au pays de Waes, aux XIV°, XV° et XVI° siècles. Saint-Nicolas, 1873, in-8. (Publ. de la Soc. hist. du pays de Waes).

281. ED. DE COUSSEMAKER. Fiefs et feudataires de la Flandre maritime. (Annales du Comité flamand de France. XIII).

282. Ed. de Coussemaker. Documents relatifs à la Flandre maritime. Lille, 1860, in-8. — Add. Annales du comité flamand de
France. V, X.

———

283. [F. H. d'Hoop]. Inventaris van de oude archieven der stad
Aelst. Aelst, 1888, in-8. — Bijvoegsel. Ibid., 1899, in-8

284. F. Vande Putte. Chronicon *monasterii Aldenburgensis* majus.
(Avec cartulaire de 1087-1797). Gandavi, 1843, in-4.

285. Ch. Louandre. Notice sur les archives de la ville d'*Arras*.
(Archives historiques et littéraires du Nord de la France, 1838). —
[A. Guesnon]. Inventaire chronologique des chartes de la ville
d'*Arras*. (1170-1789). s. l. n. d. in-4. (Ouvrage inachevé et non
publié constituant un très important cartulaire de la ville). —
J. M. Richard. Cartulaire de l'hôpital *Saint-Jean-en-l'Estrée d'Arras*.
Paris, 1888, in-8. — Guiman. Cartulaire de l'abbaye de *Saint-Vaast
d'Arras* (-1102) éd. Van Drival. Arras, 1875, in-8. — A. Guesnon.
Un cartulaire de *S. Vaast d'Arras* (XIIᵉ siècle). (Bullet. du comité
des travaux historiques et philologiques. Paris, 1896). — L. Cavrois.
Cartulaire de *N. D. des Ardents à Arras* (1115-1770). Arras, 1876,
in-8. — A. de Loisne. Le cartulaire du *Chapitre d'Arras*. Arras,
1897, in-4. (Mém. de l'Acad. d'Arras).

286. L. Van Lerberghe et J. Ronsse. *Audenaerdsche* mengelingen
(1201-1794). Audenaerde, 1845-52, 5 vol. in-8.

287. I. de Coussemaker. Documents inédits relatifs à la ville de
Bailleul (1180-1776). Lille, 1877-78, 3 vol. in-8.

288. A. Pruvost. Chronique et cartulaire de l'*abbaye de Bergues-
Saint-Winnoc* (XIIᵉ-XVIIIᵉ s.). Bruges, 1875-78, 2 vol. in-4.

289. J. Travers. Inventaire des archives de la ville de *Béthune*.
Béthune, 1878, in-4. — A. de Loisne. Le cartulaire de *S. Barthélemy
de Béthune* (1152-1454). Saint-Omer, 1895, in-4.

290. I. de Coussemaker. Cartulaire de l'abbaye de *Notre-Dame de
Bourbourg* (1104-1793). Lille, 1882-1891, 3 vol. in-8.

291. Gachard. Notice sur les archives de la ville de *Bruges*.
(Collect. de docum. inéd. t. I. Voy. nᵒ 223). — L. Gilliodts-Van
Severen. Inventaire des archives de la ville de *Bruges* (1228-1497).
Bruges, 1871-78. 7 vol. in-4. Table analytique par Ed. Gailliard,
1885. — Glossaire flamand par le même, 1882. — L. Gilliodts-
Van Severen. Les registres des Sestendeelen (Cadastre de Bruges

en 1580). Bruges, 1894, in-4. (Annales de la Soc. d'Émulat. de la Flandre). — LE MÊME. Inventaire diplomatique des archives de l'ancienne *École Bogaerde à Bruges* (1252-1800). Bruges, 1899, 2 vol. in-8. (Ibid.).

292. I. DE COUSSEMAKER. Cartulaire de l'abbaye de *Cisoing*. Lille, 1890, in-8.

293. J. FINOT. Inventaire des archives hospitalières de *Comines*. Lille, 1884, in-4.

294. CH. MUSSELY. Inventaire des archives de la ville de *Courtrai*. (1190-1792). Courtrai, 1854-70, 2 vol. in-8. — F. VANDE PUTTE. Chronique et cartulaire de l'*abbaye de Groeninghe à Courtrai*. Bruges, 1872, in-4. — CH. MUSSELY et E. MOLITOR. Cartulaire de *Notre-Dame de Courtrai*. Gand, 1881, in-8.

295. C. DEHAISNES. Les archives communales de *Douai*. Lille, 1868, in-8. (Bullet. de la Commission historique du dép. du Nord). — PILATE-PREVOST. Table chronologique et analytique des archives de la mairie de *Douai* depuis le XIe siècle jusqu'au XVIIIe, Douai, 1842, in-8. — [C. DEHAISNES et J. LEPREUX]. Inventaire analytique des archives communales antérieures à 1790. Lille, 1876-79, in-4. — TALLIAR. Recueil d'actes des XIIe et XIIIe siècles en langue romane-wallone (tirés des archives de *Douai*). Douai, 1849, in-8. — F. BRASSART. Inventaire des chartes, titres et papiers appartenant aux hospices et au bureau de bienfaisance de la ville de *Douai*. Douai, 1840, in-8.

296. C. L. CARTON. Cronica abbatum *monasterii de Dunis*, par AD. DE BUDT (Avec un cod. dipl. de 1128 à 1481). Brugis, 1839, in-4 et 1864-67, 3 vol. in-4. — [F. VANDE PUTTE]. Cronica et cartularium *monasterii de Dunis*. Brugis, 1864, in-4. (Avec un cartulaire de 1128-1519). — Inventaire des chartes, bulles pontificales, privilèges et documents divers de la bibliothèque du séminaire épiscopal de Bruges (1106-1500). Bruges, 1857, in-8. (Chartes de l'abbaye des Dunes). Add. n° 278.

297. CH. PIOT. Cartulaire de l'abbaye d'*Eename* (1069-1525). Bruges, 1881, in-4.

298. E. HAUTCŒUR. Cartulaire de l'abbaye de *Flines* (1200-1530). Lille, 1873-74, 2 vol. in-8.

299. [F. VANDE PUTTE et C. L. CARTON]. Chronica et cartularium *abbatiae S. Nicolai Furnensis* (1120-1354). Brugis, 1849, in-4.

300. GACHARD. Notice historique et descriptive des archives de

la ville de *Gand*. Bruxelles, 1852, in-4. (Mém. Acad.). — P. Van
Duyse et É. De Busscher. Inventaire analytique des chartes et
documents appartenant aux archives de la ville de *Gand* (1070-1792).
Gand, 1867, in-4. — C. L. Diericx. Inventaire des archives de *Gand*.
(Dans : Mémoires sur les lois des Gantois. I. Gand, 1817, in-8). —
V. Vander Haeghen. Inventaire des archives de la ville de *Gand*.
Catalogue méthodique général. Gand, 1896, in-8. — Inventaire des
archives de la ville de *Gand*. Établissements religieux. Gand, 1887-89,
in-4. — F. De Potter. Petit cartulaire de *Gand* (1178-1753). Gand,
1885, in-8. — Second cartulaire de *Gand* (1245-1807). Gand, 1886,
in-8. — F. Vande Putte. Annales *abbatiae S. Petri Blandiniensis*.
Gandavi, 1842, in-4. (Contient un important Liber traditionum de
l'abbaye de S. Pierre du VII° au XII° siècle. Cf. H. Pirenne. Note
sur un manuscrit de l'abbaye de S. Pierre de Gand. CRH. 5. V). —
A. Van Lokeren. Chartes et documents de l'*abbaye de S. Pierre à
Gand* (630-1599). Gand, 1868-71, 2 vol. in-4. — [C. P. Serrure].
Cartulaire de *S. Bavon à Gand* (655-1255). Gand, s. d. [1836-40],
in-4. (Inachevé et non publié). — A. Van Lokeren. Histoire de
l'*abbaye de S. Bavon*. Gand, 1855, in-8. (Contient un inventaire des
chartes de l'abbaye). — C. L. Diericx. Het *Gends* Charter-Boekje
(1202-1657). Gend, 1821, in-4. (Comprend des actes divers relatifs
aux domaines de S. Pierre et de S. Bavon). — V. Vander Haeghen.
Het *klooster ten Walle* en de *abdij van den Groenen-Briel*. Stukken
en oorkonden (1230-1752), Gent, 1888, in-8. — J. Béthune. Cartulaire du béguinage de *Ste Élisabeth à Gand*. Bruges, 1883, in-4.
— N. de Pauw. Obituaire de *S. Jean à Gand* (XIII°-XVI° siècle).
Bruxelles, 1890, in-8. (CRH). — N. de Pauw. et J. Vuylsteke.
Rekeningen der stad *Gent*. Tijdvak van Jacob van Artevelde (1336-
1349). Gent, 1874-1885, 5 vol. in-8. — J. Vuylsteke. Id. Tijdvak
van Philip van Artevelde (1376-1389). Gent, 1890, in-8. — Oorkondenboek der stad Gent. I. Gentsche stads en baljuwsrekenin-
gen, 1280-1336, éd. J. Vuylsteke (aussi sous le titre : Cartulaire
de la ville de Gand. I. Comptes de la ville et des baillis de Gand,
1280-1336). Gand, 1900, in-8.

301. [F. H. d'Hoor]. Inventaire des anciennes archives de *Gram-
mont* et de celles de son abbaye. Grammont, 1880, in-8. — G. De Vos.
Inventaris der handvesten van *Onser-Lieven-Vrouwen Gasthuys,
Senter Margrieten Begijnhof en 's Keizershof van Geeraardsbergen*.
Geeraardsbergen, 1898, in-8.

302. [C. L. Carton et F. Vande Putte]. Chronique et cartulaire de 's Hemelsdaele (XIIIᵉ-XVIᵉ s.). Bruges, 1858, in-4.

303. Ch. Paeile. Notice sur les archives communales de *Lille*. Lille, 1868, in-8. — T. Leuridan. Les châtelains de *Lille*. Lille, 1873, in-8. (Contient un cartulaire de ces châtelains). — E. Hautcoeur. Cartulaire de l'église collégiale *de S. Pierre de Lille* (XIᵉ-XVᵉ s.). Lille et Paris, 1894, 2 vol. in-8. — Dotte. Inventaire des archives de l'*hôpital N. D.* Lille, 1871, in-4.

304. Van Hollebeke. Cartulaire de l'abbaye de *S. Pierre de Loo*. Bruges, 1870, in-4.

305. J. L. A. Diegerick. Inventaire des archives de l'*abbaye de Messines* (1065-1849). Bruges, 1876, in-4.

306. J. J. De Smet. Cartulaire de l'abbaye de *Ninove*. (1092-1317). (Corpus chronic. Flandr. II. Voy. n° 208).

307. L. Van Hollebeke. L'abbaye de *Nonnenbossche*, suivi du cartulaire de cette maison (1113-1796). Bruges, 1865, in-4.

308. F. d'Hoop. Recueil des chartes du prieuré de *Saint-Bertin à Poperinghe*. Bruges, 1870, in-4.

309. B. Guérard. Cartulaire de l'abbaye de *Saint-Bertin*. (Cartulaires de Folcuin et de Simon). Paris, 1840, in-4. — F. Morand. Appendice au cartulaire de *Saint-Bertin*. Paris, 1867, in-4. — Haigneré et Bled. Les chartes de *Saint-Bertin* d'après le cartulaire de dom De Witte. Saint-Omer, 1886-99, 4 vol. in-4.

310. de Schoutete de Tervarent. Inventaire des archives de la ville et de l'église de *Saint-Nicolas*. Saint-Nicolas, 1872, in-4.

311. A. Giry. Notice sur les archives communales anciennes de la ville de *Saint-Omer*. (Bibl. de l'École des chartes, 6. IV). — Analyse d'un registre des archives municipales de *Saint-Omer*. (Mém. de la Soc. des antiquaires de la Morinie, XV).

312. [C. L. Carton et F. Vande Putte]. Chronique de l'*abbaye de Ter-Doest*. (Avec cartulaire). Bruges, 1845, in-4.

313. A. de Vlaminck. Inventaire des archives de la ville de *Termonde*. Termonde, depuis 1866, in-8. (Annales du Cercle Archéolog. de Termonde). — Documents tirés des archives de *Termonde* (publiés dans le Rapport sur l'administration.... de Termonde, depuis 1867). — Cartulaire de la ville de *Termonde*. Gand, 1876-77, in-8. — Cartulaire de l'*abbaye de Zwijveke-lez-Termonde* (1221-1378). Gand, 1869, in-8.

314. Th. Duchet et A. Giry. Cartulaires de l'église de *Térouanne* (1069-1474). Saint-Omer, 1881, in-4.

315. Algemeene samenstelling van de stedelijke archieven van *Thielt*. Thielt, 1878, in-4.

316. Gachard. Notice sur les archives de la ville de *Tournai*. (Collect. de docum. inéd., t. I. Voy. n° 223). — H. Vandenbroek. Extraits analytiques des anciens registres des *consaux de la ville de Tournai*, 1385-1422. (Mém. de la Soc. hist. de Tournai, 1861, 1863). — A. de la Grange. Id., 1431-1476 (Ibid., 1893). — A. d'Herbomez. Cartulaire de *Saint-Martin de Tournai*. I (1094-1245). Bruxelles, 1898, in-4. — Les sources de l'histoire du *Tournaisis*. (Bullet. de la Soc. hist. de Tournai, XXIV).

317. J. Vos. Cartulaire de l'abbaye de *Saint-Médard* ou de *Saint-Nicolas-des-Prés* près *Tournai*. (1126-1779). (Mém. de la Soc. hist. de Tournai, 1873, 1876).

318. J. J. De Smet. Cartulaire de l'abbaye de *Tronchiennes* (1084-1630). (Corpus Chron. Flandr. I. Voy. n° 208).

319. É. Feys et A. Nélis. Cartulaires de la *prévôté de S. Martin* à *Ypres* (1102-1543). Bruges, 1880-81, 2 vol. in-4. — J. L. A. Diegerick. Inventaire des archives de la ville d'*Ypres* (1101-XVIe s.). Bruges, 1853-68, 7 vol. in-8. — Analectes *Yprois*. Bruges, 1850, in-8. (Annales de la Soc. d'Émulat. de la Flandre). — Documents du XVIe siècle concernant les troubles religieux, faisant suite à l'inventaire des chartes. Bruges, 1874-77, 4 vol. in-8. — É. De Sagher. Notice sur les archives communales d'*Ypres* et documents pour servir à l'histoire de Flandre du XIIIe au XVIe siècle. Ypres, 1898, in-8.

320. Ch. V. Langlois et H. Stein. Les archives de l'histoire de France. Paris, depuis 1891, in-8.

> Donne la liste complète des inventaires manuscrits et imprimés de tous les dépôts d'archives des départements du Nord et du Pas-de-Calais.

FRISE ET GRONINGUE.

321. F. G. thoe Schwartzenberg. Groot placcaet- en charterboeck van Vriesland (696-1604). Continuation (-1686) par J. F. M. Herbell. Leeuwarden, 1768-93, 5 vol. in-fol. — J. Van Leeuwen. Alphabetisch register.... op het Groot plakkaat- en charterboeck van Friesland. Workum, 1857, in-8. — G. Colmjon. Register van oorkonden die in het charterboeck van Friesland ontbreken tot het jaar 1400. Leeuwarden, 1884, in-8.

322. Oorkondenboek van Groningen en Drenthe, bewerkt door P. J. Blok, J. A. Feith, J. Reitsma, C. P. L. Rutgers, S. D. van Veen, S. Gratama, J. L. Berns. Groningen, 1894-98, 2 vol. in-4.

323. E. Friedländer. Ostfriesisches Urkundenbuch (-1590). Emden, 1878-81, 2 vol. in-4.

324. J. Van Leeuwen. Beneficiaal-boeken van Friesland. Leeuwarden, 1850, in-fol.

325. J. L. Berns. Verslag aangaande een onderzoek naar archiefstukken belangrijk voor de geschiedenis van Friesland, uit het tijdperk der Saksische hertogen (1487-1525). 's Gravenhage, 1891, in-8.

___

326. R. K. Driessen. Monumenta *Groningana* veteris aevi inedita (-fin XIVᵉ siècle). Groningen, 1822-30, 4 vol. in-8. — H. O. Feith. Register van het archief van *Groningen*. Groningen, 1853-77, 9 vol. in-8. — P. J. Blok. Rekeningen der stad *Groningen* uit de XVIᵉ eeuw. 's Gravenhage, 1896, in-8.

327. J. E. Singels. Inventaris van het oud archief der stad *Leeuwarden*. Leeuwarden, 1894, in-8.

GUELDRE, ZUTPHEN ET OVERYSSEL.

328. P. Bondam. Charterboek der hertogen van Gelderland en graven van Zutphen (-1280). Utrecht, 1783-1809, 4 vol. in-fol.

329. Th. J. Lacomblet. Urkundenbuch für die Geschichte des Niederrheins. Düsseldorf, 1848, 4 vol. in-4.

330. L. A. J. W. Sloet. Oorkondenboek der graafschappen Gelre en Zutphen (-1288). 's Gravenhage, 1872-77, 3 vol. in-8.

    Voy. : Verbeteringen in Sloet's oorkondenboek. (Bijdragen voor vaderl. geschied. 1880 et 1885).

331. I. A. Nijhoff. Gedenkwaardigheden uit de geschiedenis van Gelderland (documents de 1286 à 1538). Arnhem-'s Gravenhage, 1830-75, 8 vol. in-8.

332. P. Nijhoff. Registers op het archief afkomstig van het voormalig Hof des vorstendoms Gelre en graafschap Zutphen (1561-1805). Arnhem, 1856, in-8.

333. J. van Doorninck. Tijdrekenkundig register op het oud-provinciaal archief van Overijssel (1225-1527). Zwolle, 1857-75, 7 vol. in-8.

334. J. C. Bijsterbos, J. T. van Doorninck et G. W. de Vos. Register van Overijsselsche oorkonden. Zwolle, depuis 1873, in-8.

335. P. N. van Doorninck. Leenacten van Gelre en Zutphen (1370-1402), uit het Staatsarchief te Dusseldorp. I. Haarlem, depuis 1899, in-8.

336. J. J. Sloet et J. S. van Veen. Register op de leenakten-boeken van het vorstendom Gelre en graafschap Zutphen. I. Arnhem, 1898, in-8.

———

337. Albergensia. Stukken betrekkelijk het klooster *Albergen*. Zwolle, 1878, in-8.

338. P. Nijhoff. Inventaris van het oud archief der gemeente *Arnhem*. Arnhem, 1864, in-8.

339. A. G. Besier et M. van Doorninck. Inventaris van het archief van *Deventer*. Deventer, 1870, in-8. — J. van Doorninck. Cameraarsrekeningen van *Deventer*. I. (1337-1392). Deventer, 1883-86, in-8.

340. P. Nijhoff. Inventaris van het oud archief van *Doesburg* (1230-1756). Arnhem, 1865, in-8.

341. Charters en bescheiden over de betrekking der drie Overijs-selsche steden, bijzonder van *Kampen*, op het Noorden van Europa (1251-1308). Deventer, 1861, in-8. — P. C. Molhuysen et J. Nanninga-Uitterdijk. Register van charters en bescheiden in het oud archief van *Kampen* (1251-1620). Kampen, 1862-87, 6 vol. in-8. — J. Nanninga-Uitterdijk. De Kameraars- en Rentmeestersreke-ningen der stad *Kampen* (1515-1540). Kampen, 1874, in-8.

342. J. de Fremery. Cartularium der abdij *Marienweerd* (-1457). 's Gravenhage, 1890, in-8.

343. P. Nijhoff. Inventaris van het oud archief der gemeente *Nijmegen*. Arnhem, 1864, in-8. — J. G. Ch. Joosting. Inventaris der archieven der *Nijmeegsche* broederschappen. Nijmegen, 1891, in-8.

344. J. B. Sivré. Inventaris van het oud archief der gemeente *Roermond* (1328-1674). Roermond, 1868-83, in-8.

345. R. W. Tamada et W. J. A. Huberts. Tijdrekenkundig register van alle oorkonden in het stedelijk archief te *Zutphen*. Zutphen, 1854-62, 2 vol. in-8.

N. B. Les publications de la *Vereeniging tot beoefening van Overijsselsch regt en geschiedenis*, renferment un grand nombre d'inventaires de divers dépôts d'archives de la province d'Overijssel (archives de Hasselt, Oldenzaal, Oosmarsum, de l'abbaye de Busch-klooster, aujourd'hui Orphelinat de Zwolle, etc.).

HAINAUT, CAMBRÉSIS ET OSTREVANT.

346. Jos. DE SAINT-GENOIS. Monuments anciens. Voy. n° 222.

347. L. DEVILLLERS. Description analytique de cartulaires et de chartiers du Hainaut. Mons, 1865-78, 8 vol. in-8.

> Contient l'inventaire des chartes de la plupart des établissements ecclésiastiques du Hainaut.

348. L. DEVILLERS. Notice sur le dépôt des archives de l'État à Mons. Mons, 1871, in-8. (Annales du Cercle archéologique de Mons 1898.)

349. A. LACROIX. Inventaire analytique et chronologique des archives des chambres du clergé, de la noblesse et du tiers-état du Hainaut. Mons, 1852, in-4.

350. L. DEVILLERS. Inventaire analytique des archives des États du Hainaut. 1. Mons, 1884, in-4.

351. DE REIFFENBERG et L. DEVILLERS. Cartulaires du Hainaut (1071-1347). (Monuments anciens etc. I, III. Voy. n° 208).

352. L. DEVILLERS. Chartes du chapitre de Sainte-Waudru de Mons. I. (831-1320). Bruxelles, 1899, in-4.

353. L. DEVILLERS. Cartulaire des comtes de Hainaut de l'avènement de Guillaume II à la mort de Jacqueline de Bavière (1337-1436). Bruxelles, 1881-96, 6 vol. in-4.

354. L. DEVILLERS. Cartulaire des rentes et cens dûs au comte de Hainaut (1265-1286). Mons, 1873-75, 2 vol. in-8.

355. É. GACHET. Un cartulaire de Guillaume I de Hainaut (1305-1312). (CRH. 2. IV).

356. L. DEVILLERS. Notice sur un cartulaire de Guillaume I comte de Hainaut (1316-1333). (CRH. 3. VII). — Notice sur un cartulaire de la trésorerie des comtes de Hainaut (1184-1314). (Ibid. 3. XII). — Notice sur un cartulaire concernant les terres dites de débat (1276-1428). (Ibid. 4. III). — Quelques chartes des comtes de Hainaut (1164-1201). (Ibid. 4. VIII).

357. É. PRUD'HOMME. Les échevins et leurs actes dans la province de Hainaut. (Inventaire des greffes scabinaux). Mons, 1890, in-8. (Mém. de la Soc. des Sciences du Hainaut).

Add. les inventaires des archives départementales du Nord (n° 270) importants pour le Hainaut.

358. E. Fourdin. Inventaire des archives de la ville d'*Ath*. Bruxelles, 1873, 2 vol. in-8.

359. A. Durieux. Les archives communales de *Cambrai*. Lille, 1880, in-8. (Bullet. de la Commission historique du dép. du Nord).

360. J. J. De Smet. Cartulaire de l'abbaye de *Cambron* (1142-1448). (Monum. anciens etc. II. Voy. n° 208).

361. Baudelet. Cartulaire de l'abbaye de *Ghislenghien*. (Bullet. de la Soc. hist. de Tournai. XIV).

362. U. Berlière. Les anciennes archives de l'abbaye de *Lobbes*. (CRH. 5. X). — A. Hansay. Chartes de l'ancienne abbaye de *Lobbes*. (Ibid.).

363. L. Devillers. Inventaire des archives de la ville de *Mons*. Mons, 1882-96, 3 vol. in-8. — Notice sur les archives des *établissements de charité* de la ville de *Mons*. Mons, 1876, in-8. — Notice des archives des anciennes *corporations de métiers* déposées aux archives communales de *Mons*. Mons, 1882, in-8.

364. L. Devillers. Description sommaire du cartulaire de l'abbaye de *Saint-Foillien au Roeulx*. (Annales du Cercle archéolog. de Mons. XXI).

365. L. Devillers. Notice sur un cartulaire de l'abbaye de *Sainte-Elisabeth du Quesnoy*. (Annales du Cercle archéolog. de Mons. XXI).

366. M. Caffiaux. Notice sur les archives communales de *Valenciennes*. Lille, 1868, in-8. (Bullet. de la Commission historique du dép. du Nord).—L.Cellier. Monuments inédits de la langue romane. Chartes communales de *Valenciennes* (X°-XII° siècles). Valenciennes, 1868, in-8.

367. Pour les inventaires des archives de *Bouchain* et du *Câteau* voy. n° 274.

HOLLANDE ET ZÉLANDE.

368. F. van Mieris. Groot charterboek der graven van Holland, Zeeland en heeren van Vriesland (-1436). Leyden, 1753-56, 4 vol. in-fol. — Register op het vervolg van het groot charterboek. Utrecht. 1859, in-8. — A. Kluit. Historia critica comitatus Hollandiae et Zeelandiae. Medioburgi, 1777-82, 4 vol. in-4. (III, IV. Codex diplomaticus de 830 à 1532). — L. Ph. C. Van den Bergh. Register van Hollandsche en Zeeuwsche oorkonden die in de charterboeken van van Mieris en Kluit ontbreken (-1299). Amsterdam, 1861, in-8. — P. L. Muller. Regesta Hannonensia. Lijst van oorkonden

betreffende Holland en Zeeland (1299-1345) die in het charterbook van van Mieris ontbreken. 's Gravenhage, 1882, in-8.

369. L. Ph. C. Van den Bergh. Oorkondenboek van Holland en Zeeland (715-1299). Amsterdam, 1866-73, 2 vol. in-4.

370. J. de Frémery. Oorkonden tot aanvulling van het oorkondenboek van Holland en Zeeland. (Bijdragen voor vaderl. geschied. 1894-1897).

371. P. A. S. van Limburg Brouwer. Boergoensche charters (1428-1482). 's Gravenhage, 1869, in-8.

> Inventaire d'actes pour servir de complément au Charterboek de van Mieris.

372. H. G. Hamaker. De rekeningen der grafelijkheid van Holland onder het Henegouwsche huis. Utrecht, 1875-78, 3 vol. in-8. — De rekeningen der grafelijkheid van Zeeland onder het Henegouwsche huis. Utrecht, 1879-80, 2 vol. in-8.

373. R. Fruin. Enqueste ende informatie upt stuck van der reductie ende reformatie van den Schiltaelen, voertijts getaxeert ende gestelt geweest over de landen van Hollant ende Vrieslant, gedaen in den jaere 1494. Leiden, 1876, in-8. — Informacie up den staet, faculteyt ende gelegentheyt van de steden ende dorpen van Hollant ende Vrieslant, om daernae te reguleren de nyeuwe Schiltaele gedaen in den jaere 1514. Leiden, 1866, in-8. — Zettingen en omslagen van 1496, 1515 en 1518. Bijvoegsel op de uitgaven der Informatie van 1514 en der Enqueste van 1494. Leiden, 1877, in-8.

374. J. P. van Visvliet. Inventaris van het oud archief der provincie Zeeland. Middelburg, 1874-81, 3 vol. in-8.

375. P. Scheltema. Inventaris van het provinciaal archief van Noord-Holland. Haarlem, 1873, in-8.

---

376. P. Scheltema. Inventaris van het archief der gemeente *Alkmaar*. Alkmaar, 1869, in-8.

377. P. Scheltema. Inventaris van het *Amsterdamsche* archief. Amsterdam, 1866-74, 3 vol. in-8. — Het archief der *Yzeren Kapel* in de *St-Nikolaas-kerk* te *Amsterdam*. Amsterdam, 1850, in-8.

378. H. De Jager. Het *Brielsche* archief. Geschied- en letterkundige naoogst. Utrecht, 1876, in-8. — De *Brielsche* archieven. Geschiedkundige mededeelingen. Brielle, 1883-84, 2 vol. in-8.

379. J. Soutendam. Inventaris der charters en privilegiën, berustende op het archief der gemeente *Delft* (1246-1599). Delft, 1860,

in-8.,— Mededeelingen uit het archief der stad *Delft*. Delft, 1862, in-8. — Register der beschoiden die berust hebben in het « Secreet Vertrek » enz. der stad *Delft* (XVᵉ-XIXᵉ siècle). Delft, 1861, in-8.

380. P. Van den Brandeler. Inventaris van het archief van *Dordrecht*. Dordrecht, 1862-78, in-8. — Van de Wall. Handvesten en privilegiën van *Dordrecht*. Dordrecht, 1790. — C. M. Dozy. De oudste stadsrekeningen van *Dordrecht* (1284-1424). 's Gravenhage, 1891, in-8. — J. C. Overvoorde. Rekeningen van de gilden van *Dordrecht* (1438-1600). 's Gravenhage, 1895, in-8.

381. J. N. Scheltema et C. A. Tehhenhoff. Inventaris van het oud archief der gemeente *Gouda* (1325-1812). Gouda, 1876, in-8.

382. A. J. Enschedé. Inventaris van het archief der stad *Haarlem* (-1813). Haarlem, 1865-67, 3 vol. in-8. — Index op de keur- en gebodregisters van de stad *Haarlem* van 1490 tot 1755. Haarlem, 1875, in-8.

383. R. C. Bakhuyzen van den Brink. *Heemundensia*. Nederlandsche Rijksarchief. Voy. n° 226.

384. W. J. C. Rammelman Elsevier. Inventaris van het archief der gemeente *Leiden* (1240-1644). Leiden, 1863, 2 vol. in-8.

385. J. H. de Stoppelaar. Inventaris van het oud archief der stad *Middelburg* (1217-1851). Middelburg, 1873-74, in-8. — H. M. Kesteloo. Stadsrekeningen van *Middelburg* (1365-1600). Middelburg, 1886-91, in-8.

386. R. Fruin Th. Az. Het archief der stad *Reimerswaal*. 's Gravenhage, 1897, in-8.

387. R. Fruin. Grondbezittingen der abdij van Echternach of *Walcheren*. (Bijdragen voor vaderl. geschied., 1892).

388. Summier berigt rakende de charters der stad *Rotterdam*. (Rotterdam, c. 1704?), in-fol. — J. H. W. Unger et W. Besemer. Bronnen voor de geschiedenis van *Rotterdam*. Rotterdam, 1892-94, 3 vol. in-4.

389. J. H. Hingman. Inventaris van het oud archief der gemeente *'s Gravenhage*. 's Gravenhage, 1868, in-8.

LIÈGE, LOOZ ET STAVELOT.

390. St. Bormans et Schoolmeesters. Cartulaire du chapitre de *S. Lambert à Liège* (826-1342). Bruxelles, 1893-98, 3 vol. in-4.

391. J. G. Schoonbroodt. Inventaire des chartes du chapitre de *S. Lambert à Liège*. Liège, 1863, in-4.

302. St. Bormans. Répertoire chronologique des conclusions capi-
tulaires du chapitre cathédral de *S. Lambert à Liège*. (Analectes
pour servir à l'hist. ecclésiastique de la Belgique, t. VI et suiv.). —
Continuation par Éd. Poncelet et M. Huisman, dans le même recueil.

303. St. Bormans. Table des registres de la chambre des finances
des princes-évêques de Liège. Liège, 1865. (Bullet. de l'Instit.
archéolog. liégeois).

304. J. Wolters. Codex diplomaticus Lossensis (938-1522). Gand,
1849, in-8.

305. Éd. Poncelet. Le livre des fiefs de l'Église de Liège sous
Adolphe de la Marck (1313-1344). Bruxelles, 1898, in-8. (CRH.).

306. C. de Borman. Livre des fiefs du comté de Looz sous Jean
d'Arckel (1346-1378). Bruxelles, 1875, in-8. (CRH.).

———

397. J. Borgnet. Cartulaire de la commune de *Ciney*. Namur,
1869, in-8.

398. St. Bormans. Cartulaire de la commune de *Couvin*. Namur,
1875, in-8.

399. St. Bormans. Cartulaire de la commune de *Dinant*. I-III.
Namur, 1880-82. IV, V, éd. L. Lahaye, 1891-99, in-8. — Remacle.
Inventaire des archives communales de *Dinant*. (Rapport sur l'ad-
ministration de la ville de Dinant, depuis 1880).

400. Évrard. Cartulaire de l'abbaye de *Flône*. Voy. n° 230.

401. J. Borgnet. Cartulaire de la commune de *Fosses*. Namur,
1867, in-8. — Add. n° 230.

402. J. Daris. Cartulaire de l'abbaye de *Herckenrode*. (Bullet. de
l'Institut archéologique liégeois, X, XI).

403. [F. Hénaux, U. Capitaine et St. Bormans]. Rapport de la
Commission chargée de rechercher les documents historiques dans
les archives communales [de *Liège*]. Liège, 1862, in-8. — St. Bormans. Inventaire analytique des cris du perron de *Liège*. Tongres,
1870, in-8. (Bullet. de la Soc. hist. du Limbourg). — Inventaire
analytique des recès du conseil de la cité de *Liège* (1566-1793).
Tongres, 1870-78 (Ibid.).

404. J. Daris. Inventaire des archives de la ville de *Maeseyck*.
(Bull. de l'Instit. archéolog. liégeois, VII).

405. V. Barbier. Cartulaire de l'abbaye de *Malonne*. Voy n° 230.

406. St. Bormans et E. Schoolmeesters. Chartes de l'église collégiale de *Notre-Dame à Huy*. (CRH. 4. I).

407. ST. BORMANS. Chartes de l'église collégiale de *S. Denys à Liège*. (CRH. 3. XIV).

408. G. KURTH. Cartulaire de l'abbaye de *S. Hubert* (sous presse).

409. J. DARIS. Extraits du cartulaire de *S. Laurent à Liège*. (Bullet. de la Soc. d'art et d'hist. de Liège, 1882).

410. J. G. SCHOONBROODT. Inventaire des chartes du chapitre de *S. Martin à Liège*. Liège, 1871, in-4.

411. [O. THIMISTER]. Cartulaire de l'église collégiale de *S. Paul à Liège*. Liège, 1878, in-8. — Supplément dans les Bullet. de la Soc. d'art et d'hist. de Liège, t. VIII.

412. CH. PIOT. Cartulaire de l'abbaye de *Saint-Trond* (741-1596). Bruxelles, 1870-75, 2 vol. in-4. — F. STRAVEN. Inventaire des archives de la ville de *Saint-Trond*. Saint-Trond, 1886-99, 6 vol. in-8. — H. PIRENNE. Le livre de l'abbé Guillaume de Ryckel (1249-1272). Polyptyque et comptes de l'abbaye de *Saint-Trond* au milieu du XIIIe siècle. Bruxelles, 1896, in-8. (CRH.).

413. MARTÈNE et DURAND. Vetera diplomata *Stabulensis monasterii*. (Amplissima Collectio etc. II). — GACHARD. Notice sur les archives de l'abbaye de *Stavelot* conservées à Dusseldorf. Bruxelles, 1848, in-4. (Mém. Acad.). — J. HALKIN. Inventaire des archives de l'abbaye de *Stavelot-Malmédy*. (CRH. 5. VII). — J. HALKIN et ROLAND. Cartulaire de l'abbaye de *Stavelot* (sous presse).

414. J. HABETS. De archieven van het kapittel der hoogadellijke rijksabdij *Thorn*. I. (966-1550). 's Gravenhage, 1892, in-8.

415. J. G. SCHOONBROODT. Inventaire des chartes de l'abbaye du *Val S. Lambert-lez-Liège*. Liège, 1875-80, 2 vol. in-4. — J. CUVELIER. Cartulaire du *Val S. Lambert* (sous presse).

LIMBOURG, MAASTRICHT ET PAYS VOISINS.

416. Inventarissen van het oud provinciaal-archief in Limburg. Maastricht, 1885, in-8.

———

417. M. WILLEMSEN. Codex diplomaticus *Bergensis* of oorkonden en bescheiden van *S. Odiliënberg* (VIIIe s.-1442). I. Roermond, 1886, in-8.

418. G. D. FRANQUINET. Beredeneerde inventaris der oorkonden en bescheiden van de abdij *Kloosterrade* (Rolduc) en van de adellijke vrouwenkloosters *Marienthal* en *Sinnich* (1108-1789). Maastricht, 1869, in-8.

419. C. DE BORMAN. Chartes du chapitre de *S. Servais à Maastricht*. (CRH. 3. IX). — G. D. FRANQUINET. Beredeneerde inventaris der oorkonden en bescheiden van het kapittel van *O. L. Vrouw te Maastricht*. Maastricht, 1870-77, 2 vol. in-8. — G. D. FRANQUINET. Beredeneerde inventaris der oorkonden en bescheiden van het *klooster der Predikheeren* te *Maastricht*. Maastricht, 1880, in-8.

420. H. VAN NEUSS. Inventaire des archives du chapitre noble de *Munsterbilsen*. Hasselt, 1887, in-4.

421. M. JANSEN. Inventaris van het oud archief der gemeente *Sittard*. Sittard, 1878, in-8.

422. G. D. FRANQUINET. Beredeneerde inventaris der oorkonden en bescheiden van het adellijk klooster *St. Gerlach bij Valkenburg*. Maastricht, 1877, in-8.

423. E. BACHA. Chartes du *Val-Dieu* (XIIIe-XIVe siècle). (CRH. 5. IV).

424. G. D. FRANQUINET. Overzicht der gemeente-archieven en bescheiden van *Sittard* en *Venlo*. Maastricht, 1872, in-8. — Inventaris der oorkonden en bescheiden berustende ten archieve van *Venlo*. Maastricht, 1872, in-8.

LUXEMBOURG.

425. F. X. WÜRTH-PAQUET. Table chronologique des chartes et diplómes relatifs à l'histoire de l'ancien duché de Luxembourg et comté de Chiny (1196-1506). (Publications de l'Institut de Luxembourg, t. XIV à XXXVII).

426. BONNARDOT. Les archives de l'État à Luxembourg. Luxembourg, 1894, in-8.

Inventaire et histoire du dépôt.

427. N. VAN WERVEKE. Étude sur les chartes luxembourgeoises du moyen âge. (Publ. de la section hist. de l'Institut de Luxembourg. XLI).

428. N. VAN WERVEKE. Urbar der Grafschaft Luxemburg aus den Jahren 1306-1317. (Dans K. LAMPRECHT. Deutsches Wirthschaftsleben. III. Leipzig, 1885).

429. J. VANNÉRUS. Les comptes luxembourgeois du XIVe siècle. — Compte du cellerier de Luxembourg, 1380-81. Luxembourg, 1899, in-8. (Extrait de la revue Ons Hemecht).

430. H. Beyer, L. Eltester, A. Görz. Urkundenbuch zur Geschichte der jetzt die Preussischen Regierungsbezirke Coblenz und Trier bildenden Mittelrheinischen Territorien (-1260). Coblenz, 1860-74, 3 vol. in-8.

———

431. N. Van Werveke. Inventaire des archives du château d'*Ansenbourg*, 1169-1649. (Publicat. de l'Institut de Luxembourg, XLVII).

La préface contient un aperçu des publications de documents relatives à l'histoire du Grand-Duché.

432. Gachard. Chartes de *Chiny*. (CRH. 3. X).

433. H. Goffinet. Cartulaire de l'abbaye de *Clairefontaine* (1163-1745). Arlon, 1876, in-8.

434. F. X. Würth-Paquet et N. Van Werveke. Archives de *Clervaux*. Luxembourg, 1883, in-8. (Publicat. de l'Instit. de Luxembourg).

435. F. X. Würth-Paquet et N. Van Werveke. Cartulaire de la ville de *Luxembourg* (1244-1795). Luxembourg, 1881, in-8.

436. N. Van Werveke. Cartulaire du prieuré de *Marienthal* (1231-1753). Luxembourg, 1885-1891, 2 vol. in-8. (Publicat. de l'Instit. de Luxembourg).

437. N. Van Werveke. Chartes de la famille de *Reinach* (1221-1706). Publicat. de l'Instit. de Luxembourg, 1877, t. XXXIII.

438. H. Goffinet. Cartulaire de l'abbaye d'*Orval* (1020-1366). Bruxelles, 1879, in-4. — A. Delescluse. Chartes inédites de l'abbaye d'*Orval* (1162-1361). Bruxelles, 1896, in-4.

NAMUROIS.

439. Ch. Piot. Inventaire des chartes des comtes de Namur. Bruxelles, 1890, in-4. Voy. n° 231.

440. J. Borgnet. Analyse des chartes namuroises qui se trouvent aux archives départementales du Nord à Lille. Bruxelles, 1863. (CRH. 2. V).

441. L. Lahaye et H. de Radiguès. Inventaire analytique des pièces et dossiers contenus dans la correspondance du conseil provincial et du procureur général de Namur (1557-1797). Namur, 1892, in-4.

442. DE REIFFENBERG. Cartulaire de Notre-Dame de Namur (1200-1328) et recueils de chartes namuroises (1235-1298 et 1092-1323). (Monuments anciens pour servir à l'histoire des provinces de Hainaut, Namur et Luxembourg. I, III, V. Voy. n° 208).

443. L. LAHAYE. Cartulaire de la commune d'*Andenne*. Namur, 1893-96, 2 vol. in-8.

444. J. BORGNET. Cartulaire de la commune de *Bouvigne*. Namur, 1862, 2 vol. in-8.

445. J. et V. BARBIER. Cartulaire de l'abbaye de *Floreffe* (t. II de l'Histoire de l'abbaye de Floreffe. 2ᵉ édit. Namur, 1892, in-8).

446. V. BARBIER. Cartulaire du monastère de *Géronsart*. (Hist. du monast. de Géronsart. Namur, 1886, in-12).

447. V. BARBIER. Cartulaire de l'abbaye de *Malonne*. (Hist. de l'abbaye de Malonne. Namur, 1894, in-8).

448. J. BORGNET et ST. BORMANS. Cartulaire de la commune de *Namur*. Namur, 1871-78, 3 vol. in-8. — Add. n° 230.

449. L. LAHAYE. Le livre des fiefs de la prévôté de *Poilvache*. Namur, 1895, in-8.

450. M. VAN SPILBEECK. Livre censier de l'abbaye de *Soleilmont*. Mons, 1883, in-8.

451. L. LAHAYE. Cartulaire de la commune de *Walcourt*. Namur, 1888, in-8.

452. L. LAHAYE. Cartulaire de la commune de *Waulsort*. Namur, 1890, in-8. — J. BARBIER. Documents concernant les monastères de *Waulsort* et d'*Hastière*. — Add. n° 230.

453. ST. BORMANS. Cartulaire des petites communes [de la province de Namur]. Namur, 1878, in-8.

UTRECHT.

454. S. MULLER Bijdragen voor een oorkondenboek van het sticht Utrecht. 's Gravenhage, 1890, in-8.

455. S. MULLER. Bijdragen voor een oorkondenboek van het sticht *Utrecht*. Regesten van het archief der stad Utrecht (1021-1528). Utrecht, 1896, in-8.

456. S. MULLER. Het oudste cartularium van het sticht Utrecht. 's Gravenhage, 1892, in-8.

457. S. MULLER. De registers en rekeningen van het bisdom Utrecht (1325-1336). 's Gravenhage, 1889-91, 2 vol. in-8.

458. G. Brom. Bullarium Trajectense (-1378). Haga-Comitis, 1891-96, 2 vol. in-4.

459. P. J. Vermeulen. Inventaris van het archief der provincie Utrecht. Utrecht, 1875-77, 2 vol. in-8. — Supplément (-1813) par S. Muller. Utrecht, 1885, in-8.

460. S. Muller Catalogus van het archief der stad Utrecht. (1122-1813). Utrecht, depuis 1884-93, 4 vol. in-4.

461. J. J. de Geer van Oudegein. Archieven der ridderlijke Duitsche orde. Balie van Utrecht. Utrecht, 1872, in-4.

462. Cartulare capituli *Geervlietensis* (1307-1507). (Hoynck v. Papendrecht. Anal. III. Voy. n° 206. — Obituaires de Breda et de Geervliet. Ibid.).

463. S. Muller. Regesten van het kapittel van *St. Pieter* (à Utrecht). 's Gravenhage, 1891, in-8.

464. Inventaris der charters van de stad *Wijk bij Duurstede*. Wijk bij Duurstede, 1890, in-8.

---

3. Coutumes, édits et ordonnances, documents divers pour servir à l'histoire du droit et des institutions.

(Cf. Dahlmann-Waitz-Steindorff, Nos 698-746; Monod, Nos 636-714.)

465. Placcaet-boeken van Vlaenderen. Gent-Antwerpen, 1639-1786, 13 vol. in-fol. — Supplément de 1786 à 1794. — 2° édit. Antwerpen, 1662 et suiv.

466. Verzameling van XXIV origineele charters, privilegiën ende keuren van de provincie van Vlaenderen. Gend, s. d. (1787-88).

> 24 documents de 1241 à 1577 imprimés par ordre des États et relatifs aux privilèges de la Flandre.

467. Placcaeten ende ordonnantien van de hertoghen van Brabandt. Antwerpen, Brussel 1648-1774, 10 vol. in-fol.

468. Den luyster ende glorie van het hertogdom van Brabant. (Titre et préface aussi en français et en espagnol). Bruxelles, s. d. (1699), in-fol.

> Ce recueil imprimé aux frais des neuf nations de la ville de Bruxelles renferme les privilèges de Bruxelles et les privilèges généraux du Brabant. Les documents y sont répartis en trois sections ayant chacune sa pagination spéciale : I. Oorsprong van het hertogdom (-1383); II. Het

huys van Bourgognien (1383-1496); III. Het huys van Oostenryck (1477-1666).

469. C. Cau, S. Van Leeuwen, J. et P. et Is. Scheltus, D. Lulius et J. Van der Linden. Groot placaet-boeck, vervattende de placaten, ordonnantien ende edicten van de Staten-Generael der Vereenigde Nederlanden ende van de Staten van Hollandt en West-Vrieslandt, mitsgaders van de Staten van Zeelandt enz. 's Gravenhage, 1658-1770. Amsterdam, 1795-1796, 9 vol. in-fol. — J. Van der Linden. Repertorium. Amsterdam, 1797, in-fol.

470. J. Van de Water. Groot placaatboek, vervattende alle de placaten, ordonnantien en edicten der Staten 's Lands van Utrecht, mitsg. van de Borgemeesteren en Vroedschap der stad Utrecht, tot 1728, verrijkt met edicten van Keyzer Karel en Philips II, enz. Utrecht, 1729, 4 vol. in-fol. — Generale inhoud... Registers op het Groot Utrechts placaatboek. Utrecht, 1733, in-8. — C. W. Moorrees et P. J. Vermeulen. Vervolg van Mr J. Van de Water's Groot placaatboek 's Lands van Utrecht, van den vroegsten tijd af tot het jaar 1810. Utrecht, 1856-68, 2 vol. in-fol.

471. W. Van Loon et H. Cannegieter. Groot Gelders placaetboek (1543-1740). Nijmegem, 1701-1703, 3 vol. in-fol.

472. J. Schrassert. Codex Gelro-Zutphanicus, ofte handboeck vervattende het summier van veele saecken de politie en de justitie in den furstendom Gelre ende graefschap Zutphen betreffende. Harderwijk, 1740, 2 vol. in-4.

473. Schwartzenberg. Groot placcaet- en charterboek van Vriesland. Voy. n° 321.

474. M. G. de Louvrex. Recueil contenant les édits et réglements faits pour le païs de Liége et comté de Looz etc. éd. B. Hodin. Liége, 1750-52, 4 vol. in-fol.

475. Recueil des anciennes ordonnances de la Belgique. Bruxelles, depuis 1860, in-fol. (L. Polain et St. Bormans. Recueil des ordonnances de la principauté de Liége (974-1794); L. Polain. Id. de la principauté de Stavelot (648-1794); Id. du duché de Bouillon (1240-1795); Ch. Laurent et J. Lameere. Id. des Pays-Bas sous le règne de Charles-Quint (1506-1555); Gachard, J. De Le Court et Ch. Piot. Id. des Pays-Bas Autrichiens (1700-1769).) — Liste chronologique des édits et ordonnances des Pays-Bas sous Charles V, des Pays-Bas Autrichiens, de la principauté de Liége, de la principauté de Stavelot et du duché de Bouillon. Bruxelles, 1851-91, in-8. —

Pour la période de l'annexion à la France ajouter : Cʜ. Dᴇʟᴇᴄᴏᴜʀᴛ. Notice bibliographique sur les recueils de lois publiés en France et en Belgique depuis 1789. Bruxelles, 1838, in-8.

———

476. Recueil des anciennes coutumes de la Belgique. Bruxelles, depuis 1867, in-4. (*Coutumes des pays et comté de Flandre* : A. E. Gʜᴇʟᴅᴏʟғ, A. Dᴜʙᴏɪs, L. Dᴇ Hᴏɴᴅᴛ. Coutumes de la ville de Gand. — Tʜ. ᴅᴇ Lɪᴍʙᴜʀɢ Sᴛɪʀᴜᴍ. Coutumes des villes d'Alost et de Grammont. — Coutumes de la ville d'Audenarde. — Coutumes de la ville de Termonde. — L. Gɪʟʟɪᴏᴅᴛs Vᴀɴ Sᴇᴠᴇʀᴇɴ. Coutumes de la ville de Bruges. — Coutume du Franc de Bruges. — Coutume du Bourg de Bruges. — Coutume de la prévôté de Bruges. — Coutumes des petites villes et seigneuries enclavées : Ardenbourg, Biervliet, Blankenberge, Cadsant, Caprycke, Damme, Dixmude, Eecloo, Ghistelles, Houcke, Lichtervelde, Maldegem, Merckem, Middelburg, Mude, Munikerede, Nieuvliet, Oostburg, Ostende, Oudenbourg, Sluis, Syssecle, Thourout, Watervliet. — Coutumes de la ville et châtellenie de Furnes. — *Coutumes des pays et duché de Brabant* : A. Dᴇ Cᴜʏᴘᴇʀ. Coutumes de la ville de Bruxelles.. — C. Cᴀsɪᴇʀ. Coutumes diverses du quartier de Bruxelles : Uccle, Vilvorde, Tervueren, Merchtem, Saventhem, Grimberghen, Nivelles, etc. — Coutumes diverses des quartiers de Louvain et Tirlemont : Louvain, Diest, Zychem, Jodoigne, Hannut, Tirlemont, Léau, Landen. — Coutumes d'Aerschot, de Neder-Assent et de Caggevine. — G. ᴅᴇ Lᴏɴɢᴇ́. Coutume de la ville d'Anvers. — Coutumes de la ville de Malines. — Coutumes diverses du quartier d'Anvers : Kiel, Deurne, Lierre, Santhoven, Turnhout, Rumpst, Herenthals, Casterl, Moll, Hoogstraten, etc. — J. J. Rᴀɪᴋᴇᴍ, L. Pᴏʟᴀɪɴ, L. Cʀᴀʜᴀʏ, Sᴛ. Bᴏʀᴍᴀɴs. Coutumes du pays de Liège. — L. Cʀᴀʜᴀʏ. Coutumes du comté de Looz, de la seigneurie de S. Trond et du comté impérial de Reckheim. — C. Fᴀɪᴅᴇʀ. Coutumes des pays et comté de *Hainaut* : Mons, Valenciennes, Binche, Chimay, Lessines, Gosselies, etc. — J. Gʀᴀɴᴅ-ɢᴀɢɴᴀɢᴇ. Coutumes de *Namur* et Philippeville. — N. J. Lᴇᴄʟᴇʀᴄǫ et Cʜ. Lᴀᴜʀᴇɴᴛ. Coutumes des pays et duché de *Luxembourg* et comté de *Chiny*. — C. Cᴀsɪᴇʀ et L. Cʀᴀʜᴀʏ. Coutumes du duché de *Limbourg* et des Pays-d'Outremeuse. — L. Cʀᴀʜᴀʏ. Coutumes de la ville de *Maestricht*.)

477. Werken der Vereeniging tot uitgaaf der bronnen van het oude vaderlandsche recht. 's Gravenhage, depuis 1880, in-8. (I. J. A. FRUIN et M. S. POLS. Rechtsboek van Den Briel. II. C. PIJNACKER HORDIJK. Rechtsbronnen der stad Zutphen. III. S. MULLER. Rechtsbronnen der stad Utrecht. IV. J. A. FRUIN. De oudste rechten der stad Dordrecht. V. A. TELTING. Friesche stadsrechten. VI. P. J. BLOK. Leidsche rechtsbronnen. VII. M. S. POLS. Westfriesche stadrechten. VIII. J. L. BERNS. Rechtsbronnen der stad Harderwijk. IX. A. TELTING. Stadboek van Groningen. X. DE GEER VAN JUTPHAAS. De Saksenspiegel in Nederland. XI. C. C. N. KROM et M. S. POLS. Stadrechten van Nijmegem. XII. J. HABETS. Limburgsche wijsdommen. XIII. J. A. FRUIN. Middeleeuwsche rechtsbronnen der kleine steden van het Nedersticht van Utrecht. XIV. W. BEZEMER. Oude rechtsbronnen der stad Breda. XV. G. A. VOORSTERMAN VAN OIJEN. Rechtsbronnen der stad Aardenburg. XVI. J. G. CH. JOOSTING. Ordelen van het Etsstoel van Drenthe. XVII. H. S. GRATAMA. Drentsche Rechtsbronnen. XVIII. H. WSTINC. Het Rechtsboek van den Dom van Utrecht, éd. S. MULLER. XIX. J. C. OVERVOORDE et J. C. CH. JOOSTING. De gilden van Utrecht tot 1528. XX. W. BEZEMER. Oude rechten van Steenbergen.)

———

N. B. Je n'ai pas cru devoir indiquer, dans la bibliographie qui suit, les éditions anciennes des coutumes dont on n'a pas encore donné, de nos jours, d'éditions critiques. On ne trouvera donc sous les numéros suivants que la nomenclature des textes les plus intéressants publiés dans ce siècle, à côté des deux grandes collections de coutumes dues à la Commission royale pour la publication des anciennes coutumes de la Belgique et à la Vereeniging tot uitgaaf der bronnen van het oude vaderlandsche recht.

478. K. VON RICHTHOFEN. Friesische Rechtsquellen. Berlin, 1840, in-4. — Lex Frisionum. (M. G. Leges III.) — Voy. la recension de B. J. LINTELO DE GEER. (Nieuwe bijdragen voor rechtsgeleerdheid, XV.) — M. DE HAAN HETTEMA. Oude Friesche wetten. Workum, 1846-51, 2 vol. in-8. — M. HETTEMA. Jurisprudentia Frisica of Friesche regtkennis : een handschrift uit de XV° eeuw. Leeuwarden, 1834-35, 3 vol. in-8. — M. DE HAAN HETTEMA. Het Fivelingoër en Oldampster landregt. Dockum (1841), in-8.

479. Overrijsselsche stad-dijk- en markeregten, publiés par la Vereeniging tot beoefening van Overijsselsch regt en geschiedenis. Zwolle, depuis 1872, in-8.

480. Verhandelingen ter nasporinge van de wetten en gesteldheid onzes Vaderlands, publiés par la société Pro excolendo jure patrio. Groningen, 1773-1870, 13 vol. in-8.

481. L. OLDENHUIS GRATAMA. Costumen, ordonnanciën van proceduren ende rechten, soo in den lande van *Drenthe* worden geholden. Amsterdam, 1872, in-8.

482. J. L. BERNS. Het landrecht van *Veluwe*. Arnhem, 1884, in-8.

———

483. Dit sijn de coren van de stad *Antwerpen*. Gent, 1852, in-8.

484. J. SOUTENDAM. Keuren en ordonnantiën van *Delft*. Delft, 1870, in-8.

485. K. STALLAERT. Het Keurboek der stad *Diest*. Gent, 1885, in-8.

486. VAN DE WALLE, Handvesten, privilegiën, etc. der stad *Dordrecht*. Dordrecht, 1790, in-fol.

487. N. DE PAUW. De voorgeboden der stad *Gent* (XIVᵉ s.). Gent, 1885, in-8.

488. A. J. ENSCHEDÉ et C. J. GONNET. Keurboek der stad *Haarlem*. Haarlem, 1887, in-fol. — PH. WIELANT. Instructie voor de stad *Haarlem*, éd. J. A. FRUIN. Amsterdam, 1874, in-8.

489. EDW. GAILLARD. De keure van *Hazebrouck* van 1336, met aanteekeningen en glossarium. Gent, 1894-99, 4 vol. in-8. (Vl. Akad.).

490. C. HAMAKER. De middeneeuwsche keurboeken van de stad *Leiden*. Leiden, 1873, in-8.

491. ROISIN. Franchises, lois et coutumes de la ville de *Lille*, éd. BRUN-LAVAINNE. Lille, 1842, in-4.

> D'après Houdoy (nᵒ 639), l'auteur est Guillaume de Ponrouwart.

492. L. DEVILLERS. Ordonnances et règlements de police de la ville de *Mons*. Mons, 1864, in-8. — Bans de police de la ville de *Mons* du XIIIᵉ au XVᵉ siècle. Mons, 1897, in-8.

493. Gewoonten, vrijheden en privilegiën der stad *Sint-Truyen*, (XIVᵉ s.). Gent, s. d. in-8.

494. J. B. SIVRÉ. De oude landregten en andere geregtelijke documenten van het voormalig sticht en rijksvorstendom *Thorn*. Roermond, 1871, in-8.

495. G. DE NÉDONCHEL. Des anciennes lois criminelles en usage

dans la ville de *Tournai* (1313-1553). (Mém. de la Soc. hist. de Tournai, IX, 1867). — Ph. de Hurges. Mémoires d'eschevin de *Tournai* (1600-1611), éd. F. Hennebert. (Ibid. V, 1855).

496. Raisons et articles envoyés par les échevins de Saint-Dizier aux échevins d'*Ypres* (XIVᵉ siècle), éd. Beugnot. Les Olim. II. Paris, 1842, in-4.

497. G. J. Dozy. De oudste stadrechten van *Zwolle*. Zalt-Bommel, 1867, in-8. — A. Telting. Stadboeken van *Zwolle*, 1897. (Vereeniging tot beoefening van Overijsselsch regt, n° 479).

---

498. J. B. Cannaert. Bijdraegen tot de kennis van het oude strafrecht in Vlaenderen. 3ᵉ édit. Gent, 1835, in-8.

499. Gachard. Documents concernant l'histoire de la servitude en Belgique au moyen âge. (CRH. 2. IV, V.)

500. F. Cattier. Le premier registre aux plaits de la cour féodale du comté de Hainaut (1333-1405). Bruxelles, 1893, in-8.

501. Hardt. Lüxemburger Weisthümer. Luxemburg, 1868, in-8.

502. H. Loersch. Weisthümer der Stadt Sᵗ Vith und des Hofs Neundorf. (Publ. de l'Institut de Luxembourg, 1877).

---

503. [O. Delepierre et J. F. Willems]. Collection des Keuren ou statuts de tous les métiers de Bruges (XVᵉ s.). Gand, 1842, in-4.

Ne contient que les Keures des métiers de la draperie.

504. Chartes et privilèges des **XXXII** bons métiers de la cité de Liège. Liège, 1730, 2 vol. in-fol.

---

505. Resolutiën der Staten van Holland en Westfriesland over de jaren 1524-1793. 227 vol. in-fol.

506. J. C. de Jonge. Résolutions des États-Généraux des Pays-Bas de 1576 et 1577, mises en ordre et augmentées de notes et de pièces justificatives. La Haye, 1828-31, 2 vol. in-4. — Add. Resolutiën der Staten van Holland 1577-78, éd. J. W. Unger (Bijdragen van het hist. Genootschap te Utrecht, XIV, 1892).

507. Gachard. Actes des États-Généraux des Pays-Bas (1576-1585). Bruxelles, 1861-66, 2 vol. in-8. — Actes des États-Généraux de 1600. Bruxelles, 1849, in-4. — Actes des États-Généraux de 1632. Bruxelles, 1853-66, 2 vol. in-4.

---

508. J. Britz. Mémoire sur l'ancien droit belgique. Bruxelles, 1840, 2 vol. in-4. (Mém. Acad.).

> Le t. I de cet ouvrage contient une histoire des sources malheureuse-
> ment assez peu sûre.

509. S. Fockema-Andreae. Overzicht van oud-nederlandsche rechtsbronnen. Haarlem, 1881, in-8.

---

4. Mœurs et usages, Traditions populaires, Chants historiques.

(Cf. Dahlmann-Waitz-Steindorff, Nᵒˢ 747-757; Monod, Nᵒˢ 1362-1374.)

510. H. G. Moke. Mœurs, usages, fêtes et solennités des Belges. Bruxelles, 1847, 2 vol. in-12.

511. H. Van Wijn. Huiszittend leven. Amsterdam, 1801-1812, 2 vol. in-8.

512. J. W. Wolf. Nederlandsche volksoverleveringen. Groningen, 1844-46, in-8.

513. W. J. Hofdijk. Ons voorgeslacht in zijn dagelijksch leven geschilderd. Haarlem, 1858-62, 6 vol. in-8.

514. N. De Roever et J. G. Dozy. Het leven van onze voorouders. Amsterdam, depuis 1890, in-8.

515. J. ter Gouw. De volksvermaken. Haarlem, 1870, in-8.

516. J. van Lennep et J. ter Gouw. De uithangteekens in verband met geschiedenis en volksleven beschouwd. Amsterdam, 1867-68, 2 vol. in-8.

517. S. Muller. Schetsen uit de middeleeuwen. Amsterdam, 1900, in-8.

518. H. Coremans. L'année de l'ancienne Belgique. Mémoire sur les saisons, les mois, les semaines, les fêtes, les usages dans les temps antérieurs à l'introduction du christianisme. Bruxelles, 1844, in-8. (CRH. 1, VII).

519. O. de Reinsberg-Düringsfeld, Calendrier belge. Bruxelles, 1861-62, 2 vol. in-8. (Aussi sous le titre : Traditions et légendes de la Belgique. Bruxelles, 1870).

520. Ph. Blommaert. Nederlandsche begravingswijze en graf-steden. Gent, 1857, in-8.

521. J. Scheltema. Volksgebruiken der Nederlanders bij het vrijen en trouwen. Utrecht, 1832, in-8. — N. De Roever. Van vrijen en trouwen. Amsterdam, 1890, in-8.

522. F. De Potter. Huiselijke godsdienst onzer voorvaderen. 2° édit. Gent, 1886, in-8.

523. A. de La Grange. Choix de testaments tournaisiens antérieurs au XVI° siècle. Tournai, 1897, in-8. (Mém. de la Soc. hist. de Tournai). — Extraits de testaments tournaisiens (1501-1791). (Ibid. 1899).

524. G. D. J. Schotel. Vaderlandsche volksboeken en volkssprookjes. Haarlem, 1872-74, in-8.

525. J. Scheltema. Geschiedenis der heksenprocessen. Haarlem, 1828, in-8. — H. O. Feith et P. C. Molhuysen. Bijdrage tot de geschiedenis der heksenprocessen in Gelderland. (Bijdragen voor vaderl. geschied., 1859). — J. B. Cannaert. Olim. Procès des sorcières en Belgique. Gand, 1847, in-8.

Abrégé partiel du n° 498.

526. E. Monseur. Le Folklore wallon. Bruxelles, 1892, in-8.

527. J. ter Gouw et D. van der Kellen. De oude tijd. Geschiedenis, maatschappelijk en huiselijk leven, volkseigenaardigheden, monumenten, overleveringen, kunst, nijverheid, spreekwoorden, liedjes uit Noord en Zuid-Nederland. Haarlem, 1869-74, 6 vol. in-8.

528. Bulletin de la Société du Folklore wallon. Liège, depuis 1890, in-8.

529. Wallonia. Recueil de littérature orale, croyances et usages traditionnels; éd. O. Colson, J. Defrecheux et G. Willame. Liège, depuis 1893, in-8.

530. Volkskunde. Tijdschrift voor nederlandsche Folklore; éd. P. de Mont et A. de Cock. Gent, depuis 1888, in-8.

531. Ons Volksleven. Tijdschrift voor taal- volks- en oudheidkunde, éd. J. Cornelissen et J. B. Vervliet. Brecht, depuis 1889, in-8.

532. J. C. W. Le Jeune. Letterkundig overzigt en proeven van de Nederlandsche volkszangen sedert de XV° eeuw. 's Gravenhage, 1828, in-8.

533. Hoffmann von Fallersleben. Horae Belgicae. Vratislaviae. 1830-62, 12 pts. in-8.

Contient entre autres des chants populaires hollandais et un livre de chansons d'Anvers de l'année 1544.

534. P. Blommaert. Politieke balladen, refereinen, liederen en spotgedichten der XVI° eeuw. Gent, s. d. in-8.

535. P. Fredericq. Onze historische volksliederen van voor de godsdienstige beroerten der XVI° eeuw. Gent, 1894, in-8. — La chanson historique en langue néerlandaise dans les Pays-Bas avant les troubles religieux du XVI° siècle. Bruxelles, 1894 (Bullet. Acad.).

536. J. F. Willems. Oude vlaemsche liederen. Gent, 1848, in-8.

537. J. van Vloten. Nederlandsche geschiedzangen (863-1609). Nouv. édit. Amsterdam, 1864, 2 vol. in-8.

538. E. De Coussemaker, Chants populaires des Flamands de France. Gand, 1856, in-8. — L. De Backer. Chants historiques de la Flandre. Lille, 1855, in-8.

539. A. Lootens et É. Feys. Chants populaires flamands. Bruges, 1878, in-8. (Annales de la Soc. d'Émulation de Bruges).

540. J. H. Scheltema. Nederlandsche liederen uit vroegeren tijd. Leiden, 1885, in-8.

541. Fl. Van Duyse. Nederlandsch liederboek. Gent, 1891-92, in-8.

542. A. Blyau et M. Tasseel. Iepersch Oud-Liedboek. Gent, depuis 1900, in-8.

543. Ph. Wackernagel. Lieder der Niederländischen Reformierten aus der Zeit der Verfolgung im XVI Jahrhundert. Frankfurt, 1867, in-8.

544. Ch. Ruelens. Recueil des chansons, poèmes et pièces en vers français, relatifs aux Pays-Bas. Bruxelles, 1870-79, 4 vol. in-8. (Publication de la Soc. des bibliophiles de Belgique).

545. J. G. Acquoy. Het geestelijk lied in de Nederlanden voor de Hervorming. 's Gravenhage, 1887, in-8.

546. G. Kalff. Het lied in de middeleeuwen. Leiden, 1883, in-8.

III.

TRAVAUX HISTORIQUES PROPREMENT DITS.

1. Histoire Générale.

PAYS-BAS MÉRIDIONAUX.

547. J. Des Roches. Epitomes historiae Belgicae. Libri septem in usum scholarum Belgicae. Bruxellis, 1782-83, 2 vol. in-12.

Petit manuel aujourd'hui sans valeur, mais intéressant parce qu'il
constitue la première histoire générale des Pays-Bas méridionaux qui
ait été écrite.

548. L. Dewez. Histoire générale de la Belgique. Bruxelles, 1805-
1807. 2ᵉ édit. 1826-28, 7 vol. in-8.

549. H. Leo. Zwölf Bücher Niederländischer Geschichten. Halle,
1832-1835, 2 vol. in-8.

Comprend l'histoire de la Belgique et celle des Pays-Bas.

550. J. David. Vaderlandsche historie. Leuven, 1842-66, 11 vol.
in-12.

551. A. J. Namèche. Cours d'histoire nationale (-1804). Louvain,
1853-94, 30 vol, in-8. — Continuation (-1815) par S. Balau. Louvain, 1894, in-8.

552. H. G. Moke. Histoire de Belgique. 6ᵉ édit. Gand, s. d. in-8.

553. Th. Juste. Histoire de Belgique jusqu'à la fin du règne de
Léopold I. 4ᵉ édit. Bruxelles, 1870, 3 vol. in-8.

554. Gachard. Études et notices historiques concernant l'histoire
des Pays-Bas. Bruxelles, 1890, 3 vol. in-8 (XV-XVIIIᵉ s.).

555. É. de Borchgrave. Histoire des rapports de droit public qui
existèrent entre les provinces belges et l'empire d'Allemagne depuis
le démembrement de la monarchie carolingienne jusqu'à l'incorpora-
tion de la Belgique à la République Française. Bruxelles, 1869, in-4.
(Mém. Acad.).

556. P. A. Gérard. Notice sur les relations politiques de la Belgique avec la Hollande depuis la séparation des deux pays au
XVIᵉ siècle jusqu'en 1830. Bruxelles, 1875, in-8.

557. H. Pirenne. Histoire de Belgique. I. Des origines au commencement du XIVᵉ siècle. Bruxelles, 1900, in-8. (Aussi sous le
titre : Geschichte Belgiens. I. Bis zum Anfang des XIV Jahrhunderts.
Gotha, 1899, in-8.)

PAYS-BAS SEPTENTRIONAUX.

558. J. Wagenaar. Vaderlandsche historie (-1751.) Amsterdam,
1749-1759, 21 vol. in-8. — 2ᵉ édit. 1752-59, 21 vol. in-8. — 3ᵉ édit.
(augmentée par H. Van Wijn etc.) 1790-96. Continuations par P.
Loosjes etc. jusqu'en 1811. — Register, 1798.

Il existe de cet ouvrage une traduction française partielle : Dujardin
et Sellius. Histoire générale des Provinces Unies. Paris, 1757-70,
8 vol. in-4.

559. W. Bilderdijk. Geschiedenis des Vaderlands, éd. H. W. Tydeman. Amsterdam, 1832-53, 14 vol. in-8.

560. J. P. Arend. Algemeene geschiedenis des Vaderlands (-1715), eerst voortgezet door O. Van Rees en W. G. Brill, thans door J. van Vloten. Amsterdam, 1840-83, 15 vol. in-8.

561. R. C. Bakhuijzen van den Brink. Studiën en schetsen over vaderlandsche geschiedenis en letteren. Amsterdam, 1860, in-8.

562. W. J. Hofdijk. Geschienis des Nederlandschen volks. Amsterdam, 1872, 3 vol. in-8.

563. J. de Bosch Kemper. Staatkundige geschiedenis van Nederland tot 1830. Amsterdam, 1868, in-8.

564. W. J. F. Nuijens. Algemeene geschiedenis des Nederlandschen volks. Amsterdam, 1871-82, 2 vol. in-8.

565. G. Groen van Prinsterer. Geschiedenis van het Vaderland. 4° édit. Amsterdam, 1874, 4 vol. in-8.

566. W. G. Brill. Voorlezingen over de geschiedenis der Nederlanden. Leiden, 1863-86, 4 vol. in-8.

567. R. Th. Wenzelburger. Geschichte der Niederlanden (-1648). I, II. Gotha, 1879-86, in-8.

568. J. A. Wynne. Geschiedenis van het Vaderland. 7° édit. Groningen, 1888, in-8.

569. Th. Jorissen. Historische werken. Haarlem, 1893-95, 12 vol. in-8.

Relatifs à la période moderne.

570. D. C. Nijhoff. Staatkundige geschiedenis van Nederland. Zutphen, 1891-93, 2 vol. in-8.

571. P. J. Blok. Geschiedenis van het Nederlandsche volk (-1648), I-IV. Groningen, 1892-99, in-8.

Se distingue des autres histoires générales des Pays-Bas par l'attention accordée au moyen âge et par le soin de retracer, à côté du récit des événements politiques, le tableau du développement de la civilisation.

572. R. Fruin. Verspreide geschriften, éd. P. J. Blok et P. L. Muller. 's Gravenhage, depuis 1899, in-8.

2. Histoire provinciale et locale.

N. B. Il n'existe pas de répertoire bibliographique consacré aux travaux si nombreux d'histoire locale. Pour la Hollande, on consultera utilement à cet égard le " Repertorium „ de FRUIN (n° 2). Pour la Belgique, un " Bibliographisch woordenboek van de geschiedenis der Belgische gemeenten „ par F. DE POTTER, est en préparation.

BRABANT.

573. P. DIVAEUS. Rerum Brabanticarum libri XIX, éd. A. MIRAEUS. Antverpiae, 1601, in-4.

574. F. HARAEUS. Annales ducum seu principum Brabantiae totiusque Belgii... usque ad annum 1609. Antverpiae, 1623,2 vol. in-fol.

575. C. BUTKENS. Les trophées tant sacrés que profanes du duché de Brabant. 2ᵉ édit. La Haye, 1724-46, 2 vol. in-fol. (P. J.)

576. J. B. DE VADDÈRE. Traité de l'origine des ducs de Brabant. Nouv. édit. par PAQUOT. Bruxelles, 1784, 2 vol. in-8.

577. F. J. E. VAN ZINNICQ BERGMANN. Het voormalig hertogdom Brabant. 's Hertogenbosch, 1856-1862, in-8.
   Spécialement relatif à Bois-le-Duc.

578. C. R. HERMANS. Geschiedkundig mengelwerk over de provincie Noord-Brabant. 's Hertogenbosch, 1840-41, 2 vol. in-8. — Bijdragen tot de geschiedenis, oudheden, letteren, statistiek en beeldende kunsten der provincie Noord-Brabant. 's Hertogenbosch, 1843-48, 2 vol. in-8.

579. F. VAN DEN BRANDEN DE REETH. Recherches sur l'origine de la famille des Berthout. Bruxelles, 1845, in-4. (Mém. Acad.).

580. J. TARLIER et A. WAUTERS. Géographie et histoire des communes belges. (Arr. de Nivelles et de Louvain). Voy. n° 172.
   Add. nᵒˢ 163, 168, 169, 170.

---

581. Chronijck der stadt *Antwerpen* toegeschreven aan den notaris GEERAARD BERTRIJN; éd. G. VAN HAVRE. Antwerpen, 1879, in-8. — J. C. DIERCXSENS. *Antverpia* Christo nascens et crescens. Antverpiae, 1773, 7 vol. in-8. — D. PAPEBROCHIUS. Annales *Antverpienses* ab urbe condita ad an. 1700; éd. F. MERTENS et E. BUSCHMANN. Antverpiae, 1845-48, 5 vol. in-8. — F. H. MERTENS et K. L. TORFS.

Geschiedenis van *Antwerpen.* Antwerpen, 1845-53, 8 vol. in-8. (P. J.) — P. Génard. *Anvers* à travers les âges. Bruxelles, 1888-92, 2 vol. in-4. — E. Poffé. Antwerpen in de XVIII° eeuw voor den inval der Franschen. Gent, 1895, in-8. (Vl. Akad.). — A. Thijs. Historiek der straten en openbare plaatsen van Antwerpen. Antwerpen, 1893, in-8.

582. Ch. Leyssens. Geschiedenis van *Aerschot.* Aerschot, 1853, in-8.

583. Th. E. Van Goor. Beschrijvinge der lande ende stadt van *Breda.* 's Gravenhage, 1744, in-fol. (P. J.).

584. A. Henne et A. Wauters. Histoire de la ville de *Bruxelles.* Bruxelles, 1843-45, 3 vol. in-8. — L. Hymans. *Bruxelles* à travers les âges. Bruxelles, s. d. 3 vol. in-4.

585. A. Wauters. Histoire des *environs de Bruxelles.* Bruxelles, 1850-57, 3 vol. in-8. (P. J.).

586. D. Paringet. Memorial van de stad *Grave* en den *Lande van Cuyck.* Met aanteekeningen door P. van Alen. Utrecht, 1752, 2 vol. in-4. — J. J. F. Wap. Geschiedenis van het land en der heeren van *Cuyck.* Utrecht, 1858, in-4.

587. A. Van Gorrichem († 1536). Chronicon *Diestense* (1442-1530), éd. F. J. Raymaekers. (CRH. 3, II). — J. Van Even. Geschiedenis der stad *Diest.* Diest, 1847, in-8. — F. di Martinelli. Diest in de XVII° en XVIII° eeuw. Gent, 1897, in-8. — Diest in den Patriottentijd. Gent, 1892, in-8. — Diest in den Sans-Culottentijd. Gent, 1900, in-8.

588. J. H. Van Heurn. Historie der stad en meyerie van 's *Hertogenbosch.* Utrecht, 1776-1778, 4 vol. in-8. — C. R. Hermans. Kronijken betrekkelijk de stad en meyerij van 's *Hertogenbosch.* 's Hertogenbosch, 1846-48, in-8. — Add. n° 577.

589. A. Heylen. Historische verhandeling over de *Kempen.* Turnhout, 1837, in-8.

590. A. Bergman. Geschiedenis der stad *Lier.* Lier, 1873, in-8.

591. P. Divaeus. Rerum *Lovaniensium* libri IV. — Annalium *Lovaniensium* libri VIII; éd. Paquot. Lovanii, 1759, in-fol. (P. J.). Trad. flam. avec notes par E. Van Even. Leuven, 1856-57, 2 vol. in-12. — J. Molanus. Historiae *Lovaniensium* libri XIV; éd. P. De Ram. Bruxelles, 1861, 2 vol. in-4. (P. J.). — W. Boonen. Geschiedenis van *Leuven*; éd. E. Van Even. Leuven, 1880, in-4. — E. Van Even. *Louvain* dans le passé et dans le présent. Louvain, 1891-95, in-4. — H. Vander Linden. Histoire de la constitution de la ville

de *Louvain* au moyen âge. Gand, 1892, in-8. — Geschiedenis van de stad *Leuven*. Leuven, 1899, in-8.

592. G. D. A. C. Y. B. [G. DE AZEVEDO-CONTINHO-Y-BERNAL]. Korte chronycke der stadt ende provincie van *Mechelen* (-1582). Loven, 1700, 8 vol. in-12. — J. DAVID. Geschiedenis van de stad en de heerlijkheid van *Mechelen*. Leuven, 1854, in-8. (P. J.). — A. SCHAEFFER. Historische aanteekeningen rakende de kerken, de kloosters, de ambachten en andere stichten der stad *Mechelen*. Mechelen, 1879, 2 vol. in-8. — F. VAN DEN BRANDEN DE REETH. Recherches sur l'origine de la famille des Berthout. Voy. n° 578.

593. J. B. GRAMAYE. Gallo-Brabantia (*Nivelles*). Bruxellis, 1606, in-4. — F. LEMAIRE. Notice historique sur la ville de *Nivelles*. Nivelles, 1848, in-8. — Add. n° 580.

594. P. BETS. Histoire de la ville de *Tirlemont*. Louvain, 1860-61, 2 vol. in-8. — Add. n° 580 (ville de Tirlemont).

595. P. BETS. *Zout-Leeuw*, beschrijving, geschiedenis, instellingen. Thienen, 1887-88, 2 vol. in-8. — Add. n° 580 (ville de Léau).

---

596. Handelingen van het Provincial Genootschap van kunsten en wetenschappen in Noord-Brabant. 's Hertogenbosch, depuis 1837, in-8.

597. Tijdschift, voor Noord-Brabantsche geschiedenis; éd. A. SASSEN. Helmond, 1884-87, 3 vol. in-4.

598. Brabantsch Museum voor oudheden en geschiedenis; éd. E. VAN EVEN. Leuven, 1860-71, in-8. (Aussi sous le titre : Mengelingen voor de geschiedenis van Brabant).

599. Annales de la Société archéologique de Nivelles. Nivelles, depuis 1879, in-8.

600. Annales du Cercle archéologique du canton de Soignies. Soignies, depuis 1896, in-8.

601. Annales de la Société d'archéologie de Bruxelles. Bruxelles, depuis 1887, in-8.

602. Bulletin du Cercle archéologique, littéraire et artistique de Malines. Malines, depuis 1890, in-8.

603. Publications des bibliophiles Anversois. Voy. n° 216,

FLANDRE, ARTOIS ET TOURNAISIS.

604. J. MEYERUS. Rerum Flandricarum libri X. Brugis, 1531, in-4. Réimpression Brugis, 1843, in-4.

> Court abrégé chronologique. Les livres IX et X donnent une sorte de statistique de la Flandre en 1531.

605. J. MEYERUS. Compendium chronicorum Flandriae (-1278). Norimbergae, 1538, in-4.

> Reproduit presque textuellement dans le suivant.

606. J. MEYERUS. Commentarii sive annales rerum Flandricarum (-1477). Antverpiae 1561, in-fol. — Add. n° 200.

> Voy. A. VOISIN. Examen critique des censures qu'ont subies les Annales de Flandre de J. Meyer. (Bullet. Acad. 1, VII). La valeur de Meyer a été exagérée par les historiens de la Flandre. Il n'a guère fait que compiler consciencieusement des sources presque toutes connues.

607. P. D'OUDEGHERST. Annales de Flandres (-1477). Anvers, 1571, in-4. — Nouv. édit. par J. B. LEBROUSSART. Gand, 1789, 2 vol. in-8.

608. J. BUZELINUS. Annales Gallo-Flandriae. Duaci, 1624, in-fol. — Gallo-Flandria sacra et profana (P. J.). Duaci, 1625, in-fol.

609. L. A. WARNKOENIG. Flandrische Staats-und Rechtsgeschichte bis zum jahre 1305. Tübingen, 1835-42, 3 vol. in-8. (P. J.). — A. GHELDOLF. Histoire de la Flandre et de ses institutions civiles et politiques jusqu'à l'année 1305, Bruxelles, 1835-64, 5 vol. in-8. (P. J.).

> La traduction de Gheldolf est incomplète. Elle ne comprend pas l'histoire du droit proprement dit et ne renferme que l'histoire constitutionnelle des villes de Gand, Bruges et Ypres, tandis que l'original allemand contient celle de toutes les villes de Flandre. Mais d'autre part, elle présente un grand nombre d'additions et on y trouve aussi beaucoup de pièces justificatives qui manquent dans le livre de Warkoenig. Il est donc indispensable de se servir à la fois des deux ouvrages.

610. KERVYN DE LETTENHOVE. Histoire de Flandre. Bruxelles, 1847-1855, 6 vol. in-8 (P. J.).

611. ED. LE GLAY. Histoire des comtes de Flandre jusqu'à l'avènement de la maison de Bourgogne. Bruxelles, 1853, 2 vol. in-8.

612. J. J. DE SMET. Notice historique et critique sur le pays de Waes. Bruxelles, 1848, in-4. (Mém. Acad.).

613. J. J. DE SMET. Mémoire sur la seigneurie ou comté d'Alost. Bruxelles, 1864, in-4. (Mém. Acad.).

614. J. J. DE SMET. Mémoire sur les Quatre-Métiers et les îles occidentales de la Zélande. Bruxelles, 1872, in-4. (Mém. Acad.).

615. A. DE VLAMINCK. Études sur la Flandre impériale. Gand, 1876-77, in-8. (Messager des sciences hist.).
Add. n⁰ˢ 144, 145, 152, 156, 162, 167, 174, 177, 180.

616. DOM DEVIENNE. Histoire d'Artois jusqu'en 1713. 1784-87, 3 vol. in-8.
617. HENNEBERT. Histoire générale de la province d'Artois. Lille, 1786-89, 3 vol. in-8.
> Voy. VAN DRIVAL. Études sur les historiens de l'Artois. (Mém. de l'Acad. d'Arras, 2, VIII).

618. J. COUSIN. Histoire de Tournay. Douai, 1619-20, 2 vol. in-4. Tournai, 1868, 2 vol. in-8. — A. CHOTIN. Histoire de Tournai et du Tournaisis. Tournai, 1840, 2 vol. in-8. — A. BOZIÈRE. Tournai ancien et moderne. Tournai, 1864, in-8.
619. A. D'HERBOMEZ. Histoire des châtelains de Tournai de la maison de Mortagne. Tournai, 1895, 2 vol. in-8. (P. J.). — Sources de l'histoire du Tournaisis. (Chroniques, correspondances, documents d'archives). (Bullet. de la Soc. hist. et litt. de Tournai, XXIV, 1890).
620. TH. LEURIDAN. L'avouerie de Tournai. (Annales de la Soc. Hist. de Tournai. Nouv, série, t. IV).
Add. n⁰ˢ 160, 161.

621. F. DE POTTER et J. BROECKAERT. Geschiedenis der gemeenten van Oost-Vlaanderen. (1ʳᵉ série : Arrondissement de Gand. Gand, 1864-70, 8 vol. in-8; 2ᵐᵉ série : Arrondissement d'Eecloo, 1870-72, 3 vol.; 3ᵐᵉ série : Arrondissement de Saint-Nicolas, 1877-81, 4 vol.; 4ᵐᵉ série : Arrondissement de Termonde, 1889-93, 3 vol.; 5ᵐᵉ série : Arrondissement d'Alost, depuis 1894).
622. J. AB UTRECHT DRESSELHUIS. Oud *Aardenburg* en deszelfs handel in het begin der XIV⁰ eeuw. Dordrecht, 1844, in-8. (Nieuwe werken van de maatschappij der Nederl. letterk. te Leiden). (P. J.).
623. F. DE POTTER. Geschiedenis der stad *Aelst*. Gent, 1873-76, 4 vol. in-8.
624. Chronique de la ville d'*Arras*. Arras, 1766, in-4. — E. LECESNE. Histoire d'*Arras*. Arras, 1880, 2 vol. in-8. — A. GUESNON. Les origines d'*Arras* et de ses institutions, I, II. Arras, 1896, in-8. (Mém. de l'Acad. d'Arras).

625. L. DE BAECKER. Recherches historiques sur la ville de *Bergues*. Bruges, 1849, in-8.

626. E. CORNET. Histoire de *Béthune*. Béthune, 1892, 2 vol. in-8.

627. L. DE BAECKER. Histoire de la ville de *Bourbourg*. Dunkerque, 1879, in-8.

628. C. CUSTIS. Jaerboecken der stad *Brugge*. 2ᵉ édit. Brugge, 1765, 2 vol. in-8. — P.BEAUCOURT DE NOORTVELDE. Beschrijving van den opgang enz. der *Brugsche* koophandel. Brugge, 1774, in-8. — Jaerboecken van het Land van den Vrijen. Brugge, 1785, 3 vol. in-12. — Beschrijving der heerlijkhede en lande van den Proossche. Brugge, 1764, in-8. — J. O. DELEPIERRE. Précis des annales de *Bruges* depuis les temps les plus reculés jusqu'au commencement du XVIIᵉ siècle. Bruges, 1835, in-8. — WARNKOENIG et GHELDOLF. Histoire de la ville de *Bruges*. (Partie du nᵒ 609).

629. L. MACQUET. Histoire de la ville de *Damme*, de ses institutions civiles et politiques et de ses monuments. Bruges, 1856, in-8.

630. A. VAN DEN ABEELE. Geschiedenis der stad *Deinze*. Gent, 1865, in-8. (P. J.).

631. F. VAN DE PUTTE. Histoire de la ville de *Dixmude* et de ses châtelains. Bruges, 1841, in-4.

632. TAILLAR. Chroniques de *Douai* recueillies et mises en ordre. Douai, 1874-78, 3 vol. in-8. — F. BRASSART. Histoire du château et de la châtellerie de *Douai* depuis le Xᵉ siècle jusqu'en 1789. Douai, 1877-87, 3 vol. in-8. (P. J.). — Pour l'histoire de Douai consulter les Souvenirs de la Flandre wallonne, nᵒ 663.

633. P. FAULCONNIER. Description historique de *Dunkerke*. Bruges en Flandres, 1730, in-fol. — V. DERODE. Histoire de *Dunkerque*. Lille, 1852, in-8.

634. E. NEELEMANS. Geschiedenis der stad *Eecloo*. Eecloo, 1839-65, 2 vol. in-8. (P. J.).

635. Memorieboek der stad *Ghendt*. (1301-1793), éd. P. C. VANDER MEERSCH. Gent, 1852-61, 4 vol. in-8.

Voy. V. FRIS. Ontleding van drij Vlaamsche Kronijken. Bullet. de la Soc. d'hist. et d'archéologie de Gand, 1889).

636. JAN VAN DEN VIVERE. Chronijke van *Gent*; éd. F. DE POTTER. Gent, 1885, in-8. — C. L. DIERICX. Mémoires sur la ville de *Gand*. Gand, 1814, 2 vol. in-8. Appendice, 1816. — Mémoires sur les lois des *Gantois*. Gand, 1817-18, 2 vol. in-8. — WARNKOENIG et GHELDOLF. Histoire de la ville de *Gand*. (Partie du nᵒ 609). — F. DE

Potter. *Gent* van den oudsten tijd tot lieden. Gent, depuis 1883, in-8.
— A. de Vlaminck. Les origines de la ville de *Gand*. Bruxelles,
1891, in-8. (Mém. Acad.). — J. Vuylsteke. Het Gravenkasteel [te
Gent]. (Annales de la Soc. d'hist. de Gand, I, 1895).

637. A. de Portemont. Recherches historiques sur la ville de
Grammont. Gand, 1870, 2 vol. in-8.

638. J. J. Goethals. Jaerboek der stad en oude casselrij van
Kortrijk. Kortrijk, 1814, 2 vol. in-8. — F. De Potter. Geschiedenis der stad *Kortrijk*. Gent, 1873-75, 4 vol. in-8.

639. V. Derode. Histoire de *Lille* et de la Flandre wallonne.
Lille, 1848-74, 4 vol. in-8. — J. Houdoy. Chapitres de l'histoire de
Lille. Lille, 1872, in-8. — Van Hende. *Lille* et ses institutions
communales. Lille, 1888, in-8. — J. Flammermont. *Lille* et le Nord
au moyen âge. Lille, 1888, in-8. — E. Hautcœur. Histoire de
l'église collégiale et du chapitre de *Saint-Pierre de Lille*. Paris,
1896, in-8. — Brun Lavainne. Atlas topographique et historique de
la ville de *Lille*. Lille. 1830, in-fol. — Th. Leuridan. Les châtelains
de *Lille*. Lille, 1873, in-8. (P. J.). — La châtellenie de *Lille*. Lille,
1898, in-8.

640. F. de Potter. Geschiedenis der stad *Lokeren*. Gent, 1884, in-8.

641. A. Rembry-Barth. Histoire de *Menin*. Bruges, 1881, 4 vol.
in-8.

642. K. Verschelde. Geschiedenis van *Middelburg* in Vlaanderen.
Brugge, 1867, in-8.

643. J. N. Pasquini. Histoire de la ville d'*Ostende* et du port.
Bruxelles, 1843, in-8. — E. Vlietinck. Het oude *Oostende*. Oostende,
1898, in-4.

644. É. Feys et D. Van De Casteele. Histoire d'*Oudenbourg*.
Bruges, 1873-76, 2 vol. in-4. (P. J.).

645. J. J. Altmeyer. Notices historiques sur la ville de *Poperinghe*. Gand, 1840 (Messager des Sciences hist.).

646. O. Delghust. *Renaix* à travers les âges. Renaix, 1899, in-8.

647. F. De Potter. Schets eener geschiedenis der stad *Roeselare*.
Roeselare, 1875, in-8.

648. Th. Leuridan. Histoire de *Roubaix*. Roubaix, 1860-63, in-8.

649. H. Q. Janssen. *St. Anna ter Muiden* sedert het ontstaan
der stad Mude in 1241. Middelburg, 1850, in-8.

650. F. de Potter. Geschiedenis der stad *St-Nicolaas*. Gent,
1881-82, 2 vol. in-8. — A. L. J. Van den Bogaerde. Het distrikt

van *St.-Nikolaas*, voorheen land van Waes. St.-Nikolaas, 1825, 3 vol. in-8.

651. A. GIRY. Histoire de la ville de *Saint-Omer* et de ses institutions jusqu'au XIVᵉ siècle. Paris, 1877, in-8. (P. J.). — DESCHAMPS DE PAS. Histoire de la ville de *Saint-Omer* depuis son origine jusqu'en 1870. Arras, 1880, in-8. — PAGART D'HERMANSART. Histoire du bailliage de *Saint-Omer* (1193-1790). Saint-Omer, 1898, 2 vol. in-8. (P. J.).

652. J. H. VAN DALE. De vorming der stad *Sluis* en den aanleg harer vestingwerken van 1382 tot 1587. Middelburg, 1871, in-8.

653. LINDANUS. De *Tenaeremunda* libri III. Antverpiae, 1612, in-4. (P. J.). — J. MAESTERTIUS. Beschrijvinghe van de stadt ende landt van *Dendermonde*. Leiden, 1646, 3 pts. in-4. — A. DE VLAMINCK. De stad en de heerlijkheid van *Dendermonde*. Dendermonde, 1864-74, in-8. (Annales du Cercle archéolog. de Termonde).

654. P. LANSENS. Geschiedenis van *Thourout* en *Wynenduele*. Brugge, 1845, in-8.

655. P. HEINDERYCX. Jaerboeken van *Veurne* en *Veurnambacht*, éd. ED. RONSSE. Veurne, 1853, 4 vol. in-8. — F. DE POTTER, ED. RONSSE et P. BORRE. Geschiedenis der stad en kastelnij van *Veurne*. Gent, 1873-75, 2 vol. in-8.

656. J. BROECKAERT. Geschiedenis van *Wetteren*. Gent, 1862, in-8. (P. J.).

657. WARNKOENIG et GHELDOLF. Histoire de la ville d'*Ypres*. (Partie du nᵒ 609). — A. VANDENPEEREBOOM. Ypriana : notices, études etc. sur *Ypres*. Bruges, 1878-83, 7 vol. in-8. (P. J.).

———

658. Bulletins de la Société historiqne et littéraire de Tournai. Tournai, 1845-95, in-8. — Mémoires, 1853-1895, in-8. — Table, 1900. — Annales de la Société historique et archéologique de Tournai. Tournai, depuis 1896, in-8.

659. Archives historiques et littéraires du Nord de la France et du Midi de la Belgique, éd. A. DINAUX. Valenciennes, 1829-60. 18 vol. in-8.

660. Revue du Nord. Archives de l'Ancienne Flandre, éd. BRUN LAVAINNE. Lille, 1833-36, 8 vol. in-8.

661. Bijdragen tot de oudheidkunde en geschiedenis, inzonderheid van Zeeuwsch-Vlaanderen ; éd. H. Q. JANSSEN et H. J. VAN DALE. Middelburg, 1856-63, 6 vol. in-8.

662. La Flandre. Revue des monuments, d'histoire et d'antiquités. Bruges, 1870-85, in-8.

663. Souvenirs de la Flandre Wallonne. Recherches historiques et documents relatifs à Douai et au Nord de la France. Douai, depuis 1861, in-8. — Table, 1888.

664. Annales de la Société historique, archéologique et littéraire de la ville d'Ypres et de l'ancienne West-Flandre. Ypres, 1861-1883, 9 vol. in-8.

665. Mémoires de l'Académie des sciences, lettres et arts d'Arras. (Anciennement : Société royale pour l'encouragement des sciences etc.) Arras, depuis 1818, in-8. — Table, 1854, in-8.

666. Mémoires de la Société des antiquaires de la Morinie. Saint-Omer, depuis 1833, in-8. — Bulletin, depuis 1852, in-8. — Table, 1883.

667. Mémoires de la Société des sciences, de l'agriculture et des arts de Lille. Lille, depuis 1806, in-8.

668. Mémoires de la Société centrale d'agriculture, sciences et arts du département du Nord. Douai, depuis 1826, in-8.

669. Annales de la Société d'émulation pour l'étude de l'histoire et des antiquités de la Flandre-Occidentale. Bruges, depuis 1839, in-8. — Tables, 1870, 1886, 1899. — Publications, depuis 1840, in-4, et aussi in-8, depuis 1899.

> Contiennent des cartulaires, des documents d'archives, des chroniques monastiques.

670. Bulletin de la Commission historique du département du Nord. Lille, depuis 1843, in-8, et in-4 depuis 1883.

671. Annales du Comité flamand de France. Lille-Dunkerke, depuis 1854, in-8. — Bulletin, de 1860 à 1878, in-8. — Table du Bulletin, 1875.

672. Mémoires de la Société dunkerquoise pour l'enseignement des sciences, des lettres et des arts. Dunkerque, depuis 1853, in-8.

673. Annales du Cercle archéologique du Pays de Waes, ou Annalen van den oudheidskundigen kring van het Land van Waes. Saint-Nicolas, depuis 1861, in-8. — Publications, depuis 1862, in-8.

674. Bulletin et Annales de la Société d'histoire et d'archéologie de Gand. Gand, depuis 1894, in-4. (Maatschappij van geschied- en oudheidskunde te Gent).

675. Annales du Cercle archéologique de la ville et de l'ancien pays de Termonde. Termonde, depuis 1863, in-8. (Gedenkschriften van

don Oudheidskundigen Kring der stad en des voormaligen lands van Dendermonde).

676. La Flandre. Revue des monuments, d'histoire et d'antiquités. Bruges, 1870-85, in-8.

677. Maatschappij der Vlaamsche bibliophilen. Voy. n° 214.

FRISE ET GRONINGUE.

678. J. Bolhuis van Zeeburgh. Kritiek der Friesche geschiedschrijvers. Voy. n° 5.

679. Ubbo Emmius. Rerum Frisicarum historia. Lugduni-Batavorum, 1616, in-fol.

680. Petrus Thaborita. Kronijk van Friesland (-1527), éd. H. W. Visser et H. Amersfoordt. Leeuwarden, 1824-28, in-8.

681. J. E. H. Hooft van Iddekinge. Friesland en de Friezen in de middeleeuwen. Bijdragen tot de geschiedenis, rechtskennis, muntkunde en geographie der Friesche gewesten, inzonderheid gedurende de XI° eeuw. Leiden, 1881, in-8.

682. P. J. Blok. Studie over Friesche toestanden in de middeleeuwen. (Bijdragen voor vaderl. geschied., 1892).

683. Ph. Van Blom. Geschiedenis van Oud-Friesland. Leeuwarden, 1900, in-8.

---

684. F. J. Diest Lorgion. Geschiedkundige beschrijving der stad *Groningen*. Groningen, 1852-57, 2 vol. in-8. — J. B. Schepers. *Groningen* als Hanzestadt. Groningen, 1891, in-8. — S. Gratama. Ontstaan en ontwikkeling van het stadsbestuur te *Groningen*. (Bijdragen voor vaderl. geschied., 1891).

685. A. Ypey et H. O. Feith. Oudheden van het Goorecht en Groningen. Groningen, 1836, in-8.

Add. n° 157.

---

686. Archief voor vaderlandsche en inzonderheid Vriesche geschiedenis, oudheid- en taalkunde, éd. H. W. Visser et H. Amersfoordt. Leeuwarden, depuis 1824, in-8.

687. De Vrije Fries. Mengelingen uitgegeven door het Provinciaal Friesch Genootschap van geschied-, oudheid- en taalkunde. Leeuwarden, depuis 1828, in-8. — Verslagen der handelingen van het

Friesch Genootschap etc. Leeuwarden, depuis 1828, in-8 (in-4 jusqu'en 1842).

. 688. Bijdragen tot de geschiedenis en oudheidkunde inzonderheid van de provincie Groningen, éd. G. ACKER STRATINGH, H. O. FEITH et W. B. S. BOELES. Groningen, 1863-73, 10 vol. in-8.

689. Bijdragen tot de kennis van de provincie Groningen en omgelegen streken. Groningen, depuis 1899, in-8.

GUELDRE, ZUTPHEN, DRENTHE ET OVERYSSEL.

690. GUILELMUS DE BERCHEM (XV⁰ s.). De nobili principatu Gelrie et ejus origine (-1464), éd. L. A. J. W. SLOET VAN DE BEELE. Hagae comitum, 1870, in-8.

691. J. I. PONTANUS. Historiae Gelricae libri XIV. Hardervici Gelrorum, 1639, in-fol. (P. J.).

692. W. TESCHENMACHER. Annales Cliviae, Juliae, Montium, Marcae Westphaliae, Ravensburgi, Geldriae et Zutphaniae. Francofurti, 1721, in-fol.

693. A. VAN SLICHTENHORST. Gelersse geschiedenissen van 't begin af, vervolghd tot aen de afzweeringh des konincx van Spanien. Arnhem, 1654, in-fol.

694. W. VAN SPAEN. Inleiding tot de historie van Gelderland. Utrecht, 1801-1805, 4 vol. in-8. — 5⁰ vol. : Historie van Gelderland. 1814, in-8.

695. I. A. NIJHOFF. Gedenkwaardigheden uit de geschiedenis van Gelderland (1286-1538). (P. J.). Voy. n⁰ 331.

> Les introductions des divers volumes constituent une excellente histoire de la Gueldre.

696. J. W. RACER. Overijsselsche gedenkstukken. Leyden, 1781-1793, 7 vol. in-8.

> Se rapporte surtout à l'histoire du droit et des institutions.

697. J. J. F. WAP. Geschiedenis van het land en der heeren van Cuyck. Voy. n⁰ 586.

698. J. DE WAL. Bijdragen tot de geschiedenis en oudheden van Drenthe. Groningen, 1842, in-8.

699. J. S. MAGNIN. Geschiedkundig overzicht van de besturen in Drenthe. Groningen, 1838-50, 3 vol. in-8.

700. F. NETTESHEIM. Geschichte der Stadt und des Amtes Geldern. I. Crefeld, 1863, in-8.

701. G. van Hasselt. *Arnhemsche* oudheden. Arnhem, 1803-1804, 4 vol. in-8. — Kronijk van *Arnhem* (1310-1789). Arnhem, 1790, in-8.

702. A. W. K. Voet van Oudheusden. Historische beschrijvinge van *Culemborg*. Utrecht, 1753, 2 vol. in-8.

703. A. Huygen. Beschrijving van het begin, opkomst en aanwas der stad *Doesburg*, éd. C. W. Vonck. 2e édit. Nijmegen, 1761, in-4.

704. J. Schrassert. *Hardervicum* antiquum. Harderwijk, 1732, 2 vol. in-4.

705. J. Revius. *Daventriae* illustratae sive historae urbis Daventriensis libri IV. Lugduni-Batavorum, 1651, in-4. — G. Dumbar. Het kerkelijk en wereldlijk *Deventer*. Deventer, 1732-88, 2 vol. in-fol. — J. Van Vloten. De wording en ontwikkeling van *Deventer*. Zutfen, 1866, in-8. (P. J.).

706. J. Smetius. Oppidum Batavorum sive *Noviomagum*. Amstelodami, 1645, in-4. — Cronyck van de oude stadt der Batavieren. Nijmegen (1660?), in-8. — J. in de Betouw. Annales *Noviomagi*. — Bijvoegsel tot de Annales etc. — Vervolg der kronijk van Nijmegen. Nijmegen, 1790-1818, 3 vol. in-8. — H. D. J. van Schevichaven. Oud-Nijmegen's straten, markten enz. Nijmegen, 1896, in-8.

707. R. W. Tadama. Geschiedenis der stad *Zutphen*. Arnhem, 1856, in-8.

708. B. J. Van Hattum. Geschiedenissen der stad *Zwolle*. Zwolle, 1767-73, 4 vol. in-8.

---

709. Geldersche volks-almanak. Arnhem, depuis 1835, in-12.

710. Bijdragen en mededeelingen uitgegeven door « Gelre » Vereeniging tot bevordering van Geldersche geschiedenis, oudheidkunde en recht. Arnhem, depuis 1898, in-8.

711. Overijsselsche almanak. Deventer, depuis 1836, in-8.

712. Drentsche volks-almanak. Koevorden-Assen, depuis 1837, in-16.

713. Verzameling van stukken, uitgegeven door de Vereeniging tot beoefening van Overijsselsch recht en geschiedenis. Deventer, depuis 1859, in-8. — Verslagen en mededeelingen, depuis 1860.

714. Bijdragen tot de geschiedenis van Overijssel, éd. J. I. van Doorninck et J. Nanninga Uitterdijk. Zwolle, depuis 1874, in-8.

HAINAUT ET CAMBRÉSIS.

715. Fr. Vinchant. Annales de la province et comté de Hainaut, éditées et augmentées par A. Ruteau (-1555). Mons, 1648, in-fol. — Nouv. édit. donnant le texte original de Vinchant (-1633), Bruxelles, 1848-54, 6 vol. in-8. (P. J).

716. M. Delewarde. Histoire générale du Hainaut. Mons, 1718-1722, 6 vol, in-12.

717. de Reiffenberg et J. Vandervin. Histoire du comté de Hainaut. Bruxelles, 1849-51, 3 vol. in-8.

718. Ch. Duvivier. Recherches sur le Hainaut ancien du VIIe au XIIe siècle. Bruxelles, 1865, in-8. (P. J.).

> Ouvrage capital pour l'histoire et la géographie du Hainaut au moyen âge.

719. E. Prud'homme. Essai sur la chronologie des comtes de Hainaut. (Mém. de la Soc. des sciences du Hainaut, 1882).

Add. nos 123, 171, 174, 177, 179, 184.

---

720. G. J. de Boussu. Histoire de la ville d'*Ath*. Mons, 1750, in-8. — Ed. Waltre. Histoire de la ville d'*Ath*. Tournai, s. d., in-8.

721. Michaux. Chronologie historique des seigneurs d'*Avesnes*. Avesnes, 1844, in-8. — Lebeau et Michaux. Recueil de notices et articles divers sur l'histoire de la contrée formant l'arrondissement d'*Avesnes*. Avesnes, 1850, in-8.

722. L. Delhaye. Histoire de la prévôté de *Bavay*. Bavay, 1873, in-8.

723. Ch. Bernier. Histoire de la ville de *Beaumont*. Mons, 1880, in-8.

724. Th. Lejeune. Histoire de la ville de *Binche*. (Mém. de la Soc. des sciences du Hainaut, 1882, 1884). 2e édit. Binche, 2 vol. in-8.

725. P. Petit. Histoire de *Bouchain*. Douai, 1659, in-12. Nouv. édit. Douai, 1861, in-8.

726. L. P. Darras. Histoire de la ville de *Châtelet*. Charleroi, 1898, 2 vol. in-8.

727. L. A. J. Petit. Histoire de la ville de *Chièvres*. Anvers, 1880. (Annales de l'Académie d'archéologie).

728. G. Hagemans. Histoire du pays de *Chimay*. Bruxelles, 1866, 2 vol. in-8.

729. E. Mathieu. Histoire de la ville d'*Enghien*. (Mém. de la Soc. des sciences du Hainaut, 1875-76).

730. Th. Lejeune. Récherches historiques sur *Le Rœulx*, ses seigneurs et les communes de l'ancien bailliage de cette ville. (Ann. du Cercle arch. de Mons, XXII).

731. L. A. Petit. Histoire de la ville de *Leuze*. (Mém. de la Soc. des sciences du Hainaut, 1885). (P. J.).

732. J. Vos. *Lobbes*, son abbaye et son chapitre. Louvain, 1865, 2 vol. in-8. (P. J.).

733. A. Jennepin. Histoire de la ville de *Maubeuge*. I. Maubeuge, 1889, in-8.

734. Nicolas de Guise. *Mons*, Hannoniae Metropolis. Atrebati, 1621, in-4. — G. J. de Boussu. Histoire de la ville de *Mons*. Mons, 1725, in-4.

735. G. de Boussu. Histoire de la ville de *Saint-Ghislain*. Mons, 1737, in-8.

736. L. A. J. Petit. Histoire civile et religieuse de la ville de *Saint-Ghislain*. Mons, 1873, in-8.

737. P. Le Boucq. Histoire de la terre et vicomté de *Sebourg*. Bruxelles, 1645, in-4. — Continuation par H. Le Boucq, 1648.

738. Th. Lejeune. Mémoire historique sur la ville de *Soignies*. (P. J.). (Mém. de la Soc. des sciences du Hainaut, 1870).

739. H. d'Oultreman. Histoire de la ville et comté de *Valentienne*. Douay, 1639, in-fol. (P. J.). — S. Le Boucq. Histoire ecclésiastique de la ville et comté de *Valentienne*. Valenciennes, 1844, in-4. — L. Cellier. Une commune flamande. Histoire des institutions politiques de la ville de *Valenciennes*. Valenciennes, 1873, in-8.

———

740. Dupont. Histoire ecclésiastique et civile de la ville de *Cambrai* et du *Cambrésis*. Cambrai, 1759-67, 3 vol. in-12. — E. Bouly. Histoire de *Cambrai* et du *Cambrésis*. Cambrai, 1842, 2 vol. in-8. — W. Reinecke. Geschichte der Stadt Cambrai bis zur Erteilung der Lex Godefridi (1227). Marburg, 1896, in-8.

Add. n° 178.

———

741. Mémoires de la Société d'émulation de Cambrai. Cambrai, depuis 1808, in-8. — Tables, 1864, 1878.

742. Mémoires de la Société d'agriculture, des sciences et des arts de l'arrondissement de Valenciennes. Valenciennes, 1833-49, in-8.

743. Mémoires historiques sur l'arrondissement de Valenciennes, publiés par la Société d'agriculture, des sciences et des arts. Valenciennes, 1865-70, in-8.

744. Revue agricole, industrielle, littéraire et artistique du Nord. Valenciennes, depuis 1849, in-8.

745. Mémoires et publications de la Société des sciences, des arts et des lettres du Hainaut. Mons, depuis 1839, in-8. — Bulletin, 1841-44 et depuis 1864, in-8.

746. Annales du Cercle archéologique de Mons. Mons, depuis 1856, in-8. — Bulletin, depuis 1856, in-8. — Table, 1888.

747. Mémoires de la Société archéologique de l'arrondissement d'Avesnes. Avesnes, depuis 1864, in-8.

748. Documents et rapports de la Société paléontologique et archéologique de l'arrondissement judiciaire de Charleroi. Mons, depuis 1865, in-8.

749. Annales du Cercle archéologique d'Enghien. Enghien-Louvain, depuis 1880, in-8.

750. Publications de la Société des bibliophiles de Mons. Voy. nº 213.

751. Annales du Cercle archéologique de Soignies. Soignies, depuis 1894, in-8.

752. Bulletin de la Société d'études de la province de Cambrai. Lille, depuis 1899, in-8.

HOLLANDE ET ZÉLANDE.

753. A. KLUIT. Historica critica comitatus Hollandiæ et Zelandiæ. Medioburgi, 1777-82, 4 vol. in-4. (P. J.).

754. J. F. VAN GRIJPSKERKE. 'T graafschap van Zeeland... onder hare graven tot 1579, éd. J. P. VAN VISVLIET et J. A. ALTORFFER. Middelburg, 1882, in-8.

Add. nº 143.

755. C. VAN DER WOUDE. Kronyk der stad *Alkmaar*. Amsterdam, 1725, in-8. — S. EIKELENBERG et B. BOOMKAMP. *Alkmaar* en zijne geschiedenissen. Alkmaar, 1739; Rotterdam, 1747, 2 vol. in-4. —

C. W. Bruinvis. Over *Alkmaarsche* geschiedboeken en geschiedschrijvers. Alkmaar, 1888, in-8.

756. J. I. Pontanus. Rerum et urbis *Amstelodamensium* historia. Amsterdam, 1611, in-fol. — [O. Dapper]. Historische beschrijving der stadt *Amsterdam*. Amsterdam, 1663, in-fol. — [Th. van
Domselaer]. Beschrijvinge van *Amsterdam*, haer eerste oorspronck
uyt den huyze der heeren van Aemstel en Aemstellant. Amsterdam,
1665, in-4. — C. Commelin. Beschrijvinge van *Amsterdam*. 2ᵉ édit.
Amsterdam, 1726, 2 vol. in-fol. — J. Wagenaar. *Amsterdam* in
zijne opkomst, aanwas, geschiedenissen, enz. Amsterdam. 1760-68,
13 vol. in-8. — J. Kok. *Amsteldamsche* jaarboeken. Amsterdam,
1781, 3 vol. in-8. — P. Scheltema. Amstel's oudheid, of gedenkwaardigheden van *Amsterdam*. Amsterdam, 1855-85, 7 vol. in-8. —
J. ter Gouw: *Amstelodamiana*. 3ᵉ édit. Amsterdam, depuis 1874,
2 vol. in-8. — Geschiedenis van *Amsterdam*. Amsterdam, depuis
1879, in-8.

757. De vita et rebus gestis dominorum de *Arkel*. (Matthaeus.
Vetera analecta, V, n° 203). — A. Kemp. Leven der heeren van
Arkel, ende jaar-beschrijving der stad *Gorinchem*. Gorinchem,
1656, in-4.

758. Geschiedenis en costumen van *Axel*. Middelburg, 1787-88,
3 vol. in-8.

759. K. van Alkemade et P. van der Schelling. Beschryving
van de stad *Briele* en den *Lande van Voorne*. Rotterdam, 1729,
2 vol. in-fol.

760. J. Gerbrantszoon van Leyden. De origine et rebus gestis
dominorum de Brederode. (Matthaeus, Vetera analecta, I, n° 203).

761. D. van Bleyswyck. Beschryvinge der stadt *Delft*. Delft.
1667, in-4. — R. Boitet. Beschrijving der stadt *Delft*. Delft, 1729,
in-fol.

762. M. Balen. Beschrijvinge der stadt *Dordrecht*. Dordrecht,
1677, in-4.

763. [G. Brandt]. Historie der vermaerde zee- en koop-stadt
Enkhuysen. 2ᵉ édit. Supplément par S. Centen. Hoorn, 1747,
2 vol. in-4.

764. [J. Walvis]. Beschrijving der stad *Gouda*. Gouda, 1714,
2 vol. in-4. — C. J. de Lange van Wijngaarden. Geschiedenis der
heeren en beschrijving der stad van *der Goude*. I et II. Amsterdam,
1813-17; III. publié par J. N. Scheltema. Gouda, 1879, 3 vol. in-8.

765. G. DE CRETSER. Beschrijvinge van 's *Gravenhage*. 2ᵉ édit. Amsterdam, 1729, in-4. — J. DE RIEMER. Beschryvinge van 's *Gravenhage*. Delft, 1729, 3 vol. in-fol. — Mededeelingen van de Vereeniging ter beoefening der geschiedenis van 's *Gravenhage*. 's Gravenhage, 1861-76, 2 vol. in-8.

766. G. W. VAN OOSTEN DE BRUYN. De stad *Haarlem* en hare geschiedenissen. Haarlem, 1765, in-fol. — F. ALLAN. Geschiedenis en beschrijving van *Haarlem*. Haarlem, 1871-88, in-8. — A. VAN DER LINDE. Bibliographie van *Haarlem*. Haarlem, 1867, in-8.

767. D. VELIUS. Chronyck van *Hoorn*... tot 1630. Hoorn, 1645, in-4. — C. A. ABBING. Geschiedenis der stad *Hoorn*. Vervolg op Velius'chronyk, beginnende met 1630. Hoorn, 1841-42, 2 vol. in-8,

768. E. VAN MIERIS. Beschryving der stad *Leyden*. (Continuat. par D. VAN ALPHEN). Leyden, 1762, 3 vol. in-fol. — J. J. ORLERS. Beschrijvinge der stad *Leyden*. 3ᵉ édit. Leyden, 1781, 2 vol. in-4. — P. J. BLOK. Eene Hollandsche stad in de middeleeuwen. 's Gravenhage, 1882, in-8. — Eene Hollandsche stad onder de Bourgondisch-Oostenrijksche heerschappij. 's Gravenhage, 1884, in-8.

769. [G. R. VAN KINSCHOT]. Beschrijving der stad *Oudewater*. Delft, 1747, in-4.

770. G. VAN SPAAN. Beschrijvinge der stad *Rotterdam*. 2ᵉ édit. Rotterdam, 1713, in-8. — S. LOIS. Cronycke ofte waere beschrijvinge der stad *Rotterdam* (1270-1671). 's Gravenhage, 1746, in-4. — G. VAN REYN. Geschiedkundige beschrijving der stad *Rotterdam*. Rotterdam, 1831-74, 2 vol. in-8. — J. H. SCHEFFER et FR. OBREEN. *Rotterdamsche* historiebladen. Rotterdam, 1872-80, 3 vol. in-8. — J. H. W. UNGER. Rotterdamsch Jaarboekje. Rotterdam, depuis 1889, in-8.

771. H. VAN BERKUM. Beschrijving der stadt *Schoonhoven*, éd. J. A. BLOCK. Gouda, 1762, in-4.

772. A. HOOGVLIET. *Vlaardingen* in zijne opkomst, aanwas, geschiedenissen etc. Amsterdam, 1807, in-fol.

773. J. DE KANTER. Chronyk van *Zierikzee*. 2ᵉ édit. Zierikzee, 1795, in-8.

____

774. Archief. Vroegere en latere mededeelingen voornamelijk in betrekking tot Zeeland, uitgegeven door het Zeeuwsch Genootschap der wetenschappen. Middelburg, depuis 1843, in-8.

775. Bijdragen voor de geschiedenis van het bisdom van Haarlem. Haarlem, depuis 1873, in-8.

776. Amsterdamsch jaarboekje, éd. N. De Roever et E. W. Moes. Amsterdam, depuis 1890, in-8.

777. Haagsch jaarboekje, éd. A. J. Servaes Van Royen. 's Gravenhage, depuis 1889, in-8.

778. Die Haghe. Bijdragen en mededeelingen. éd. Morren. 's Gravenhage, depuis 1900, in-8.

LIÉGE, LOOZ ET STAVELOT.

779. B. Fisen. Historia ecclesiae Leodiensis. Leodii, 1646, in-fol.

780. R. Bouille. Histoire de la ville et pays de Liége. Liége, 1725-32, 3 vol. in-fol.

781. J. Foullon. Historia Leodiensis. Leodii, 1735-37, 3 vol. in-fol. (P. J.)

782. de Villenfagne. Recherches sur l'histoire de la ci-devant principauté de Liége. Liége, 1817, 2 vol. in-8.

783. L. M. de Crassier. Recherches et dissertations sur l'histoire de la principauté de Liége. Liége, 1845, in-8.

784. J. de Chestret de Haneffe. Études historiques et archéologiques sur l'ancien Pays-de-Liége. Liége, 1894, in-8. (Extraits du Bullet. de l'Institut archéologique liégeois).

785. M. Polain. Histoire de l'ancien Pays-de-Liége. Liége, 1844-47, 2 vol. in-8.

786. E. de Gerlache. Histoire de Liége depuis César jusqu'à la fin du XVIIIe siècle. 3e édit. Bruxelles, 1874, in-8.

787. F. Hénaux. Histoire du pays de Liége. 3e édit. Liége. 1872-74, 2 vol. in-8.

788. J. Demarteau. Liége et les principautés ecclésiastiques de l'Allemagne occidentale. Liége, 1900, in-8.

789. J. Daris. Histoire de l'évêché et de la principauté de Liége. Liége, 1868-90, 10 vol. in-8.

790. J. Daris. Notices historiques sur les églises du diocèse de Liége. Liége, depuis 1867, in-8.

791. St. Bormans. Les seigneuries allodiales du Pays-de-Liége. Liége, 1867, in-8. — Les seigneuries féodales du Pays-de-Liége. Liége, 1871, in-8.

Add. nos 120, 133, 134, 135, 154, 155, 150, 166, 174, 181, 182, 194.

792. H. Pirenne. Histoire de la constitution de la ville de *Dinant* au moyen âge. Gand, 1889, in-8. — Siderius. *Dinant* et ses environs. Dinant, 1859, in-8. — H. Hachez. Histoire de *Dinant*. Cour-St-Étienne, 1894-96, 2 vol. in-8.

793. L. Mélart. Histoire de la ville et château de *Huy*. Liège, 1641, in-4. — Continuat. par Gorrissen. Huy, 1839, in-8. — J. Brassine. La première histoire de *Huy*. L'œuvre de Maurice de Neufmoustier. (Bulletin de la société d'art et d'histoire du diocèse de Liège, 1898).

794. J. Wolters. Notice sur l'ancien comté de *Hornes*. Gand, 1850, in-8.

795. Th. Gobert. Les rues de *Liège*. Liège, depuis 1884, in-4.

796. [Pélerin]. Essais historiques et critiques sur le département de la Meuse inférieure en général et la ville de *Maestricht* chef-lieu en particulier. Maestricht, an XI (1813) in-8. — de Lenarts. Opkomst en voortgang der stad *Maastricht*, éd. J. Habets. Maastricht, 1864, in-8. — J. de Ras. Histoire de *Maestricht*; 1re partie, depuis son origine jusqu'au XIIe siècle. Louvain, 1899, in-8.

797. F. Hénaux. Histoire de la bonne ville de *Visé*. Liège, 1853, in-8. — J. Ceyssens. [Histoire de] la paroisse de *Visé*. Liège, 1890. (Bullet. de la Soc. d'art et d'hist. du dioc. de Liège, VI).

798. de Trooz. Histoire du marquisat de Franchimont et particulièrement de la ville de *Verviers* et de ses fabriques. Liège, 1809, in-8. — F. Hénaux. Histoire de la bonne ville de *Verviers*. Liège, 1859, in-8.

799. A. de Ryckel. Histoire de la bonne ville de *Waremme*. Liège, 1889. (Bullet. de la Soc. d'art et d'hist. du dioc. de Liège, V).

800. J. Mantelius. Historiae Lossensis libri X, éd. L. Robyns. Leodii, 1717, in-4. (P. J.).

801. J. Mantelius. *Hasseletum* sive ejusdem oppidi descriptio. Lovanii, 1663, in-4.

802. J. Daris. Histoire de la bonne ville, de l'église et des comtes de *Looz*. Liège, 1864-67, 3 vol. in-8. (P. J.).

803. F. A. Villers. Histoire chronologique des abbés-princes de Stavelot, éd. N. J. Alexandre. Liège, 1878-80, 3 vol. in-8.

804. A. DE NOUE. Études historiques sur l'ancien pays de Stavelot et de Malmédy. Liège, 1848, in-8.

---

805. Bulletin de l'Institut archéologique liégeois. Liège, depuis 1852, in-8. — Table, 1888.

806. Bulletin de la Société d'art et d'histoire du diocèse de Liège. Liège, depuis 1881, in-8.

807. Bulletin de la Société scientifique et littéraire du Limbourg. Tongres, depuis 1852, in-8.

> Se rapporte en dépit du titre à l'ancien comté de Looz dont le territoire forme la province belge de Limbourg.

808. Publications de la Société des bibliophiles liégeois. Voy. n° 215.

809. Annales du Cercle hutois des sciences et beaux arts. Huy, depuis 1875, in-8.

810. Bulletin de la Société verviétoise d'archéologie et d'histoire. Verviers, depuis 1898, in-8.

811. Bulletin de la section scientifique et littéraire de la Société des Mélophiles de Hasselt. Hasselt, depuis 1864, in-8. — Table des articles historiques parus dans ce recueil par J. CUVELIER (Limburgsch Jaarboek 1895-96).

812. L'ancien pays de Looz. Hasselt, depuis 1896, in-4.

813. Archives liégeoises, éd. G. KURTH. Liège, 1897-98, in-8.

> Cette revue qui a donné naissance aux Archives belges (voy. n° 1) a cessé de paraître depuis la publication de ces dernières.

LIMBOURG.

N. B. Pour l'histoire du duché de Limbourg, consulter : A. J. FLAMENT. Catalogus der Stadsbibliotheek van Maastricht bewerkt vooral als Bibliotheca Limburgensis. Maastricht, 1889-94, 2 vol. in-8.

---

814. S. P. ERNST. Histoire du Limbourg (-1427), éd. E. LAVALLEYE. Liège, 1837-48. 7 vol. in-8. (P. J.).

815. CH. RAHLENBECK. Les pays d'Outre-Meuse, Dalhem, Fauquemont et Rolduc. Bruxelles, 1885, in-8.

816. J. HABETS. Chronijk der landen van Overmaas (1275-1507). Roermond, 1870, in-8. (Publ. de la Soc. hist. du Limbourg).

817. A. Habets. De landen van Overmaas 1648-1662. (Publ. de la Soc. hist. du Limbourg, 1896-97). — C. J. Luzac. De landen van Overmaas inzonderheid sedert 1662. Leiden, 1888, in-8.

818. A. de Ryckel. La Cour féodale de l'ancien duché de Limbourg. (Bulletin de la Soc. d'art et d'hist. du dioc. de Liège, IX).

819. Annales de la Société historique et archéologique de Maestricht. Maestricht, 1853-60, in-8.

820. Publications de la Société historique et archéologique dans le duché de Limbourg. Maestricht-Ruremonde, depuis 1864, in-8. — Table, 1884.

821. *De Maasgouw*, weekblad voor limburgsche geschiedenis, taal- en letterkunde. Maastricht, depuis 1879, in-4.

LUXEMBOURG.

822. J. Bertels. Historia Luxemburgensis. Coloniae, 1605, in-4.

823. J. Bertholet. Histoire du duché de Luxembourg. Luxembourg, 1741-43, 8 vol. in-4. (P. J.).

824. de Reiffenberg. Mémoires sur quelques anciens fiefs de la Belgique. (Comtés de Durbuy, La Roche, Daelhem, Duras, Montaigu, Clermont, Fauquemont). Bruxelles, 1834, in-4. (Mém. Acad.). (P.J.).

825. J. Schötter. Geschichte des Luxemburger Landes, éd. K. A. Herchen et N. van Werveke. Luxemburg, depuis 1882, in-8.

826. H. Goffinet. Les comtes de Chiny. Arlon, 1880, in-8. (Annales de l'Institut archéolog. du Luxembourg, VIII-XI).

Add. n°ˢ 122, 174, 183, 193.

827. G. F. Prat. Histoire d'*Arlon*. Arlon, 1872-74. 2 vol. in-8.

828. A. Neyen. Histoire de la ville de Bastogne. Arlon-Luxembourg, 1868, in-8. (P. J.).

829. M. J. Ozeray. Histoire du pays, château et ville de *Bouillon*. 2ᵉ édit. Bruxelles, 1864-65, 2 vol. in-8.

830. Ad. Reiners. Die S. Willebrords-Stiftung *Echternach*. Geschichte der Stadt und Abtei nach Urkunden chronikartig dargestellt. I. Luxemburg, 1896, in-8.

831. A. de Leuze. *Laroche* et *Durbuy*. Arlon, 1883, in-8.

832. J. W. Heydinger. Archidiaconatus in *Longuiono*, archidioecesis Treverensis, descriptio. Treveris, 1884, in-8.

833. F. W. Engelhardt. Geschichte der Stadt und Festung *Luxemburg*. Luxembourg, 1850, in-8.

834. M. Jeantin. Histoire de *Montmédy* et des localités meusiennes de l'ancien comté de Chiny. Nancy, 1861-63, 3 vol. in-8.

N. B. Les programmes de l'Athénée de Luxembourg, du Progymnase de Diekirch (à partir de 1842) et du Progymnase d'Echternach (à partir de 1843), contiennent de nombreuses dissertations intéressant l'histoire du Luxembourg.

———

835. Publications de la Société pour la recherche et la conservation des monuments historiques dans le grand-duché de Luxembourg. Luxembourg, depuis 1846, in-4. — Publications de la section historique de l'Institut grand-ducal du Luxembourg. Luxembourg, depuis 1870, in-8. — Table sommaire au t. XL, 1889.

836. Annales de l'Institut archéologique du Luxembourg. Arlon, depuis 1847, in-8. — Tables, 1877, 1887.

837. Das Luxemburger Land. Organ für vaterländische Geschichte, Kunst und Literatur. Luxembourg, 1882-86, in-fol. et in-8.

838. Ons Hemecht. Organ des Vereins für Luxemburger Geschichte, Litteratur und Kunst. Luxemburg, depuis 1894, in-8.

NAMUROIS.

839. Paul de Croonendael. Cronicque contenant l'estat ancien et moderne du pays et conté de Namur, éd. de Limminghe. Bruxelles, 1878-1879, 2 vol. in-4.

840. J. B. De Marne. Histoire du comté de Namur. Liège, 1754, in-4. — 2º édit. publiée par J. N. Paquot Bruxelles, 1781, 2 vol. in-12.

841. C. F. Galliot. Histoire générale ecclésiastique et civile de la ville et comté de Namur. Liège, 1788-91, 6 vol. in-8. (P. J.).

842. St. Bormans. Les fiefs du comté de Namur. Namur, 1875-80, 2 vol. in-8.

843. A. de Radiguès. Les seigneuries et terres féodales du comté de *Namur*. Namur, 1895, in-8. (Annales de la Soc. arch. de Namur, XXII).

Add. nº 195.

———

844. L. Lahaye. Introduction au cartulaire de la commune d'*Andenne*. Voy. nº 443.

845. J. Borgnet. Introduction au cartulaire de la commune de *Bouvigne*. Voy. n° 444.

846. J. et V. Barbier. Histoire de l'abbaye de *Floreffe*. 2° édit. Namur, 1892, in-8.

847. A. J. B. de Robaulx de Soumoy. Recherches sur l'histoire de la ville de *Marienbourg*. Namur, 1864. (Annales de la Soc. arch. de Namur).

848. St. Bormans. Introduction au cartulaire de la commune de *Namur*. Voy. n° 448.

849. C. G. Roland. *Orchimont* et ses fiefs. (Annales de l'Académie d'archéologie d'Anvers, XLVIII, XLIX, L, 1894-97).

850. A. J. B. de Robaulx de Soumoy. Notice historique sur *Philippeville*. Namur, 1860, in-8. (Annales de la Soc. arch. de Namur).

851. L. Lahaye. Introduction au cartulaire de la commune de *Walcourt*. Voy. n° 451.

852. L. Lahaye. Histoire de l'abbaye de *Waulsort*. Liège, 1890, in-8. (Bullet. de la Soc. d'art et d'hist. du dioc. de Liége. V). — Introduction au cartulaire de Waulsort. Voy. 452.

853. E. Sackur. Der Rechtstreit der Klöster *Waulsort* und *Hastière*. (Deutsche Zeitschrift für Geschichtswissenschaft, II, 188).

---

854. Annales de la Société archéologique de Namur. Namur, depuis 1849, in-8. — Table, 1877.

UTRECHT.

855. W. Heda († 1525). De episcopis Ultrajectinis, recogniti et notis historicis illustrati ab A. Buchelio. Accedunt Lamb. Hortensii Secessionum Ultrajectinarum libri et Siffridi Petri Appendix ad historiam Ultrajectinam. Ultrajecti, 1643. in-fol.

856. J. Van Cortgeen. Stichtsche cleyne chronicke (-1578); waerachter beschrijving van Utrecht (par C. Booth). Amsterdam, 1745, in-8. — K. Burman. Utrechtsche jaarboeken van de XV° eeuw. Utrecht, 1750-54, 3 vol. in-8. — V. J. Blondeel. Beschrijving der stad Utrecht. Utrecht, 1757, in-8. — J. Van Asch van Wijck. Geschiedkundige beschouwing van het oude handelsverkeer der stad Utrecht. Utrecht, 1838-42, in-8. — J. J. de Geer van Oudegein. Het oude Trecht als de oorsprong der stad Utrecht. Utrecht, 1875, in-8. — Voy. S. Muller. (Bijdragen voor vaderl. geschied. 1877).

— W. Junghans. Utrecht im Mittelalter (Forschungen zur deutschen Geschichte, IX). — B. J. L. de Geer van Jutfaas. Een paar bladzijden uit de Utrechtsche geschiedenis. (Bijdragen voor vaderl. geschied., 1895).

857. Toe Boecop. Kronijk der bisschoppen van Utrecht, 1496. (Cod. dipl. néerl. V. n° 210).

858. J. J. de Geer van Oudegein. Bijdragen tot de geschiedenis en oudheden der provincie Utrecht. Utrecht, 1860, 2 vol. in-8.

859. Th. Van Riemsdijk. Geschiedenis van de kerspelkerk van St-Jacob te Utrecht. Leiden, 1882, in-4.

860. Rerum *Amorfortiarum* scriptores duo inediti, éd. A. Matthaeus. Lugduni Batavorum. 1693, in-4. — A. van Bemmel. Beschrijving der stad *Amersfoort*. Utrecht, 1760, 2 vol. in-8. — W. F. Van Rootselaar. *Amersfoort*. (777-1580). Amersfoort, 1878, 2 vol. in-8.

---

861. Tijdschrift voor geschiedenis, oudheden en statistiek van Utrecht, éd. N. Van der Monde. Utrecht, 1835-43, in-8.

862. Utrecht, voorheen en thans. Tijdschrift voor geschiedenis enz. van Utrecht, éd. N. Van der Monde. Utrecht, 1844-46, in-8.

863. Archief voor kerkelijke en wereldsche geschiedenissen inzonderheid van Utrecht, éd. J. J. Dodt van Flensburg et H. J. Royaards. Utrecht, 1838-48, in-4.

864. Archief voor kerkelijke en wereldlijke geschiedenis van Nederland, meer bepaaldelijk van Utrecht, éd. C. van Asch van Wijk. Utrecht, 1850-53, in-4.

865. Tijdschrift voor de oudheden... van het bisdom, de provincie en de stad Utrecht, éd. P. J. Vermeulen. Utrecht, 1847-52, in-4.

866. Utrechtsche volksalmanak. Utrecht, 1836-67, 32 vol. in-8.

867. Archief voor de geschiedenis van het aartsbisdom van Utrecht. Utrecht, depuis 1874, in-8.

Recueil de documents pour l'histoire de l'église catholique dans les Pays-Bas.

868. Nieuwe werken uitgegeven door het Provinciaal Utrechtsch genootschap van kunsten en wetenschappen. Utrecht, 1867-74, in-8.

---

3. Histoire du droit.

(Cf. Dahlmann-Waitz-Steindorff, Nᵒˢ 1178-1226; Monod, Nᵒˢ 1096-1117).

869. M. J. Noordewier. Nederduitsche regtsoudheden. Utrecht, 1855, in-8.

___

870. L. A. Warnkoenig. Von der Wichtigkeit der Kunde des Rechts und der Geschichte der belgischen Provinzen für die Staats- und Rechtsgeschichte. Freiburg, 1837, in-8.

871. E. Defacqz. Ancien droit belgique. Bruxelles, 1846-73, 2 vol. in-8.

872. J. Britz. Mémoire sur l'ancien droit belgique. Bruxelles, 1846, in-4. Voy. n° 508.

En partie puisé dans le précédent.

___

873. L. A. Warnkoenig. Flandrische Staats- und Rechtsgeschichte. Tübingen, 1835-42, 3 vol. in-8. (P. J.).

L'histoire du droit proprement dit manque dans la traduction française de cet ouvrage par Gheldolf. Voy. n° 609.

874. K. von Richthofen. Untersuchungen über Friesische Rechts- geschichte. Berlin, 1880-86, in-8.

875. Ph. Heck. Die Altfriesische Gerichtsverfassung. Weimar, 1894, in-8.

876. A. Telting. Schets van het oud-friesche privatregt. (Themis, 1868 et suiv.).

877. J. Lameere. Du formalisme dans le droit flamand au moyen âge. — Le recours au chef de sens dans le droit flamand. — Les communes vérités dans le droit flamand. — De notre procédure criminelle à la fin de l'ancien régime. (Discours de rentrée à la cour d'appel de Gand, 1880, 1881, 1882, 1890). — De l'autorité judiciaire dans les communes flamandes au XIIᵉ et au XIIIᵉ siècle. (Belgique judiciaire, 1878).

878. E. de Coussemaker. Essai sur le Hoop d'Hazebrouck. (Annales du Comité flamand de France, XI). — H. Hosdey. Essai sur le statut du Mont ou Hoop d'Hazebrouck et sur ses rapports avec l'ancien droit franc. Dunkerque, 1890, in-8.

870. R. Fruin. Over waarheid, kenning en zeventuig in de rechtspleging van Holland en Zeeland. (Bijdragen voor vaderl. geschied., 1888). — J. G. Joosting. Zeventuigrecht. Nijmegem, 1890, in-8.

880. H. O. Feith. Het Groninger beklemrecht. Groningen, 1866, 2 vol. in-8.

881. J. A. Feith. Geschiedenis van het gericht van Selwerd. Groningen, 1886, in-8.

882. J. Houwink. De staatkundige en rechtsgeschiedenis van Ameland tot deze eeuw. Leiden, 1899, in-8.

883. S. Muller. Recht en rechtspraak te Utrecht in de middeleeuwen. 's Gravenhage, 1885, in-8.

884. A. Nortier. Het burgerlijk proces in de XVe eeuw binnen Leiden. Leiden, 1874, in-8.

885. S. Gratama. Bijdrage tot de rechtsgeschiedenis van Drenthe. Groningen, 1884, in-8.

886. D. F. de Sohet. Instituts de droit ou sommaire de jurisprudence canonique, civile, féodale et criminelle pour les pays de Liège, de Luxembourg, Namur et autres. Bouillon, 1772, in-4.

887. Ch. de Méan. Observationes et res judicatae ad jus civile Leodiensium. 3e édit. avec notes de Louvrex. Leodii, 1740-1741, 7 vol. in-fol.

888. L. A. Warnkoenig. Beiträge zur Geschichte und Quellenkunde des Lütticher Gewohnheitsrecht. Freiburg, 1838, in-8. (P.J.).

889. Raikem. Travaux divers sur l'ancien droit et les institutions du Pays de Liège. (22 discours de rentrée de la cour d'appel de Liège, 1845 à 1866 et Belgique judiciaire, tt. VI, VII, VIII, XIII, XVI, XVIII, XX, XXI, XXII, XXIII, XXIV).

890. A. de Noué. La législation de l'ancienne principauté de Stavelot-Malmédy. (Annales de l'Acad. d'archéolog. d'Anvers, 1891, XLVI).

N. B. Pour l'histoire du droit dans les divers territoires voy. les préfaces des volumes publiés par la Commission pour la publication des coutumes (n° 476) et par la Vereeniging tot uitgaaf der bronnen van het oude vaderlandsche recht (n° 477).

———

891. P. Wielant. Tractaet van den leenrechten na de hoven van Vlaenderen. Thantwerpen, 1554, in-8. — J. B. de Clerck, Commentarien ghemacht op de leenrechten gheschreven bij Ph. Wielandt. Gendt, 1699, in-fol.

892. Beau traité de la diversité de nature des fiefs en Flandre (XVIe siècle). Gand, 1839, in-8.

———

893. W. Bezemer. Bijdragen tot de kennis van het oude cijns- en grondrenterecht in Brabant. 's Hertogenbosch, 1889, in-8.

894. A. Roeloffs. Bijdragen tot de geschiedenis der grondrenten op de Veluwe. Leiden, 1884, in-8.

995. S. Muller. Over claustraliteit. Bijdrage tot de kennis van den grondeigendom in de middeleeuwsche steden. Amsterdam, 1890, in-4.

896. C. Crom. Oudnederlandsch erfhuisrecht. Nijmegen, 1878, in-8.

897. G. Des Marez. Étude sur la propriété foncière dans les villes du moyen âge et spécialement en Flandre. Gand, 1898, in-8.

> Ouvrage essentiel sur cette question, à consulter aussi pour l'étude des institutions urbaines.

———

898. Ph. Wielant. Practyke criminele, éd. A. Orts. Gent, 1872, in-8.

899. J. De Damhoudere. La pratique et enchiridion des causes criminelles. Louvain, 1554, in-4.

> Gilliodts Van Severen. Notes et documents pour servir à la biographie de Josse de Damhouder. 1507-1581. (Annales de la Soc. d'Émulation de Bruges, 1875, XLV). — A. Dubois. Ph. Wielant et J. De Damhoudere. (Messager des Sciences hist. 1889).

900. G. A. Van Hamel. Inleiding tot de studie van het Nederlandsche strafrecht. Haarlem, depuis 1889, in-8.

901. L. P. Van den Bergh. Verhandeling over de oude wijze van strafvordering in Gelderland, Holland en Zeeland. Leiden, 1842, in-8.

902. G. E. Van Coetsem. Du droit pénal au XIIIe siècle dans l'ancien duché de Brabant. Gand, 1857, 2 vol. in-8.

903. E. Poullet. Histoire du droit pénal dans l'ancien duché de Brabant. Bruxelles, 1867-70, 2 vol. in-4. (Mém. Acad.).

904. H. Bennecke. Zur Geschichte des deutschen Strafprozesses. Das Strafverfahren nach den holländischen und flandrischen Rechten des XII und XIII Jahrhunderts. Marburg, 1886, in-8.

905. E. Poullet. Essai sur l'histoire du droit criminel dans l'ancienne principauté de Liège. Bruxelles, 1874, in-4. (Mém. Acad.).

906. J. G. ab Utrecht Dresselhuis. De poena peregrinationis sacrae medio aevo in Neerlandia usitata. Goes, 1851, in-8. — É. Vanden Bussche. Roc-Amadour. Les pélerinages dans notre ancien droit pénal. (CRH. 4, XIV).

907. R. Fruin. Over zoenen en vreden in Holland, Zeeland en Utrecht. (Bijdragen voor vaderl. geschied., 1886).

908. L. Wodon. Le droit de vengeance dans le comté de Namur. Bruxelles, 1890, in-8. (Annales de la Faculté de philosophie et lettres de l'Université de Bruxelles, I).

909. F. Cattier. La guerre privée dans le comté de Hainaut aux XIII et XIV⁰ siècles. Bruxelles, 1890, in-8. (Ibid.).

910. F. Cattier. L'évolution du droit pénal germanique en Hainaut jusqu'au XV⁰ siècle. Mons, 1893, in-8. (Mém. de la Soc. des Sciences du Hainaut).

911. G. Espinas. Les guerres familiales dans la commune de Douai aux XIII⁰ et XIV⁰ siècles. Paris, 1899, in-8. (Nouvelle Revue historique de droit français et étranger).

912. P. Dubois. Les asseurements au XIII⁰ siècle dans nos villes du Nord. Paris, 1900, in-8.

913. A. de la Grange. Étude sur le droit criminel en usage dans le Tournaisis au XII⁰ et au XIII⁰ siècle. (Bulletin de la Soc. hist. de Tournai, XXIV).

914. Ch. J. M. Ruys de Berenbrouck. Het strafrecht in het oude Maastricht. Maastricht, 1895, in-4.

915. J. Freson. La justice criminelle dans l'ancien Pays de Liège. Liège, 1889, in-8.

916. E. Hubert. La Torture aux Pays-Bas autrichiens pendant le XVIII⁰ siècle. Bruxelles, 1897, in-4. (Mém. Acad.).

917. Ph. Wielant. Practique, maniere ende styl van procederene... in materie civile. Tantwerpen, 1558, in-8. — J. De Damhoudere. Practique judiciaire ès causes civiles. Anvers, 1572, in-fol.

---

918. M. Goudsmit. Geschiedenis van het Nederlandsche zeerecht. I. 's Gravenhage, 1882, in-8. — J. J. Band. Geschiedenis der straf-wetgeving tegen de zeerooverij. Utrecht, 1854, in-8.

919. G. Des Marez. La lettre de foire au XIIIe siècle. Étude sur les origines des papiers de crédit. (Mém. Acad. — Sous presse).

920. A. Faider. Histoire du droit de chasse et de la législation sur la chasse en Belgique, en France, etc. Bruxelles, 1877, in-8.

921. P. Van der Schelling. Historie van het notarisschap in de Nederlanden. Rotterdam, 1745, in-8.

---

922. W. Modderman. De receptie van het romeinsche Recht. Groningen, 1873, in-8. — Traduct. allemande par K. Schulz. Jena, 1875, in-8.

923. Ch. Grandgagnage. De l'influence de la législation civile française sur celle des Pays-Bas pendant le XVIe et le XVIIe siècle. Bruxelles, 1832, in-4. (Mém. Acad.).

---

924. Belgique judiciaire. Bruxelles, depuis 1843.

925. Procès-verbaux des séances de la Commission pour la publication des anciennes lois et ordonnances. Bruxelles, depuis 1848, in-8.

926. Bijdragen tot regtsgeleerdheid en wetgeving, publ. par C. A. den Tex et J. Van Hall. Amsterdam, 1826-1838, 12 vol. in-8. — Nederlandsche jaarboeken voor regtsgeleerdheid en wetgeving, publ. par les mêmes. Amsterdam. 1839-50, 12 vol. in-8. — Nieuwe bijdragen voor regtsgeleerdheid en wetgeving, publ. par les deux précédents, Lintelo de Geer et Van Boneval Faure. Amsterdam, depuis 1851, in-8.

927. Tijdschrift voor het Nederlandsche recht, publ. par A. Oudeman et G. Diephuis. Groningen, 1868, in-8

928. Verslagen en mededeelingen der Vereeniging tot uitgaaf der bronnen van het oude vaderlandsche recht. 's Gravenhage, depuis 1880, in-8.

929. Verhandelingen van het genootschap Pro excolendo jure patrio. Groningen, 1773-1890, 7 vol. in-8.

---

930. Bijdragen tot de Nederlandsche rechtsgeschiedenis, publ. par S. Fockema Andreae. Haarlem, 1888-89, 2 vol. in-8.

931. E. Picard et F. Larcier. Bibliographie du droit belge (1814-1889). Bruxelles, 1882-99, in-8.

---

4. Histoire Constitutionnelle.

(Cf. Dahlmann-Waitz-Steindorff, Nᵒˢ 1178-1226; Monod, Nᵒˢ 1003-1167.)

Ouvrages généraux.

932. E. Poullet. Histoire politique nationale. Origines, développements et transformations des institutions dans les anciens Pays-Bas. 2ᵐᵉ édit. Louvain, 1882-92, 2 vol. in-8.

933. C. Faider. Études sur les constitutions nationales. Bruxelles, 1842, in-8.

934. E. Poullet. Les constitutions nationales belges de l'ancien régime à l'époque de l'invasion française de 1794. Bruxelles, 1875, in-8. (Mém. Acad.).

935. L. Vanderkindere. Introduction à l'histoire des institutions de la Belgique au moyen âge. I (périodes celtique, romaine et franque). Bruxelles, 1890, in-8.

936. A. Kluit. Historie der hollandsche staatsregeering tot aan het jaar 1795. Amsterdam, 1802-5, 5 vol. in-8. (P. J.)

937. J. De Bosch-Kemper. Staatkundige geschiedenis van Nederland tot 1830. Amsterdam, 1868, in-8.

938. J. J. de la Bassecour Caan. De regeeringsvorm van Nederland van 1515 tot heden. 3ᵐᵉ édit. 's Gravenhage, 1880, in-8.

Les institutions au moyen âge.

939. S. Fockema Andreae. De ministerialiteit in Nederland. (Berichten en mededeelingen Acad. Wetensch., 1896).

940. L. Vanderkindere. Les tributaires ou serfs d'église en Belgique au moyen âge. Bruxelles, 1897, in-8. (Bullet. Acad.).

941. Jul. de Saint-Genois. Histoire des avoueries en Belgique. Bruxelles, 1837, in-8.

942. H. Radier. De voogdij in ons land gedurende de middeleeuwen. Amsterdam, 1881, in-8.

943. F. De Potter. Geschiedenis van het schependom in de belgische gewesten tot het einde der XVIIIᵉ eeuw. Brussel, 1881, in-8. (Mém. Acad.).

944. J. C. De Jonge. Over den invloed des Derden Staats in de

Staatsvergaderingen in Brabant, Vlaanderen, Holland en Zeeland.
Dordrecht, 1825, in-8. (Nieuwe werken van de maatschappij der
Nederl. letterk. te Leiden). — Add. n° 950 et suiv.

945. P. H. ENGELS. Geschiedenis der belastingen in Nederland
van de vroegste tijden tot op heden. Rotterdam, 1848, in-8. —
F. N. SICKENGA. Bijdrage tot de geschiedenis der belastingen in
Nederland. Leiden, 1864, in-8.

946. F. J. C. VAN ZENNICQ BERGMAN. De oorsprong van het
Tiendrecht en het Recht van collatie in Nederland. 's Hertogenbosch, 1863, in-8. — J. VAN DER GRAFT. Geschiedenis der wetgeving
op de tienden hier te lande, inzonderheid in Holland en Zeeland.
Middelburg, 1856, in-8.

947. J. J. PROOST. Histoire du droit d'asile religieux en Belgique.
Gand, 1870, in-8.

948. R. W. TADAMA. Geschiedenis van het Veemgerigt en van het
latere duitsche Rijks-kamergerigt in hunne betrekking tot Nederland. Leiden, 1857, in-8. (Nieuwe reeks van werken van de maatschappij der Nederl. letterk. te Leiden).

949. J. J. PROOST. Les tribunaux ecclésiastiques en Belgique.
(Annales de l'Acad. d'archéolog. d'Anvers, 2. VIII).

950. S. P. ERNST. Vers quel temps les ecclésiastiques commen-
cèrent-ils à faire partie des États de *Brabant?* Quels furent ces ecclésiastiques et quelles ont été les causes de leur admission. Bruxelles,
1783, in-4. (Mém. Acad.). — J. B. ENGELS. Mémoire sur la même
question que le précédent. Bruxelles, 1783, in-4. (Mém. Acad.). —
S. P. ERNST. Mémoire historique sur le Tiers-état de *Brabant.*
Maestricht, 1788, in-8. — A. HEYLEN. Commentarius de origine
tertii status populum repraesentantis in comitiis ordinum ducatus
Brabantiae. Bruxelles, 1841, in-4. (Mém. Acad.). — GACHARD.
Mémoire sur la composition et les attributions des anciens États de
Brabant. Bruxelles, 1843, in-4. (Mém. Acad.). — Add. n° 944.

951. E. POULLET. Mémoire sur la Joyeuse entrée ou constitution
brabançonne. Bruxelles, 1862, in-4. (Mém. Acad.).

952. A. WAUTERS. Le duc Jean I et le *Brabant* sous le règne de ce
prince. Bruxelles, 1862, in-8. (Mém. Acad.).

953. A. DE RYCKEL. La cour féodale de l'ancien duché de *Limbourg.* Liège, 1895, in-8. (Bullet. de la Soc. d'art et d'hist. du dioc.
de Liège, IX).

954. L. A. Warnkoenig et Gheldolf. Histoire de la *Flandre* et de ses institutions civiles et politiques. Voy. n° 609.

955. [P. J. Zaman]. Exposition des trois États du païs et comté de *Flandres*. S. l., 1711, in-8.

956. A. Pinchart. Notice historique sur la Chambre légale de *Flandre*. (Bullet. Acad. 1849).

957. T. de Limbourg-Stirum. La cour des comtes de *Flandre*. Leurs officiers héréditaires. I. Le chambellan de Flandre. Gand, 1868, in-8. (P. J.).

---

958. G. Müller. Die Entwickelung der Landeshoheit in *Geldern* bis zur Mitte des XIV Jahrhunderts. Marburg, 1889, in-8.

959. Th. Van Riemsdijk. De hooge bank van het Veluwsche landgericht te Engelanderholt. Utrecht, 1874, in-8.

---

960. W. E. Berg. De vectigalibus et tributis in *Hollandia* tempore comitum et Reipublicae. Amstelodami, 1834, in-8.

961. P. J. Blok. De financiën van het graafschap *Holland*. (Bijdragen voor vaderl. geschiedenis, 1886).

962. H. G. Hamaker. Over de huslotha, de vronescoud en de beden in *Holland*. (Bijdragen voor vaderl. geschied., 1889).

963. R. Fruin. Over het jaargeding in *Holland en Zeeland*. (Bijdragen voor vaderl. geschied. 1888).

---

964. A. Wohlwill. Die Anfänge der landständischen Verfassung im Bisthum *Lüttich*. Leipzig, 1867, in-8. — A. Hansay. Les origines de l'*État liégeois*. (Revue de l'Instruction publique en Belgique, 1900).

965. C. de Borman. Les échevins de la souveraine justice de *Liège*. Liège, 1892-99, 2 vol. in-4.

Add. n° 890.

---

966. M. Mohr. Die Finanzverwaltung der Grafschaft *Luxembourg* im Beginn des XIV Jahrhunderts. Jena, 1892, in-8.

967. K. von Richthofen. Untersuchungen über *Friesische* Rechtsgeschichte. Voy. n° 874.

968. P. J. Blok. *Friesche* toestanden in de middeleeuwen. (Bijdragen voor vaderl. geschied., 1890).

Les institutions depuis l'époque bourguignonne.

969. Van Maanen. De supremo Mechliniensi consilio. Trajecti-ad Rhenum, 1824, in-8. — A. Matthieu. Histoire du Grand conseil de Malines. Bruxelles, 1874, in-8. (Annales de l'Acad. d'Archéolog. d'Anvers). — F. Brabant. Le Grand conseil de Philippe le Bon. (CRH. 4. V et 5. I). — J. Frederichs. Le Grand conseil ambulatoire des ducs de Bourgogne. (CRH. 4. XVII et 5, I, II). — A. Gaillard. L'origine du Grand conseil et du Conseil privé (CRH. 5. VI). — E. Lameere. L'origine du Grand conseil ambulatoire et du Conseil privé. (Rev. de l'Univ. de Bruxelles, 1897). — Le Grand conseil des ducs de Bourgogne. Bruxelles, 1900, in-8.

970. V. Gaillard. L'audience du comte. Origine du Conseil de Flandre. (Bullet. Acad. 1. XXI). — J. F. Foppens. Histoire du Conseil de Flandre. Bruxelles, 1869, in-8. — Ganser. Le Conseil de Flandre. Gand, 1846, in-8. (Belgique judiciaire, IV). — A. Matthieu. Histoire du Conseil de Flandre. Anvers, 1879, in-8. (Annales de l'Acad. d'Archéolog. d'Anvers).

971. A. Gaillard. Le Conseil de Brabant. Histoire, organisation, procédure. I. Bruxelles, 1898, in-4.

972. A. Pinchart. Histoire du Conseil souverain de Hainaut. Bruxelles, 1858, in-8. (Mém. Acad.).

973. N. Van Werveke. Le Conseil provincial de Luxembourg avant sa réorganisation par Charles-Quint. (Publicat. de l'Instit. de Luxembourg, 1889).

974. J. Borgnet. De l'Origine du Conseil provincial de Namur. (Annales de la Soc. archéolog. de Namur, X, 1870). — Lelièvre. Le Conseil de Namur. (Ibid. IX).

975. T. Boey. De oudheid van den Hove van Holland. 's Gravenhage, 1761, in-4. — Th. Van Riemsdijk. De oorsprong van het Hof van Holland. (Geschiedkundige opstellen aan R. Fruin aangeboden. 's Gravenhage, 1894, in-8).

976. G. van Hasselt. Oorsprong van het Hof van Gelderland. Arnhem, 1793, in-8. (P. J.). — P. Nijhoff. Bijdragen tot de geschiedenis van het voormalig Hof van Gelderland. Arnhem, 1855, in-8. — É. Van den Bussche. Le Conseil de Gueldre. Bruges, 1886, in-8.

977. L. Tierenteyn. Histoire des origines, des développements

et du rôle des officiers fiscaux près les conseils de justice dans les anciens Pays-Bas, depuis le XVᵉ siècle jusqu'à la fin du XVIIIᵉ. Bruxelles, 1891, in-8. (Mém. Acad.). — P. ALEXANDRE. Même sujet. (Ibid.).

978. E. LAMEERE. Essai sur l'origine et les attributions de l'audiencier. (Rev. de l'Univ. de Bruxelles, 1896). — Documents inédits pour servir à l'histoire... de l'audiencier. Bruxelles, 1897, in-8. (CRH. 5. VII).

979. P. ALEXANDRE. Histoire du Conseil privé dans les anciens Pays-Bas. Bruxelles, 1895, in-8. (Mém. Acad.).

980. GACHARD. Précis du régime provincial de la Belgique avant 1794. (Coll. de docum. inéd. I. Voy. n° 223).

981. GACHARD. Notice historique sur les anciennes Chambres des comptes de Belgique. Bruxelles, 1836, in-fol.

> Publié comme préface de l'Inventaire des archives des Chambres des comptes. Voy. n° 231.

982. GACHARD. Des anciennes assemblées nationales de la Belgique. Bruxelles, 1837-41, in-8.

983. TH. JUSTE. Histoire des États-généraux des Pays-Bas (1465-1790). Bruxelles et Paris, 1864, in-8.

984. R. FRUIN. De zeventien provinciën en haar vertegenwoordiging in de Staten-Generaal. (Bijdragen voor vaderl. geschiedenis, 1893).

985. L. DEBAECKER. De l'organisation politique, administrative et judiciaire de la Belgique pendant les trois derniers siècles. Paris, 1841, in-8.

986. G. BIGWOOD. Les impôts généraux dans les Pays-Bas autrichiens. Louvain, 1900, in-8.

Les constitutions urbaines.

987. GACHARD. Précis du régime municipal de la Belgique avant 1794. (Collect. de documents inéd. III. Voy. n° 223). — W. A. ARENDT. Ueber Verfassung und Geschichte der Städte in Belgien. (Historisches Taschenbuch de Von Raumer. Leipzig, 1845, 1848).

> Ces deux ouvrages sont importants pour l'histoire constitutionnelle des villes au XVIIᵉ et au XVIIIᵉ siècle.

988. A. Wauters. Les libertés communales. Bruxelles, 1878, in-8. — Preuves. Bruxelles, 1869, in-8.

> L'ouvrage a vieilli, mais le recueil des preuves conserve une grande valeur, bien que les documents qu'il renferme ne soient pas toujours publiés avec assez de soin. Voy. G. Waitz dans les Göttingische gelehrten Anzeiger, 1872.

989. L. Vanderkindere. Notice sur l'origine des magistrats communaux et sur l'organisation de la marke dans nos contrées au moyen âge. Bruxelles, 1874, in-8. (Bullet. Acad.).

990. F. Frensdorff. Aus Belgischen Städten und Stadtrechten. Leipzig, 1878, in-8. (Hansische Geschichtsblätter).

991. B. J. Lintelo de Geer. De opkomst der steden in Nederland tot het einde der XIIIᵉ eeuw. (Nieuwe bijdragen voor rechtsgeleerdheid en wetgeving, X, 1884).

992. S. J. Fockema Andreae. Het wezen en de beteekenis der verleening van stadsrechten in Nederland. Leiden, 1891, in-8. (Handelingen der maatschappij van nederl. letterk.).

993. K. Hegel. Städte und Gilden der germanischen Völker im Mittelalter. Leipzig, 1891, 2 vol. in-8. (t. II).

994. H. Pirenne. L'origine des constitutions urbaines au moyen âge (Revue Historique, LIII, LVII, 1893, 1895). — Villes, marchés et marchands au moyen âge (Ibid. LXVII, 1898).

> Bien que ces études envisagent en général la question des origines des institutions urbaines, elles se rapportent plus spécialement aux villes belges.

995. G. Des Marez. Histoire de la propriété foncière dans les villes du moyen âge. Voy. n° 897.

996. C. J. Fortuijn. De gildarum historia, forma et auctoritate politica, medio imprimis aevo. Amstelodami, 1834, in-8.

997. H. O. Feith. De gildis Groninganis. Groningen, 1838, in-8.

998. A. Wauters. Les gildes communales au XIᵉ siècle. Bruxelles, 1874, in-8. (Bullet. Acad.).

999. K. W. Nitzsch. Ueber die niederdeutschen Genossenschaften des XII und XIII Jahrhunderts. (Sitzungsberichte der Berliner Akad. 1879). — Ueber Niederdeutsche Kaufgilden. (Ibid. 1880). — Die Niederdeutsche Kaufgilde. (Zeitschrift der Savigny Stiftung für Rechtsgeschichte, 1892).

1000. H. Vander Linden. Les gildes marchandes dans les Pays-Bas au moyen âge. Gand, 1896, in-8.

1001. C. Koehne. Das Hansgrafenamt. (Livre VII : Das Hansgrafenamt in den Niederlanden). Berlin, 1893, in-8.

1002. H. Pirenne. La Hanse flamande de Londres. Bruxelles,
1899, in-8. (Bullet. Acad.). — Les comtes de la hanse de Saint-Omer.
(Ibid.). — K. Höhlbaum. Ueber die Flandrische Hanse von London.
(Hansische Geschichtsblätter, XXVI, 1899).

1003. Brun-Lavainne. Mémoire sur les institutions communales
de la France et de la Flandre au moyen âge. Lille, 1857, in-8.

1004. Histoire des constitutions urbaines de Gand, Bruges,
Ypres et des autres villes flamandes dans Warnkoenig, Flandrische
Staats- und Rechtsgeschichte. Voy. n° 600.

> La traduction de Gheldolf ne contient que l'histoire constitution-
> nelle de Gand, Bruges et Ypres.

1005. C. L. Diericx. Mémoires sur les lois des Gantois. Gand,
1817-18, 2 vol. in-8.

1006. L. Cellier. Une commune flamande. Histoire des institutions de Valenciennes. Voy. n° 730.

1007. A. Giry. Histoire de la ville de Saint-Omer. Voy. n° 651.

1008. H. Pirenne. Histoire de la constitution de la ville de
Dinant au moyen âge. Voy. n° 702.

1009. H. Vander Linden. Histoire de la constitution de la ville
de Louvain au moyen âge. Voy. n° 591.

1010. J. Borgnet et St. Bormans. La commune de Namur au
XIVᵉ et au XVᵉ siècle. Namur, 1876, in-8. (Introduction du n° 448).

1011. G. Kurth. La loi de Beaumont en Belgique. Bruxelles,
1881, in-8. (Mém. Acad.).

1012. K. Fruin. Eene hollandsche stad [Leiden] in de middeleeuwen. (Gids, 1873). — P. J. Blok. Eene hollandsche stad in de
middeleeuwen. — Eene hollandsche stad onder de boergondische
heerschappij. Voy. n° 768.

1013. S. Muller. Recht en rechtsspraak, te Utrecht in de middeleeuwen. Voy. n° 883.

1014. C. de Borman. Les échevins de la souveraine justice de
Liège. Introduction. Voy. n° 965.

1015. P. Scheltema. De oudste rechten van Amsterdam. Amsterdam, 1875, in-8.

1016. A. Telting. Het oud Friesche stadrecht. 's Gravenhage, 1882, in-8.

1017. S. Gratama. Ontstaan en ontwikkeling van het stadsbestuur te Groningen. (Bijdragen voor vaderl. geschied. 1892).

N. B. Je n'ai cité ici que les monographies d'histoire locale s'attachant spécialement à l'étude des constitutions urbaines. On trouvera naturellement épars dans la plupart des travaux indiqués page 56 et suiv. des renseignements, de valeur d'ailleurs fort diverse, sur les institutions municipales.

Institutions militaires.

1018. G. Köhler. Die Entwickelung des Kriegswesens und der Kriegführung in der Ritterzeit. II. Breslau, 1886, in-8.

Batailles de Woeringen, de Courtrai, de Mons-en-Pevèle, de Roosebeke.

1019. C. J. Sickesz. De schutterijen in Nederland. Utrecht, 1864, in-8.

1020. H. M. J. van Asch Van Wijn. De schut- of schuttersgilden in Nederland. Utrecht, 1849-1851, 2 vol. in-8. (P. J.).

1021. J. Borgnet. Histoire des compagnies militaires de Namur. Bruxelles, 1852, in-4. (Mém. Acad.).

1022. J. Huyttens. Recherches sur l'organisation militaire de la ville de Gand au moyen âge. (Messager des sciences hist. 1858).

1023. L. Devillers. Notice historique sur la milice communale et les compagnies militaires de Mons. Mons, 1862, in-8.

1024. G. N. de Stoppelaar. Het Schuttersgilde van den edelen handboog te Middelburg. Middelburg, 1886, in-8.

1025. G. Guillaume. Histoire de l'organisation militaire sous les ducs de Bourgogne. Bruxelles, 1848, in-4. (Mém. Acad.).

1026. G. Guillaume. Histoire des bandes d'ordonnance des Pays-Bas. Bruxelles, 1873, in-4. (Mém. Acad.).

1027. G. Guillaume. Histoire de l'infanterie wallonne sous la maison d'Espagne (1500-1800). Bruxelles, 1878, in-4. (Mém. Acad.).

1028 E. Poswick. Histoire des troupes liégeoises pendant le XVIIIᵉ siècle. Liège, 1893, in-4.

1029. P. Henrard. Histoire de l'artillerie en Belgique depuis son origine jusqu'au règne d'Albert et d'Isabelle. Bruxelles, 1865, in-8. (Annales de l'Acad. d'archéologie d'Anvers).

1030. J. Garnier. L'artillerie des ducs de Bourgogne. Paris, 1895, in-8.

1031. J. de la Chauvelays. Étude sur les armées des ducs de Bourgogne. Paris, 1881, in-8. — Mémoire sur la composition des armées de Charles le Téméraire. (Mémoires de l'Académie de Dijon, 1879). — Les armées des trois premiers ducs de Bourgogne de la maison de Valois. (Ibid. 1880).

5. Histoire économique.

(Cf. Dahlmann-Waitz-Steindorff, Nos 1482-1598; Monod, Nos 1339-1361).

1032. A. J. L. Van den Bogaerde de ter Brugge. Essai sur l'importance du commerce, de la navigation et de l'industrie des Pays-Bas, depuis les temps les plus reculés jusqu'en 1830. La Haye, 1845, 3 vol. in-8.

1033. E. W. de Rooy. Geschiedenis van den Nederlandschen handel. Amsterdam, 1856, in-8.

1034. K. K. Douw Van der Krap. Geschiedenis van Nederlands koophandel. Zierikzee, 1854, in-8.

1035. H. J. Koenen. Voorlezingen over de geschiedenis des Nederlandschen handels. Amsterdam, 1853, in-8.

1036. H. J. Koenen. Voorlezingen over de geschiedenis der nijverheid in Nederland. Haarlem, 1858, in-8.

1037. E. Van Bruyssel. Histoire du commerce et de la marine en Belgique. Bruxelles, 1861-65, 3 vol. in-8.

1038. J. Dirks. De koophandel der Friezen van de vroegste tijden tot aan de dood van Karel den Grooten. Utrecht, 1846, in-8.

1039. J. Finot. Étude historique sur les relations commerciales entre la France et la Flandre au moyen âge. Paris, 1894, in-8. (Extrait des Annales du Comité flamand de France).

1040. J. Finot. Étude historique sur les relations commerciales entre la Flandre et l'Espagne au moyen âge. Paris, 1890, in-8. (Extrait des mêmes Annales que le précédent).

1041. J. J. Altmeyer. Histoire des relations commerciales et diplomatiques des Pays-Bas avec le Nord de l'Europe pendant le XVIᵉ siècle. Bruxelles, 1840, in-8. (P. J.).

1042. de Reiffenberg. Coup d'œil sur les relations qui ont existé jadis entre la Belgique et le Portugal. Bruxelles, 1841, in-4. (Mém. Acad.). — É. Vanden Bussche. Mémoire sur les relations entre les Flamands et les Portugais. 2ᵐᵉ édit. Bruges, 1874, in-8.

1043. A. Pinchart. Du commerce des Belges avec les Vénitiens du XIIᵉ au XVIᵉ siècle. Gand, 1851. (Messager des sciences hist.).

1044. E. Varenbergh. Histoire des relations diplomatiques entre le comté de Flandre et l'Angleterre au moyen âge. Bruxelles, 1874, in-8.

> Ouvrage intéressant par les pièces justificatives presque toutes relatives à l'histoire du commerce, mais malheureusement mal publiées. Les plus importantes d'entre elles figurent sous une forme correcte dans C. Dehaisnes. Essai sur les relations commerciales de la ville de Douai avec l'Angleterre au moyen âge. Paris, 1865. (Mémoires du Comité des travaux historiques).

1045. G. Schanz. Englische Handelspolitik gegen Ende des Mittelalters. Leipzig, 1880-81, 2 vol. in-8.

1046. É. de Laveleye. Essai sur l'économie rurale de la Belgique. 2ᵉ édit. Paris, 1875, in-8. — Études d'économie rurale. La Néerlande. Bruxelles, 1864, in-12.

1047. H. J. Koenen. De Nederlandsche boerenstand historisch beschreven. Haarlem, 1858, in-8.

1048. V. Brants. Histoire des classes rurales aux Pays-Bas jusqu'à la fin du XVIIIᵉ siècle. Bruxelles, 1881, in-8. (Mém. Acad.).

1049. F. De Potter et J. Broeckaert. Geschiedenis van den Belgischen boerenstand tot op het einde der XVIIIᵉ eeuw. Bruxelles, 1881, in-8. (Mém. Acad.).

1050. L. A. Sloet van de Beele. De hof te Voorst. Amsterdam, 1865, in-4. (Verhand. Akad.).

1051. K. Lamprecht. Deutsches Wirthschaftsleben im Mittelalter. Leipzig, 1886, 4 vol. in-8.

1052. F. Vande Putte. Esquisse sur la mise en culture de la Flandre-Occidentale. Bruges, 1841, in-8. (Annales de la Soc. d'émulat. de Bruges).

1053. P. Errera. Les Masuirs. Recherches sur quelques vestiges des formes anciennes de la propriété en Belgique. Bruxelles, 1891, 2 vol. in-8.

1054. P. Errera. Les Waréchaix. Étude de droit foncier. (Annales de la Société archéologique de Bruxelles, VIII).

1055. Ch. Duvivier. Hospites. Défrichements en Europe aux XIe, XIIe et XIIIe siècles. (Revue d'histoire et d'archéologie, 1859).

1056. A. Hansay. Étude sur la formation et l'organisation économique du domaine de l'abbaye de Saint-Trond depuis les origines jusqu'à la fin du XIIIe siècle. Gand, 1899, in-8.

1057. J. Halkin. Étude historique sur la culture de la vigne en Belgique. Liège, 1895, in-4. (Soc. d'art et d'hist. du diocèse de Liège).

1058. A. Pleyte. De rechtstoestand der marken in Nederland. Leiden, 1879, in-8. — J. Mulder. Bijdrage tot de kennis van den rechtstoestand der marken. Leiden, 1886, in-8.

———

1059. J. C Ramaer. Geographische geschiedenis van Holland bezuiden de Lek en Nieuwe Maas in de middeleeuwen. Amsterdam, 1900, in-4. (Verhand. Akad.).

1060. R. Westerhoff. Twee hoofdstukken uit de geschiedenis van ons dijkwezen. Groningen, 1865, in-8.

1061. G. de Vries. Het dijks- en molenbestuur in Hollands Noorderkwartier. Amsterdam, 1876, in-4. (Verhand. Akad.).

1062. J. Hingman. De Zuidhollandsche dijken in 1451. 's Gravenhage, 1885, in-8.

1063. L. Gilliodts van Severen. Bruges port de mer. Étude historique sur l'état de cette question principalement pendant le XVIe siècle. Bruges, 1895, in-8. (Annales de la Soc. d'Émulation de Bruges).

1064. J. B. Coomans. Notices sur les grandes inondations qui ont affligé les provinces belges depuis les temps les plus reculés. Bruxelles, 1837, in-8. (Revue de Bruxelles). — K. Torfs. Historische schets der watervloeden in Belgie en Holland. Antwerpen, 1850, in-8.

———

1065. J. C. De Jonge. Geschiedenis van het Nederlandsche zeewezen. 's Gravenhage, 1833-48, 6 vol. in-8.

1066. H. J. Koenen. Voorlezingen over de geschiedenis van scheepbouw en zeevaart. Amsterdam, 1854, in-8.

1067. J. J. Backer Dirks. De Nederlandsche zeemacht van de vroegste tijden tot den tegenwoordigen tijd. 2e édit. 's Gravenhage, 1891, 2 vol. in-8.

———

1068. F. Hénaux. La houillerie au pays de Liège. Liège, 1861, in-8. — St. Bormans. Vocabulaire des houilleurs liégeois. Liège, 1874, in-8. — G. Decamps. L'origine et les développements de l'industrie houillère dans le bassin du couchant de Mons. Mons, 1880, 2 vol. in-8. (Mém. de la Soc. des sciences du Hainaut).

1069. G. van Loon. Beknopte verhandeling van de week- en jaarmarkten en kermissen in Holland. Leiden, 1743, in-8.

1070. B. van Rijswijk. Geschiedenis van het Dordtsche stapelrecht. 's Gravenhage, 1900, in-8.

1071. R. Ehrenberg. Maklers, Hosteliers und Börse in Brügge vom XIII bis zum XIV Jahrhundert. (Zeitschrift für das gesammte Handelsrecht, 1885).

1072. D. Groebe. Beantwoording der prijsvraag over de munten en hetgeen daartoe betrekking heeft sedert 1500 tot den jare 1621 ingesloten. Brussel, 1835, in-4. (Mém. Acad.).

1073. St. Beissel. Geldwerth und Arbeitslohn im Mittelalter. Eine kulturgeschichtliche Studie im Anschluss an Baurechnungen der Kirche des H. Victor zu Xanten. Freiburg i. B., 1884, in-8.

1074. A. Hollestelle. Het schild en de daarmede in verband staanden pondenstelsels. Tholen, 1892, in-8. — De drie merkwaardige schellingen : het Schild, het Lam en de gulden van gewicht, of de munten van 3, 2 1/2 en 2 tremissen met daarmede in verband staande pondenstelsels. Tholen, 1896, in-8.

1075. J. A. Sillem. Onderzoek naar loonen en prijzen van levensmiddelen in XIVᵉ eeuwsche Nederlandsche bronnen. (Verslagen en mededeelingen der Kon. Akad. van Wetensch. 1895, 1898).

1076. R. Chalon. Recherches sur la valeur intrinsèque du florin de Brabant depuis le milieu du XVᵉ siècle jusqu'en 1794. (Revue de la numismatique belge, 1871).

1077. H. Denis. Les index numbers au XVIᵉ siècle en Flandre. (Annales de l'Institut des sciences sociales de Bruxelles, 1900).

D'après les matériaux recueillis par Gilliodts Van Severen, Bruges port de mer (nº 1063), p. 467 et suiv.

1078. M. Heins. La monnaie et le prix des choses à Gand au temps de Jacques Van Artevelde. Bruxelles, 1886, in-8.

1079. J. D. VEEGENS. De banken van leening in Noord-Nederland tot het einde der achttiende eeuw. Rotterdam, 1869, in-8.

1080. R. EHRENBERG. Das Zeitalter der Fugger. Geldkapital und Creditverkehr im XVI Jahrhundert. Jena, 1896, 2 vol. in-8.

1081. G. A. FOKKER. Geschiedenis der loterijen in de Nederlanden. Amsterdam, 1862, in-8.

———

1082. W. F. VERHOEVEN. Hoedanig was de staet van de handwerken en van den koophandel in de Nederlanden ten tijde van de XIIIe en XIVe eeuwen. Bruxelles, 1777, in-4. (Mém. Acad.).

1083. V. FRIS. Schets van den economischen toestand van Vlaanderen in het midden der XVe eeuw. Gent, 1900, in-8. (Vl. Akad.).

1084. DE REIFFENBERG. De l'état de la population, des fabriques et des manufactures dans les Pays-Bas pendant le XVe et le XVIe siècle. Bruxelles, 1822, in-4. (Mém. Acad.).

1085. DE REIFFENBERG. Essai sur la statistique ancienne de la Belgique jusque vers le XVIIe siècle. Bruxelles, 1832-35. (Mém. Acad.).

1086. N. BRIAVOINNE. Sur l'état de la population, des manufactures et du commerce dans les provinces des Pays-Bas depuis Albert et Isabelle jusqu'à la fin du siècle dernier. Bruxelles, 1841, in-4. (Mém. Acad.).

1087. A. LEVAE. Recherches historiques sur le commerce des Belges aux Indes pendant le XVIIe et le XVIIIe siècle. Bruxelles, 1842, in-8. (Trésor National).

1088. A. HANSAY. Contribution à l'histoire du système mercantile dans la principauté de Liège. (Bulletin de l'Institut archéolog. liégeois, XXIX, 1900).

1089. J. F. WILLEMS. Oude bevolking der provincie Antwerpen. (Mengelingen van historisch vaderlandschen inhoud. Antwerpen, 1827-30, in-8. — Statistique du duché de Brabant. (Dans les Brabantsche Yeesten, par JAN DE KLERK. Bruxelles, 1839, in-4. Voy. n° 208).

———

1090. P. P. M. ALBERDINCK-THIJM. De gestichten van liefdadigheid in België van Karel den Groote tot aan de XVIe eeuw. Bruxelles, 1883, in-4. (Mém. Acad.).

7

1091. J. De Damhoudere. Patrocinium pupillorum. Brugis, 1544, in-fol.

1092. E. Bergsma. Over de weeskamers, zooals die vroeger in Holland en Zeeland bestonden. Utrecht, 1855, in-8.

1093. C. Carton. De l'état ancien de la mendicité dans la province de la Flandre occidentale. (Bullet. de la commission centrale de statistique, 1851).

1094. P. C. Vander Meersch. De l'état de la mendicité et de la bienfaisance dans la province de la Flandre orientale depuis le règne de Marie-Thérèse jusqu'à nos jours (1740-1850). (Bullet. de la commission centrale de statistique, 1852).

1095. S. Muller. Geschiedenis der Fundatiën beheerd door het college van regenten der vereenigde gods- en gasthuizen te Utrecht. Utrecht, 1900, in-8.

———

1096. A. von Wersebe. Ueber die Niederländischen Kolonien welche im nördlichen Teutschlande im XII Jahrhundert gestiftet worden. Hannover, 1815-16, 2 vol. in-8.

1097. É. de Borchgrave. Histoire des colonies belges qui s'établirent en Allemagne pendant le XIIe et le XIIIe siècles. Bruxelles, 1865, in-4. (Mém. Acad.).

1098. C. Grünhagen. Mémoire sur les colonies wallonnes de la Silésie. Bruxelles, 1867, in-4. (Mém. Acad.).

1099. É. de Borchgrave. Coup d'œil sur les colonies belges qui s'établirent en Angleterre pendant le moyen âge. (Bullet. de l'Acad. d'archéolog. d'Anvers, I).

1100. É. de Borchgrave. Histoire des colonies belges qui s'établirent en Hongrie et en Transylvanie pendant les XIe, XIIe et XIIIe siècles. Bruxelles, 1871, in-4. (Mém. Acad.).

1101. R. Sebicht. Die Cistercienser und die Niederländischen Kolonisten in der Goldnen Aue im XII Jahrhundert. Halle, 1887, in-8.

1102. R. Schroeder. Die Niederländischen Kolonien im Norddeutschland zur Zeit des Mittelalters. Berlin, 1880, in-8.

1103. T. Rudolph. Die Niederländischen Kolonien der Altmark Brandenburg im XII Jahrhundert. Berlin, 1889, in-8.

1104. L. O. Schulze. Niederländische Siedelungen in den Marschen an der unteren Weser und Elbe im XII und XIII Jahrhundert. Breslau, 1889, in-8.

1105. Vogel. Ländliche Ansiedelungen der Niederländer und anderer deutscher Stämme in Nord- und Mitteldeutschland während den XII u. XIII Jahrhunderten. Döbeln, 1897, in-4.

A consulter pour la bibliographie.

1106. A. Vanhoutte. Le droit flamand et hollandais dans les chartes de colonisation en Allemagne aux XII⁰ et XIII⁰ siècles. (Annales de la Soc. d'Émulation de Bruges, XLIX, 1900).

———

1107. F. L. Berg Van Middelburgh. De Nederlanden en het Hanseverbond. Utrecht, 1833, in-8.

1108. J. J. Altmeyer. Histoire de la Hanse teutonique dans ses relations avec la Belgique. Bruxelles, 1835, in-8. (Extrait de la Revue Belge).

1109. J. J. Altmeyer. Des causes de la décadence du Comptoir hanséatique de Bruges et de sa translation à Anvers au XVI⁰ siècle. Bruxelles, 1843. (Trésor national). — Histoire du Comptoir hanséatique d'Anvers. Bruxelles, 1848. (Revue commerciale).

1110. L. Ennen. Zur Geschichte der Hansischen Häuser zu Brügge und Antwerpen. (Hansische Geschichtsblätter, 1873). — C. Wehrmann. Die Gründung des Hanseatischen Hauses in Antwerpen. (Ibid.).

1111. W. Stein. Die Genossenschaft der deutschen Kaufleute zu Brügge in Flandern. Berlin, 1890, in-8.

1112. E. Remus. Die Hanse und das Kontor zu Brügge am Ende des XV Jahrhunderts. (Zeitschrift des Westpreussischen Geschichtsvereins, XXXI).

———

1113. Ch. Rahlenbeck. Les réfugiés belges [du XVI⁰ siècle] en Angleterre. (Revue Trimestrielle, 1865).

1114. J. S. Burn. History of the French, Walloon, Dutch and other Protestant Refugees settled in England from Henri VIII to the revocation of the Edict of Nantes. London, 1846, in-8.

1115. W. Cunningham. Alien immigrants to England. London, 1897, in-8.

1116. Documents relatifs aux réfugiés publiés par Kuyper, H. Q. Janssen et J. J. van Toorenenbergen dans les Werken der Marnix-Vereeniging. Utrecht, 1870-89.

———

1117. H. J. Koenen. Geschiedenis der Joden in Nederland. Utrecht, 1843, in-8. — de Reiffenberg. De l'état politique des Juifs aux Pays-Bas, principalement pendant le moyen âge. (Nouv. arch. hist. 1830). — H. Van Wijn. Iets nopens de vroegere geschiedenis der Joden hier te lande. (H. Van Wijn. Huiszittend leven. I. Amsterdam, 1801). — L. G. Visscher. Chronologische tafel voor de geschiedenis der Israëliten in Nederland. Utrecht, 1850, in-8. — E. Ouverleaux. Notes et documents sur les Juifs de Belgique sous l'ancien régime. Paris, 1883, in-8. (Rev. des études juives).

1118. J. Dirks. Geschiedkundige onderzoekingen aangaande het verblijf der Heidens of Egyptiërs in de Noordelijke Nederlanden. Utrecht, 1850, in-8. — Add. Le même : Bijdrage voor vaderl. geschied. 1850, 1856 et Sloet van de Beele, ibid. 1847.

1119. L. Pycke. Mémoire sur les métiers dans les Pays-Bas. Bruxelles, 1827, in-4. (Mém. Acad.).

1120. H. Houck. De collegiis opificum et mercatorum in patria nostra. Daventriae, 1846, in-8.

1121. J. Borgnet. Les métiers de Namur. (Messager des sciences hist. 1847).

1122. J. Gailliard. De ambachten en neringen van Brugge of beschryving hunner opkoomst, bloei, werkzaemheden, gebruiken en voorregten. Brugge, 1854, in-8.

1123. F. De Vigne. Recherches historiques sur les costumes civils et militaires des gildes et des corporations de métiers. Gand, 1847, in-4. — Mœurs et usages des corporations de métiers. Gand, 1857, in-4.

1124. J. Huyttens. Recherches sur les corporations gantoises, notamment sur celles des tisserands et des foulons. Gand, 1861, in-4.

1125. Pagart d'Hermansart. Les anciennes communautés d'arts et métiers à Saint-Omer. Saint-Omer, 1879-1881. 2 vol. in-8. (Mém. de la Soc. des antiquaires de la Morinie).

1126. St. Bormans. Le bon métier des drapiers de la cité de Liège. Liège, 1866, in-8. — Glossaire technologique du métier des drapiers. Liège, 1867, in-8.

1127. St. Bormans. Le bon métier des tanneurs de l'ancienne cité de Liège. Liège, 1863, in-8.

1128. J. HALKIN. Le bon métier des vignerons de la cité de Liège et le métier des vignerons et coiteliers de la ville de Namur. Liège, 1895, in-8.

1129. DE CHESTRET DE HANEFFE. Les métiers de la ville de Huy. (Bullet. Acad. 1890).

1130. ED. PONCELET. Les bons métiers de la cité de Liège. (Bullet. de l'Institut archéologique liégeois, XXVIII, 1899).

1131. J. TER GOUW. De Gilden. Bijdrage tot de geschiedenis van het volksleven. Amsterdam, 1866, in-8. — A. J. M. BROUWER ANCHER. De gilden. 's Gravenhage, 1895, in-8.

1132. G. CRUTZEN. Dissertations sur les corporations de métier au XVIIIe siècle. (Rev. de l'Instr. publ. XXX, XXXI; Messager des sciences hist. 1887; Mém. de la Soc. des sciences du Hainaut, 1890).

1133. P. A. WINS. L'organisation des métiers et la connétablie des boulangers à Mons. (Mémoires de la Soc. des sciences du Hainaut, 1894. — L. DEVILLERS. Réglementation du travail des gens de métier à Mons au XIVe siècle. (Annales du Cercle archéologique de Mons, XXIV, 1895).

1134. J. C. OVERVOORDE et J. G. JOOSTING. De gilden van Utrecht tot 1528. 's Gravenhage, 1897, in-8. (Partie du n° 477).

1135. GILLÈS DE PÉLICHY. L'organisation du travail dans les ports flamands sous l'ancien régime et à l'époque moderne. Louvain, 1899, in-8.

---

6. Histoire ecclésiastique.

(Cf. Dahlmann-Waitz-Steindorff, N°s 1227-1268; Monod, N°s 1168-1296.)

1136. GAZET. Histoire ecclésiastique du Pays-Bas. Arras-Valenciennes, 1613-14, in-4.

1137. RAISSIUS. Belgica christiana. Duaci, 1634, in-4.

1138. A. BUCHERIUS. Belgium Romanum, ecclesiasticum et civile. Leodii, 1655, in-fol.

1139. Gallia Christiana in provincias ecclesiasticas distributa. Paris, 1715-1865, 16 vol. in-fol. (III. Province de Cambrai : évêchés de Cambrai, Tournai, Arras, Saint-Omer, Namur; Province de Cologne : évêchés de Cologne, Liège. V. Province de Malines : évêchés de Malines, Anvers, Gand, Bruges, Ypres, Ruremonde,

Bois-le-Duc. IX et X. Province de Reims : évêchés de Noyon, Thérouanne, Boulogne. XIII. Province de Trèves : évêché de Trèves).

1140. H. F. Van Heussen. Batavia sacra, sive res gestae apostolicorum virorum qui fidem Bataviae primi intulerunt. Bruxellae, 1714, in-fol. — Batavia sacra, of kerkelijke historie en oudheden van Batavia, behelzende de levens van onze eerste geloofsverkondigers, mitsgaders van de Utregtsche bisschoppen... Vertaald met aanteekeningen door H. V. R. [H. van Rijn]. Antwerpen-Leiden-Utrecht, 1715-44, 21 vol. in-8. — Historia episcopatuum Foederati Belgii, utpote metropolitani Ultrajectini, nec non suffraganeorum Harlemensis, Daventriensis, etc. Antverpiae, 1755, 2 vol. in-fol. — Kerkelijke historie der VII Vereenigde Provincien. Overgezet met aanteekeningen door H. V. R. [H. van Rijn]. Hierbij... verhandeling van het geld, enz. door Fr. van Mieris. Leiden, 1726, 6 tom. in-fol.

1141. F. W. Rettberg. Kirchengeschichte Deutschlands. Göttingen, 1846-48, 2 vol. in-8.

1142. J. Friedrich. Kirchengeschichte Deutschlands. Bamberg, 1867-69, 2 vol. in-8.

1143. A. Hauck. Kirchengeschichte Deutschlands. Leipzig, 1886-96, 3 vol. in-8.

1144. W. Moll. Kerkgeschiedenis van Nederland voor de Hervorming. Arnhem-Utrecht, 1864-71, 5 vol. in-8. — Traduct. allemande par Zuppke. Leipzig, 1895, in-8.

1145. L. G. Visscher. Voorlezingen over de geschiedenis der Roomsch-katholieke kerk in de Nederlanden. Utrecht, 1853-54, in-8. — F. Nippold. Die Römisch-Katholische Kirche in Nederland. Leipzig, 1877, in-8.

1146. A. Ypey et J. J. Dermout. Geschiedenis der Nederlandsche Hervormde kerk. Amsterdam, 1842-44, 4 vol. in-8.

1147. G. J. Vos. Geschiedenis der Vaderlandsche Kerk. Dordrecht, 1881-82, 2 vol. in-8.

1148. A. Havensius. Commentarius de erectione novorum in Belgio episcopatuum. Coloniae, 1609, in-4.

1149. Th. Gousset. Les actes de la province ecclésiastique de Reims ou anciens décrets des conciles, constitutions, statuts et lettres des évêques des différents diocèses qui dépendent ou qui dépendaient autrefois de la métropole de Reims. Reims, 1842-44, 4 vol. in-4.

1150. A. Le Glay. Cameracum christianum ou histoire ecclésiastique du diocèse de Cambrai. Lille-Paris, 1849, in-4. — E. Reusens. Pouillé de l'ancien diocèse de Cambrai. Origine à 1859. Louvain, 1900, in-8. (Annales pour servir à l'hist. ecclésiastique).

1151. Pour l'évêché de Tournai voy n° 618. — J. Vos. Les dignités et les fonctions de l'ancien chapitre de N. D. de Tournai. Lille, 1898, 2 vol. in-8.

1152. G. Henschenius. Exegesis historica de episcopatu Tungrensi et Trajectensi (AA. SS. Boll. Mai, XII). — A. Bucherius. Disputatio historica de primis Tungrorum seu Leodiensium episcopis. (Chapeaville, Gesta, etc. Voy. n° 201). — B. Fisen. Flores ecclesiae Leodiensis. Insulis, 1647, in-fol. — S. P. Ernst. Tableau historique et chronologique des suffragans ou co-évêques de Liège. Liège, 1806, in-8. — J. Daris. Histoire de l'évêché et de la principauté de Liège. Voy. n° 789. — X. Van den Steen de Jehay. La cathédrale de S. Lambert à Liège et son chapitre de tréfonciers. 2° édit. Liège, 1880, in-fol. — J. de Theux de Montjardin. Le chapitre de S. Lambert à Liège, Bruxelles, 1870-71, 4 vol. in-4. — J. Daris. Notices historiques sur les églises du diocèse de Liège. Voy. n° 790. — Add. n°s 779, 780, 781.

1153. G. Heda. De episcopis Ultrajectinis. Voy. n° 855. — T. T. H. Beelen. De bisschoppen van Utrecht en hun politiek bestaan. Amsterdam, 1855, in-8. — Hoynck van Papendrecht. Historia ecclesiae Ultrajectinae a tempore, mutatae religionis in Foederato Belgio. Mechliniae, 1725, in-fol. — Add. n°s 857, 859, 863, 864, 865, 867.

1154. C. Van Gestel. Historia sacra et profana archiepiscopatus Mechliniensis. Hagae Comitum, 1725, 2 vol. in-fol. — P. Claessens. Histoire des archevêques de Malines (1559-1881). Louvain, 1881, 2 vol. in-8.

1155. [J. F. Foppens]. Historia episcopatus Antverpiensis. Bruxellis, 1717, in-4. — J. C. Diercxsens. Antverpia Christo nascens et crescens seu acta ecclesiam Antverpiensem... concernentia. Antverpiae, 1773, 7 vol. in-8. — P. De Ram. Synopsis actorum ecclesiae Antverpiensis. Bruxellis, 1856, in-8.

1156. J. B. Kruger. Geschiedenis van het bisdom van Breda. Rosendael, 1872-88, 4 vol. in-8.

1157. E. A. Hellin. Histoire chronologique des évêques et du chapitre de l'église cathédrale de S. Bavon à Gand. Gand, 1772-77, 2 vol. in-8.

1158. G. de Meestere. Historia episcopatus Yprensis, éd. C. Carton et F. Vandeputte. Brugis, 1851, in-8. — A. C. de Schrevel. Histoire du séminaire de Bruges. Bruges, 1883-95, 2 vol. in-8.

1159. O. Bled. Les évêques de Saint-Omer depuis la chute de Térouanne, 1553-1619. Saint-Omer, 1899, in-8.

1160. J. Habets. Geschiedenis van het tegenwoordig bisdom Roermond en van de bisdommen die het in deze gewesten zijn voorafgegaan. Roermond, 1875-92. 3 vol. in-8.

1161. [J. F. Foppens]. Historia episcopatus Sylvaeducensis. Bruxellis, 1721, in-4. — L. H. C. Schutjes. Kerkelijke geschiedenis van het bisdom van 's Hertogenbosch. 's Hertogenbosch, 1870-81. 5 vol. et supplém. in-8. — Add. n° 163.

1162. Évêché de Haarlem. Voy. n° 775.

1163. J. Knippenbergh. Historia ecclesiastica ducatus Gelriae. Bruxellis, 1719, in-4.

1164. J. S. Magnin. Overzigt der kerkelijke geschiedenis van Drenthe. Groningen, 1855, in-8.

———

1165. W. Schultze. Forschungen zur Geschichte der Klosterreform im X Jahrhundert. Halle, 1883, in-8. — Gerhard von Brogne und die Klosterreform in Niederlothringen. (Forschungen zur Deutschen Geschichte, XXV).

1166. O. Sackur. Die Cluniacenser in ihrer kirchlichen und allgemeingeschichtlichen Wirksamkeit bis zur Mitte des elften Jahrhunderts. Halle, 1892-94, 2 vol in-8.

1167. R. Römer, Geschiedkundig overzigt van de kloosters en abdijen in de voormalige graafschappen van Holland en Zeeland. Leiden, 1854, 2 vol. in-8. (Nieuwe reeks van werken van de Maatschappij der Nederl. letterk. te Leiden).

1168. W. J. Hofdijk. De Kloosterorden in Nederland. Haarlem, 1867-74, in-8.

1169. U. Berlière. Monasticon belge. I. Provinces de Namur et de Hainaut. Maredsous, 1890-97, in-4.

Le meilleur ouvrage relatif à l'histoire monastique de la Belgique.

1170. J. P. R. Stephani. Mémoires pour servir à l'histoire monastique du Pays-de-Liège, éd. N. J. Alexandre. Liège, 1876-77, 2 vol. in-8.

1171. J. B. L. de Castillion. Sacra Belgii chronologica, continens ordine alphabetico omnium fere metropolitanarum, cathedralium et collegiatarum ecclesiarum origines et fundatores. Gandavi, 1719, in-8.

1172. Aub. Miraeus. Origines coenobiorum Benedictinorum in Belgio. Antverpiae, 1608, in-8.

1173. U. Berlière. Nombreuses études sur l'ordre bénédictin en Belgique dans la Revue Bénédictine de Maredsous. — Mélanges d'histoire bénédictine. Maredsous, 1897-99, 2 vol. in-8.

1174. J. Halkin. Les prieurés belges de l'ordre de Cluny. I. Les prieurés clunisiens de l'ancien diocèse de Liège. (Soc. d'art et d'hist. du diocèse de Liège, 1896).

1175. A. Raissius. Origines Cartusiarum Belgii. Duaci, 1632, in-4.

1176. G. Seguier. Infulae belgicae ordinis FF. praedicatorum. Tornaci, 1560, in-24. — Laurea belgica FF. ordinis praedicatorum in celeberr. Belgii universitatibus. Tornaci, 1659, in-24. — B. de Jonghe. Desolata Batavia Dominicana, seu descriptio brevis omnium conventuum et monasteriorum Sacri Ord. Praedicatorum, quae olim extiterunt in Belgio Confoederato, etc. Gandavi, 1717, in-8. — Belgium Dominicanum. Bruxellis, 1719, in-4.

1177. P. F. Dirks. Histoire littéraire et bibliographique des frères mineurs de l'observance de Saint-François en Belgique et dans les Pays-Bas. Anvers, 1886, in-8.

1178. F. N. de Tombeur. Provincia Belgica ordinis Fratrum Eremitarum. Lovanii (1717), in-fol.

1179. C. Hermans. Annales canonicorum regularium S. Augustini ordinis S. Crucis. Silvaeducis, 1858, 3 vol. in-8.

> Relatif aux Croisiers, ordre particulier aux Pays-Bas et aux Pays rhénans.

1180. Notices de Claessens sur les ordres franciscains, du Carmel, des FF. prêcheurs et de Prémontré en Belgique, dans les Précis historiques, 1882, 1883, 1885.

1181. U. Berlière. Documents inédits pour servir à l'histoire ecclésiastique de la Belgique. I. Maredsous, 1894, in-8.

1182. E. J. Diest-Lorgion. De voorbereiders der Kerkhervorming in Nederland. Groningen, 1851, in-8.

1183. J. J. Altmeyer. Les précurseurs de la Réforme aux Pays-Bas. Bruxelles, 1886, 2 vol. in-8.

1184. P. Fredericq. La question des indulgences dans les Pays-Bas au commencement du XVIe siècle. Bruxelles, 1899, in-8. (Bullet. Acad.). — Les comptes des indulgences en 1488 et en 1517-1519 dans le diocèse d'Utrecht. Bruxelles, 1899, in-8. (Mém. Acad.).

1185. J. G. de Hoop Scheffer. Geschiedenis der Kerkhervorming in Nederland tot 1531. Amsterdam, 1873, 2 vol. in-8.

1186. J. Reitsma. Geschiedenis van de Hervorming en de hervormde kerk der Nederlanden. 2e édit. I. Groningen, 1899, in-8.

1187. S. Blaupot ten Cate. Geschiedkundig onderzoek naar den Waldensischen oorsprong van de Nederlandsche Doopsgezinden. Amsterdam, 1844, in-8. — Geschiedenis der Doopsgezinden in Holland, Zeeland, Utrecht en Gelderland. Amsterdam, 1847, 2 vol. in-8. — Geschiedenis der Doopsgezinden in Friesland. Leeuwarden, 1839, in-8. — Geschiedenis der Doopsgezinden in Groningen, Overrijssel en Oost-Friesland. Groningen, 1842, 2 vol. in-8.

1188. H. Q. Janssen. De Kerkhervorming in Vlaanderen. Arnhem, 1868, 2 vol. in-8. — De Kerkhervorming te Brugge. Rotterdam, 1856, 2 vol. in-8. — W. Te Water. Historie van de Hervormde kerk te Gent. Utrecht, 1756, in-8. — Supplément par J. W. Te Water. Utrecht, 1794, in-8.

1189. J. W. Te Water. Kort verhaal der Reformatie van Zeelandt in de zestiende eeuw. Middelburg, 1766, in-8.

1190. E. J. Diest-Lorgion. Geschiedenis der Kerkhervorming in Friesland. Leeuwarden, 1842, in-8.

1191. D. Lenoir. Histoire de la Réformation dans l'ancien Pays de Liège. Bruxelles, 1861, in-8.

1192. F. Rutgers. Acta van de Nederlandsche synoden der XVIe eeuw. 's Gravenhage, 1889, in-8. — J. Reitsma et S. D. Van Veen. Acta der provinciale en particuliere synoden gehouden in de Noorderlijke Nederlanden (1572-1620). I. Groningen, 1892, in-8.

1193. Bibliographie des martyrologes protestants néerlandais. (Extrait de la Bibliotheca Belgica. Voy. no 11).

J. M. J. Hoog. Onze martelaren. (Nederlandsch archief voor Kerkgeschiedenis. I. 1900).

1194. P. Fredericq. Geschiedenis der inquisitie in de Nederlanden. Gent, 1892-97, 2 vol. in-8.

1195. P. Fredericq. Corpus documentorum inquisitionis haere-
ticae provitatis Neerlandicae. Gent, 1889-1900, 3 vol. in-8.

———

1196. P. Coens. Disquisitio historica de origine beghinarum et
beghinagiorum in Belgio. Leodii, 1629, in-8. — J. L. von Mosheim.
De begardis et beguinabus, éd. Martini. Lipsiae, 1790. — E. Hall-
mann. Geschichte des Ursprungs der Belgischen Beghinen. Berlin,
1843, in-8. — K. Wytsman. Des béguinages en Belgique. Gand,
1862, in-8. — C. B. De Ridder. Quelques notes sur l'origine des
béguines. (Analectes pour servir à l'hist. ecclésiastique de la Belgique, XII, 1875). Add. Reusens. Ibid. XX.

1197. P. Fredericq. De secten der geeselaars en der dansers in
de Nederlanden tijdens de XIVe eeuw. Brussel, 1897, in-4. (Mém.
Acad.). — P. Runge. Lieder und Melodien der Geisler des Jahres
1349... nebst... u. a. Beiträge zur Geschichte der deutschen und
niederländischen Geisler von H. Pfannenschmid. Leipzig, 1900, in-8.

1198. J. A. C. Hezenmans. Drie abdijen uit de XIIe eeuw. Eene
studie op den aard en de maatschappelijke beteekenis der klooster-
ordens in de middeleeuwen. Amsterdam, 1874, in-8.

1199. A. A. Van Otterloo. Joannes Ruysbroek. Amsterdam,
1874, in-8. — Nouv. édit. par Van Slee. Deventer, 1896, in-8.

1200. W. Preger. Beiträge zur Geschichte der religiösen Bewe-
gungen in den Niederlanden in der zweiten Hälfte der XIV Jahrhunderts. Munchen, 1874, in-4. (Abhandl. der Bayerischen Akademie).

1201. G. H. Delprat. Verhandeling over de broederschap van
G. Groote en over den invloed der Fraterhuizen op den wetenschap-
pelijken en godsdienstigen toestand voornamelijk van de Nederlanden na de XIVe eeuw. 2e édit. Arnhem, 1856, in-8. — G. Bonet-
Maury. De opera scholastica Fratrum vitae communis in Neder-
landia. Lutetiae, 1889, in-8. — Gérard de Groot. Un précurseur
de la réforme. Paris, 1878, in-8. — K. Grube. Gerhard Groot und
seine Stiftungen. Köln, 1883, in-8

1202. K. Grube. Johann Busch Augustinerpropst zu Hildesheim,
ein Katholischer Reformator des XV Jahrhunderts. Freiburg,
1881, in-8.

1203. J. Friedrich. Johann Wessel, ein Bild aus der Kirchengeschichte des XV Jahrhunderts. Regensburg, 1862, in-8.

1204. O. Clemen. Johann Pupper von Goch. Leipzig, 1896, in-8.

1205. Puyol. L'auteur du livre De Imitatione Christi. Paris. 1899-1900, 2 vol. in-8.

1206. K. Hirsche. Die Brüder des gemeinsamen Lebens. (Real Encycl. für Protestantische Theologie. 2ᵉ édit., II). — E. Möbius. Beiträge zur Charakteristiek der Brüder des gemeinsamen Lebens. Leipzig, 1888, in-8.

1207. A. Cauchie. Nicole Serrurier, hérétique du XVᵉ siècle. (Analectes pour servir à l'hist. ecclés. de la Belgique, 1893).

1208. P. Demeuldre. Frère Jean Angeli. Épisode des conflits entre le clergé séculier et le clergé régulier à Tournai (1482-1483). (CRH. 5. VIII).

1209. J. G. R. Acquoy. Het klooster te Windesheim en zijn invloed. Utrecht, 1875-80, 3 vol. in-8. — J. C. Van Slee. De Kloostervereeniging van Windesheim, eene filiaalstichting van de Broeders van het Gemeene-leven. Leiden, 1874, in-8.

1210. Johannes Busch. Chronicon Windeshemense und Liber de reformatione monasteriorum, éd. K. Grube. Halle, 1887, in-8.

1211. W. Moll. Johannes Brugman en het godsdienstig leven onzer vaderen in de XVᵉ eeuw. Amsterdam, 1854, 2 vol. in-8.

1212. A. Auger. Études sur les mystiques des Pays-Bas au moyen âge. Bruxelles, 1892, in-8. (Mém. Acad.).

1213. C. Sepp. Bibliotheek van Nederlandsche kerkgeschiedenis. Leiden, 1886, in-8.

1214. W. P. Knuttel. Nederlandsche bibliographie van kerkgeschiedenis. Amsterdam, 1889, in-8.

1215. Archief voor kerkelijke geschiedenis inzonderheid van Nederland, publ. par N. C. Kist et H. J. Rooijaards. Leiden, 1829-40, 20 vol. in-8. — Nieuw archief etc. 1851-54, 2 vol. in-8. — Kerkhistorisch archief, publ. par N. C. Kist et W. Moll. Amsterdam, 1855-66, 4 vol. in-8.

1216. Studien en bijdragen op 't gebied der historische theologie, publ. par W. Moll et J. G. de Hoop-Scheffer. Amsterdam, 1868-78, in-8.

1217. Archief voor Nederlandsche kerkgeschiedenis, publ. par J. G. Acquoy, H. C. Rogge et A. Wybrands. 's Gravenhage, 1884-1899, in-8.

1218. Nederlandsch archief voor Kerkgeschiedenis, publ. par H. C. Rogge et F. Pijper. 's Gravenhage, depuis 1900, in-8.

1219. Analectes pour servir à l'histoire ecclésiastique de la Belgique, publ. par E. Reusens et V. Barbier. Louvain, depuis 1864, in-8. — Table, 1869.

1220. Bijdragen voor de geschiedenis van het Bisdom van Haarlem. Haarlem, depuis 1872, in-8.

1221. Archief voor de geschiedenis van het Aartsbisdom Utrecht. Utrecht, depuis 1874, in-8.

1222. Bulletin de la commission pour l'histoire des églises Wallonnes. La Haye, depuis 1885, in-8.

7. Histoire littéraire. Emploi des langues nationales.

(Cf. Dahlmann-Waitz-Steindorff, Nos 1645-1677; Monod, Nos 1407-1450).

1223. G. Kurth. La frontière linguistique. Voy. no 189.

Le t. II de cet ouvrage contient de précieux renseignements sur l'emploi des langues flamande et française en Belgique jusqu'à l'époque contemporaine. L'auteur les a tirés à part sous le titre de : De l'emploi officiel des langues dans les anciens Pays-Bas. Bruxelles, 1898, in-8.

1224. Vlaemsche Commissie. Instelling, beraedslagingen, verslag, officieele oorkonden, onder toezigt van leden der Commissie uitgegeven. Brussel, 1859, in-8.

Contient les réponses des divers archivistes à la question posée par le gouvernement sur l'emploi de la langue flamande dans nos anciennes provinces.

1225. L. De Backer. La langue flamande en France depuis les temps les plus reculés jusqu'à nos jours. Gand, 1893, in-8.

1226. J. Demarteau. Le Flamand dans l'ancienne principauté de Liège. (Conférences de la Soc. d'art et d'histoire du diocèse de Liège, I, 1886).

1227. A. Houdremont. Histoire de la langue française comme langue administrative du pays de Luxembourg. Luxembourg, 1897, in-4.

1228. J. TE WINKEL. Geschiedenis der Nederlandsche letterkunde. I. Haarlem, 1887, in-8. — Die Niederländische Litteratur. (Paul. Grundriss der German. Philol. II.).

1229. W. J. JONCKBLOET. Geschiedenis der Nederlandsche letterkunde. 4ᵉ édit. revue par J. HONIGH. Groningen, 1888-1892, 6 vol. in-8.

1230. J. TEN BRINK. Geschiedenis der Nederlandsche letterkunde. Amsterdam-Antwerpen, 1897, in-8.

1231. G. KALFF. Geschiedenis der Nederlandsche letterkunde in de XVIᵉ eeuw. Leiden, 1889-90, 2 vol. in-8.

1232. C. A. SERRURE. Letterkundige geschiedenis van Vlaanderen. I. Gent, 1872, in-8.

1233. J. STECHER. Histoire de la littérature néerlandaise en Belgique. Bruxelles, 1886, in-8.

1234. A. DINAUX. Trouvéres, jongleurs et ménestrels du nord de la France et du midi de la Belgique. Valenciennes-Bruxelles, 1836-63, 4 vol. in-8.

1235. M. WILMOTTE. Le Wallon. Histoire et littérature des origines à la fin du XVIIIᵉ siècle. Bruxelles, 1893, in-8.

1236. A. VAN HASSELT. Essai sur l'histoire de la poésie française en Belgique jusqu'à la fin du règne d'Albert et d'Isabelle. Bruxelles, 1838, in-4. (Mém. Acad.).

1237. CH. POTVIN. Histoire de la littérature en langue française en Belgique. (Patria Belgica III. Bruxelles, 1875, in-8).

1238. F. NAUTET. Histoire des lettres belges d'expression française. I. Bruxelles, 1892, in-8.

1239. P. HOFMAN PEERLKAMP. Liber de vita, doctrina et facultate Neerlandorum qui carmina latina composuerunt. Haarlem, 1838, in-8.

—

1240. T. POPELIERS. Précis de l'histoire des chambres de rhétorique et des sociétés dramatiques belges. Bruxelles, 1844, in-8. — G. SCHOTEL. Geschiedenis der Rederijkers in Nederland. Rotterdam, 1871, in-8.

1241. H. E. MOLTZER. Geschiedenis van het wereldlijk tooneel. Leiden, 1862, in-8. — De middelnederlandsche dramatische poëzie. Groningen, 1875, in-8.

1242. J. VAN VLOTEN. Het Nederlandsche kluchtspel van de XIVᵉ tot de XVIIIᵉ eeuw. 2ᵉ édit. Arnhem, 1890, 3 vol. in-8.

1243. J. Gallée. Bijdrage tot de geschiedenis der dramatische vertooningen in de Nederlanden. Haarlem, 1873, in-8.

1244. F. von Hellwald. Geschichte des Holländischen Theaters. Rotterdam, 1874, in-8.

1245. E. Vander Straeten. Le théâtre villageois en Flandre. 2° édit. Bruxelles, 1881, in-8.

1246. F. Faber. Histoire du théâtre français en Belgique depuis son origine jusqu'à nos jours. Bruxelles, 1878-80, 5 vol. in-4.

———

1247. L. Roersch. Histoire de la philologie [en Belgique]. (Patria Belgica. III. Bruxelles, 1875, in-8).

1248. F. Nève. La renaissance des lettres et l'essor de l'érudition ancienne en Belgique, Louvain, 1890, in-8.

———

1249. Tijdschrift voor Nederlandsche taal- en letterkunde. Leiden, 1881 et suiv., in-8.

1250. Verslagen en mededeelingen der Koninklijke Vlaamsche Academie. Gent, depuis 1887, in-8.

1251. Bulletin de la Société liégeoise de littérature wallonne. Liège, depuis 1857, in-8.

———

1252. L. D. Petit. Bibliographie der Middelnederlandsche taal- en letterkunde. Leiden, 1888, in-8.

1253. J. G. Federiks et F. J. Van den Branden, Biographisch woordenboek der Noord- en Zuid-Nederlandsche letterkunde. 2e édit. Amsterdam, 1888-92, in-8.

———

8. Histoire de l'enseignement.

(Cf. Dahlmann-Waitz-Steindorff, Nos 1624-1644; Monod, Nos 1375-1406.)

1254. F. Cramer. Geschichte der Erziehung und des Unterrichts in den Niederlanden während des Mittelalters. Stralsund, 1843, in-8.

1255. Th. Juste. Essai sur l'histoire de l'instruction publique en Belgique depuis les temps les plus reculés jusqu'à nos jours. Bruxelles, 1844, in-8.

1256. C. Stallaert et Ph. Van der Haeghen. De l'instruction publique au moyen âge. Bruxelles, 1850, in-4. (Mém. Cour. Acad.).

1257. L. Lebon. Histoire de l'enseignement populaire en Belgique. Bruxelles, 1868, in-8.

1258. L. Buddingh. Geschiedenis van opvoeding en onderwijs in de Nederlanden. 's Gravenhage, 1842-43, 2 vol. in-8.

1259. J. ter Gouw. Beknopt historisch overzicht van onze nationale schoolwetgeving. Amsterdam, 1862, in-8.

1260. A. Bittner. Wazo und die Schulen von Lüttich. Breslau, 1879, in-8. — Dute. Die Schulen im Bisthum Lüttich im XI Jahrhundert. Marburg, 1882, in-8. — E. Voigt. Egberts von Lüttich fecunda ratis. (Préface). Halle, 1889, in-8.

1261. J. Desilve. De schola Elnonensi sancti Amandi. Lovanii, 1890, in-8.

1262. E. Matthieu. Histoire de l'enseignement primaire en Hainaut. Mons, 1896, in-8. (Mém. de la Soc. des sciences du Hainaut).

1263. F. Nettesheim. Geschichte der Schulen im alten Herzogthum Geldern, Dusseldorf, 1881, in-8.

1264. M. Schoengen. Die Schule von Zwolle von ihren Aufängen bis zur Einführung der Reformation (1582). I. Freiburg i. d. Schweiz. 1898, in-8.

1265. Pillot. Documents sur l'Université de Douai de 1699 à 1704. Douai, 1850, in-8. — L. Legrand. L'Université de Douai (1530-1790). Douai, s. d., in-8. — G. Cardon. La fondation de l'Université de Douai. Paris, 1892, in-8.

1266. N. Vernulaeus. Academia Lovaniensis. Ejus origo, incrementum, viri illustres, res gestae. Lovanii, 1627, in-4. — de Reiffenberg. Mémoires sur les deux premiers siècles de l'Université de Louvain. Bruxelles, 1829-35, in-4. (Mém. Acad.). — F. Nève. Mémoire historique et littéraire sur le collège des Trois-langues à l'Université de Louvain. Bruxelles, 1856, in-4. (Mém. Acad.). — P. De Ram, Laforêt et Namèche. Analectes pour servir à l'histoire de l'Université de Louvain (Annuaire de l'Université de Louvain, 1838-65). — E. Reusens. Documents relatifs à l'histoire de l'Université de Louvain (1425-1797). (Analectes pour servir à l'histoire ecclés., t. XVII et suiv. 1881-92). — P. De Ram. Codex veterum statuorum Academiae Lovaniensis. Bruxelles, 1861, in-4. (Publ. en appendice à Molanus. (Voy. n° 591). — A. Verhaegen. Les cinquante dernières années de l'ancienne Université de Louvain. Liège, 1884, in-8.

9. Histoire de l'art. — Archéologie. — Histoire de l'imprimerie.

(Cf. Dahlmann-Waitz-Steindorff, N°ˢ 758-797, 1645-1658; Monod, N°ˢ 186-238, 1407-1450).

1267. E. REUSENS. Éléments d'archéologie chrétienne. 2° édit. Louvain, 1885-86, 2 vol. in-8.

1268. J. VAN DER MAELEN. Carte archéologique, ecclésiastique et nobiliaire de la Belgique. Bruxelles, 1861.

1269. J. J. VAN YSENDYCK. Documents classés de l'art dans les Pays-Bas du X° au XVIII° siècle. Anvers, 1880-89, in-fol.

1270. Société de l'art ancien en Belgique. Orfèvrerie, Dinanderie, Ivoires, etc. (Planches). Bruges, s. d. [1883-86]. 4 fascicules parus.

1271. J. DESTRÉE. Les musées royaux du parc du cinquantenaire et de la porte de Hal à Bruxelles. Bruxelles, s. d., en cours de publication.

1272. W. PLEYTE. Nederlandsche oudheden van de vroegste tijden tot op Karel den Grooten. Leiden, depuis 1877, in-4.

1273. G. VAN ARKEL et A. W. WEISSMAN. Noord-Hollandsche oudheden beschreven en afgebeeld. Amsterdam, depuis 1891, in-8.

1274. D. VAN DER KELLEN. Nederlandsche oudheden. Afbeeldingen van voorwerpen uit vroegere tijden. Amsterdam, 1857-60, in-4. — Le moyen âge et la renaissance dans les Pays-Bas. La Haye, 1865 et suiv., in-4.

1275. Statistique archéologique du département du Nord. Lille-Paris, 1867, 2 vol. in-8.

1276. [L. DESCHAMPS DE PAS]. Dictionnaire historique et archéologique du département du Pas-de-Calais. Arras, 1875-84, in-8.

1277. F. DEVIGNE. Recherches historiques sur les costumes civils et militaires des gildes et des corporations de métier. Gand, 1847, in-8. — Recueil de costumes du moyen âge. Gand, 1835-40, in-8.

1278. G. D. J. SCHOTEL. Bijdragen tot de geschiedenis der kerkelijke en wereldlijke kleeding. 's Gravenhage, 1854-56, 2 vol. in-8.

1279. E. VAN VINKEROY. Costumes militaires belges du XI° au XVIII° siècle. Braine-le-Comte, 1885, in-8.

1280. A. Pinchart. Archives des arts, sciences et lettres. Documents inédits. Gand, 1860-81, 3 vol. in-8.

1281. J. M. Richard. Mahaut, comtesse d'Artois et de Bourgogne (1302-1329). Étude sur la vie privée, les arts et l'industrie en Artois et à Paris au commencement du XIVᵉ siècle. Paris, 1887, in-8.

1282. A. Pinchart. La cour de Jeanne et de Wenceslas et les arts en Brabant au XIVᵉ siècle. Bruxelles, 1855, 2 vol. in-8.

1283. de Laborde. Les ducs de Bourgogne. Études sur les lettres, les arts et l'industrie pendant le XVᵉ siècle et plus particulièrement dans les Pays-Bas et le duché de Bourgogne. Paris; 1849-52, 3 vol. in-8.

1284. A. de la Fons-Mélicocq. Les artistes du Nord de la France et du Midi de la Belgique aux XIVᵉ, XVᵉ et XVIᵉ siècles. Béthune, 1848, in-8.

1285. C. Dehaisnes. Histoire de l'art dans la Flandre, l'Artois et le Hainaut avant le XVᵉ siècle. Lille, 1886, in-4. — Documents et extraits divers concernant l'histoire de l'art dans la Flandre, etc. Lille, 1886, in-4. — Le Nord monumental et pittoresque. Lille, 1897, in-4.

1286. Ch. de Linas. L'art et l'industrie d'autrefois dans les régions de la Meuse belge. Arras, 1883, in-8. (Mém. de l'Acad. d'Arras).

1287. A. de la Grange et L. Cloquet. Études sur l'art à Tournai et sur les anciens artistes de cette ville. Tournai, 1887, 2 vol. in-8. (Mém. de la Soc. hist. de Tournai, XX, XXI).

1288. L. Devillers. Le passé artistique de la ville de Mons. Mons, 1880-1886, in-8.

1289. Inventaire archéologique de Gand, publié [sur fiches] par la Société d'histoire et d'archéologie de Gand depuis 1897.

1290. Collection des Guides Belges. (Bruges par J. Weale; Tournai par L. Cloquet; Malines par Van Caster; Anvers par L. Kintsschots; Bruxelles par Nève). Bruges, in-8.

1291. C. Van Mander. Het schilder-boeck. Haarlem, 1604, in-4. Amsterdam, 1618, in-4. — Leven der Nederlandsche en eenige Hoogduitsche schilders, vermeerderd door J. de Jongh. Amsterdam, 1764, 2 vol. in-8. (Les trois éditions se complètent). — Le livre des peintres, traduction, notes et commentaires par H. Hymans. Paris, 1884-85, 2 vol. in-4.

1292. C. De Bie. Het Gulden-Cabinet van de Edel Vry Schilder-Const inhoudende den lof van de vermaerste schilders, architecten, beeldhouwers ende plaetsnyders van dese eeuw. Lier, 1661, in-4.

1293. G. F. Waagen. Handbuch der Geschichte der Deutschen und Niederländischen Malerschulen. Stuttgart, 1862, 2 vol. in-8. — Traduct. française par H. Hymans et J. Petit. Bruxelles, 1863-64, 3 vol. in-8.

1294. J. A. Crowe et G. B. Cavalcaselle. Les anciens peintres flamands. — Traduct. de l'anglais par O. Delepierre; notes de A. Pinchart et C. Ruelens. Bruxelles, 1863-65, 2 vol. in-8. — Traduction allemande améliorée par A. Springer. Leipzig, 1875, in-8.

1295. Ch. Blanc. Histoire des peintres. École hollandaise. Paris, 1866, 2 vol. in-4. — Même ouvrage. École flamande. Paris, 1868, in-4.

1296. A. J. Wauters. La peinture flamande. Paris, 1883, in-8.

1297. L. J. Heris. Histoire de l'école flamande de peinture au XVe siècle, son point de départ, les causes de sa splendeur et de sa décadence. Bruxelles, 1856, in-4.

1298. W. Conway. Early Flemish artists and their predecessors on the Lower Rhine. London, 1887, in-8.

1299. J. Van Vloten. De Nederlandsche schilderkunst van de XIVe tot de XVIIIe eeuw. Amsterdam, 1873, in-8.

1300. H. Havard. L'art et les artistes hollandais. Paris, 1879-81, 4 vol. in-8.

1301. A. Wauters. Quelques peintres du XVe siècle. (Bullet. Acad., 1882). — Les commencements de l'école flamande de peinture antérieurement aux Van Eyck. (Ibid., 1883).

1302. A. Pinchart. Miniaturistes, enlumineurs et calligraphes employés par Philippe le Bon et Charles le Téméraire et leurs œuvres. Bruxelles, 1866, in-8.

1303. W. Vogelsang. Holländische Miniaturen des Späteren Mittelalters. Strasburg, 1899, in-8.

1304. G. F. Waagen. Ueber Hubert und J. Van Eyck. Breslau, 1822, in-8. — H. G. Hotho. Die Malerschule des Hubert Van Eyck. Berlin, 1855-58, in-8. — L. Kaemmerer. Hubert und Jan Van Eyck. Bielefeld-Leipzig, 1898, in-8. — K. Voll. Die Werke des Jan Van Eyck. Strassburg, 1900, in-8.

1305. J. WEALE. Hans Memline, zijn leven en zijne schilder-
werken. Brugge, 1871, in-8. — L. KAEMMERER. Memling. Bielefeld-
Leipzig, 1899, in-8. — F. BOCK. Memling-Studien. Düsseldorf,
1900, in-8.

1306. M. ROOSES. L'œuvre de P. P. Rubens. Anvers, 1886-92,
5 vol. in-4. — ÉM. MICHEL. Rubens, sa vie, son œuvre et son temps.
Paris, 1899, in-8. — A. PHILIPPI. Die Blüthe der Malerei in Belgien.
Rubens und die Flamländer. Leipzig-Berlin, 1900, in-8.

1307. M. ROOSES. Geschiedenis der Antwerpsche schilderschool.
Gent, 1879, in-8. — F. J. VAN DEN BRANDEN. Geschiedenis der Antwerpsche schilderschool. Antwerpen, 1884, 2 vol, in-8. — Geschiedenis der Academie van Antwerpen. Antwerpen, 1864, in-4. — PH.
ROMBOUT et TH. VAN LERIUS. De Liggere en andere historische
archieven van de Antwerpsche S¹ Lucasgilde (1452-1497). Antwerpen,
1865-75, 2 vol. in-8.

1308. É. DE BUSSCHER. Recherches sur les peintres gantois des
XIVᵉ et XVᵉ siècles. Gand, 1859, in-8. — Recherches sur les peintres
et sculpteurs à Gand aux XVIᵉ, XVIIᵉ et XVIIIᵉ siècles. I. Gand,
1866, in-8.

> L'auteur de ces ouvrages s'est laissé tromper par une série de docu-
> ments faux. Consulter à ce sujet: V. VAN DER HAEGHEN. Mémoire sur
> les documents faux relatifs aux anciens peintres, sculpteurs, et gra-
> veurs flamands. Bruxelles, 1899, in-8. (Mém. Acad.).

1309. D. VAN DE CASTEELE. Keuren (1441-1774), Livre d'admission (1453-1574) et autres documents concernant la Ghilde de S¹ Luc
de Bruges, suivis des Keuren de la corporation des peintres, sculpteurs et verriers de Gand (1541-1575). Bruges, 1867, in-8.

1310. G. VAN EVEN. L'ancienne école de peinture de Louvain.
Bruxelles, 1870, in-8.

1311. E. NEEFS. Histoire de la peinture et de la sculpture à
Malines. Gand, 1876, 2 vol. in-8.

1312. A. VAN DER WILLIGEN. Les artistes de Harlem. Harlem,
1870, in-8.

1313. S. MULLER. De schildersvereenigingen te Utrecht. Utrecht,
1880, in-8.

1314. J. HELBIG. Histoire de la peinture au pays de Liège. Liège,
1873, in-8.

1315. H. RIEGEL. Geschichte der Wandmalerei in Belgien. Berlin,
1882, in-8.

1316. E. LÉVY et CAPRONNIER. Histoire de la peinture sur verre en Europe et principalement en Belgique. Bruxelles, 1860, in-4.

———

1317. A. PINCHART. Histoire de la tapisserie dans les Pays-Bas (dans J. GUIFFREY, E. MÜNTZ et A. PINCHART. Histoire générale de la tapisserie). Paris, 1878-85, 3 vol. in-fol.

1318. A. WAUTERS. Les tapisseries bruxelloises. Essai historique sur les tapisseries et les tapissiers de haute- et de basse-lice de Bruxelles. Bruxelles, 1878, in-8.

1319. E. SOIL. Les tapisseries de Tournai. Tournai, 1891, in-8. (Mém. de la Soc. hist. de Tournai).

———

1320. A. PINCHART. Recherches sur la vie et les travaux des graveurs de médailles, de sceaux et de monnaies des Pays-Bas d'après des documents inédits. I. Bruxelles, 1858, in-8.

1321. J. TH. DE RAADT. Sceaux armoriés des Pays-Bas. Voy n° 74.

1322. J. SIMONIS. L'art du médailleur en Belgique. Contribution à l'étude de son histoire depuis l'avènement de Charles le Téméraire jusqu'au milieu du XVIe siècle. Bruxelles, 1900, in-4.

1323. A. PINCHART. Histoire de la gravure des médailles en Belgique depuis le XVe siècle jusqu'en 1794. Bruxelles, 1870, in-4. (Mém. Acad.).

1324. J. RENOUVIER. Histoire de l'origine et des progrès de la gravure dans les Pays-Bas, jusqu'à la fin du XVe siècle. Bruxelles, 1860, in-8.

1325. H. HYMANS. Histoire de la gravure dans l'École de Rubens. Bruxelles, 1879, in-8.

1326. J. F. VAN SOMEREN. Essai d'une bibliographie de l'histoire spéciale de la peinture et de la gravure en Hollande et en Belgique (1500-1875). Amsterdam, 1882, in-8.

———

1327. J. HELBIG. La sculpture et les arts plastiques au Pays de Liège et sur les bords de la Meuse. 2e édit. Bruges, 1890, in-4.

1328. E. MARCHAL. La sculpture aux Pays-Bas pendant le XVIIe et le XVIIIe siècle. Bruxelles, 1878, in-4. (Mém. Acad.).

1329. A. PINCHART. Histoire de la dinanderie et de la sculpture de métal en Belgique. Bruxelles. 1874-75, in-8. (Bullet. des Commissions d'art et d'archéolog.).

———

1330. L. Piiolien. La verrerie au pays de Liège. Liège, 1900, in-8.

1331. E. Soil. Recherches sur les anciennes porcelaines de Tournai. (Mém. de la Soc. hist. de Tournai, 1883).

———

1332. A. G. Schayes. Histoire de l'architecture en Belgique. Bruxelles, s. d., 4 vol. in-12. — Essai sur l'architecture ogivale en Belgique. Bruxelles, 1840, in-4. (Mém. Acad.).

1333. G. von Bezold. Die Baukunst der Renaissance in Deutschland, Holland, Belgien und Dänemark. Stuttgart, 1899, in-8.

1334. P. J. Goetghebuer. Choix des monuments, édifices et maisons les plus remarquables du royaume des Pays-Bas. Gand, 1827, 1 vol. in-fol.

1335. F. N. M. Eyck Van Zuylichem. Les églises romanes du royaume des Pays-Bas. Utrecht, 1858, in-fol. — Le style ogival des Pays-Bas de 1200 à 1550. Utrecht, 1864, in-fol.

1336. A. Schoy. Histoire de l'influence italienne sur l'architecture dans les Pays-Bas. Bruxelles, 1879, in-4 (Mém. Acad.).

1337. Bouwkundige bijdragen, uitgegeven door de Maatschappij tot bevordering der bouwkunst. Amsterdam, 1863-80, 26 vol. in-fol.

1338. Afbeeldingen van oude bestaande gebouwen, uitgegeven door de Maatschappij tot bevordering der bouwkunst. Amsterdam, 1854-70, in-fol.

1339. J. van Lennep et W. J. Hofdijk. Merkwaardige kasteelen in Nederland. 2º édit. Amsterdam, 1884, 3 vol. in-8.

1340. J. Houdoy. Histoire artistique de la cathédrale de Cambrai. Paris, 1880, in-8.

1341. G. Van Even. Louvain monumental. Bruxelles, 1855-60, in-4. — Add. le même, nº 591.

1342. J. Linnig et F. H. Mertens. Album historique de la ville d'Anvers, collection de vues et monuments des temps passés, avec notices historiques. Anvers, 1868, in-4. — Add. Génard, nº 581.

1343. A. Schaepkens. Anciens monuments d'architecture du XIº-XIIIº siècle dans le Limbourg. Maestricht, 1855, in-fol.

1344. A. Schaepkens. Monuments de Maestricht. Maestricht (c. 1859), 3 part. in-4. — F. N. M. Eyck Van Zuylichem. Notices sur quelques églises romanes à Maestricht, Liège, Ruremonde et Neuss. Utrecht, 1867, in-fol. obl.

1345. P. Langerock et H. Stepman. Anciennes constructions en Flandre. Gand, 1884-1889, 4 vol. in-4.

1346. A. Van Lokeren. Histoire de l'abbaye de Saint-Bavon et de la crypte de Saint-Jean à Gand. Gand, 1855, in-4. — A. Verhaegen. L'hôpital de la Byloke à Gand. Gand, 1889, in-plano.

1347. J. B. Rudd. Collection des plans, coupes, élévations, voûtes, plafonds, etc. des principaux monuments d'architecture et de sculpture de la ville de Bruges, depuis le XIVᵉ siècle jusqu'au XVIIᵉ siècle. Bruges, s. d., in-fol. — C. Verschelde. Les anciens architectes de Bruges, avec planches représentant les principales constructions qu'ils ont exécutées en cette ville. Bruges, 1871, in-8. (Mém. de la Soc. d'Émulat. de la Flandre Occid.). — A. Verhaegen. Monographie de l'église cathédrale de Saint-Sauveur à Bruges. Bruges, 1879, in-fol.

1348. J. Le Maistre d'Anstaing. Recherches sur l'histoire et l'architecture de l'église cathédrale de Notre-Dame à Tournai. Tournai, 1842-43, 2 vol. in-8. — L. Cloquet. Monographie de l'église paroissiale de Saint-Jacques à Tournai. Bruges, 1881, in-8.

1349. Ch. Delsaux. L'architecture et les monuments du moyen âge à Liège. Liège, 1847, in-4. — J. Helbig et A. Van Assche. Monographie de l'église de Saint-Christophe à Liège. Bruges, 1878, in-fol.

1350. C. Philips Jr. Alle de huizen en gebouwen op de Heeren- en Keizersgrachten te Amsterdam... ten getalle van bijna 1300 stuks, naar het leven geteekend en in platen afgebeeld. Amsterdam (c. 1770), in-fol.

———

1351. F. J. Fétis. Mémoire sur les musiciens néerlandais des XIVᵉ, XVᵉ et XVIᵉ siècles. Amsterdam, 1829, in-4.

1352. A. W. Ambros. De Nederlandsche toonkunstenaars der XVᵉ en XVIᵉ eeuw. Rotterdam, 1882, in-8.

1353. E. De Coussemaker. Histoire de l'harmonie au moyen âge. Paris, 1852, in-4.

1354. E. Van der Straeten. La musique aux Pays-Bas avant le XIXᵉ siècle. Bruxelles, 1867-88, 8 vol. in-8.

1355. F. van Duyse. Het eenstemmig fransch en nederlandsch wereldlijk lied in de belgische gewesten van de XIᵉ eeuw tot heden. Brussel, 1896, in-8. (Mém. Acad.).

1356. A. Goovaerts. Histoire et bibliographie de la typographie musicale dans les Pays-Bas. Anvers, 1880, in-8.

———

1357. A. MICHIELS. L'art flamand dans l'est et le midi de la France. Paris, 1878, in-8.

1358. A. BERTOLOTTI. Artisti Belgi e Olandezi a Roma nei secoli XVI e XVII. Firenze, 1880, in-8. — Giunte agli artisti Belgi ed Olandezi in Roma nei secoli XVI e XVII. Roma, 1885, in-4.

1359. P. C. VAN DER MEERSCH. Recherches sur la vie et les travaux des imprimeurs belges et néerlandais établis à l'étranger et sur la part qu'ils ont prise à la régénération littéraire de l'Europe au XVe siècle; précédées d'une introduction historique sur la découverte de l'imprimerie et sur la propagation de cet art en Belgique et en Hollande. Gand, 1856, in-8.

1360. J.-B. VINCENT. Essai sur l'histoire de l'imprimerie en Belgique. Bruxelles, 1867, in-8.

1361 J. W. HOLTROP. Monuments typographiques des Pays-Bas au XVe siècle. La Haye, 1868, in-fol. — M. F. CAMPBELL. Annales de la typographie néerlandaise au XVe siècle. Avec 4 suppléments. La Haye, 1874-90, in-8.

1362. MAX ROOSES. Christophe Plantin, imprimeur anversois. 2e édit. Anvers, 1890, in-4.

1363. GILLIODTS VAN SEVEREN.. L'œuvre de Jean Brito, prototypographe brugeois. Étude critique pour servir d'introduction à l'histoire de l'ancienne corporation des libraires et imprimeurs de Bruges. Bruges, 1898, in-8. (Publ. de la Soc. d'Émulation de Bruges).

1364. Bulletin der Commissions royales d'art et d'archéologie. Bruxelles, depuis 1862, in-8.

1365. Revue de l'art chrétien. Amiens-Arras, depuis 1857; Lille, depuis 1883, in-4. — Table. Arras, 1882, in-8.

1366. Archief voor Nederlandsche kunstgeschiedenis, éd. F. D. O. OBREEN. Rotterdam, depuis 1875, in-8.

1367. Oudholland. Nieuwe bijdragen voor de geschiedenis der Nederlandsche kunst enz., éd. A. DE VRIES et N. DE ROEVER. Amsterdam, depuis 1882, in-4.

1368. Bulletin uitgegeven door den Nederlandsch oudheidkundigen bond. Amsterdam, depuis 1900, in-8.

1369. Mémoires de la Commission des monuments historiques et des antiquités du département du Pas-de-Calais. Arras, depuis 1849, in-8.

1370. Le Beffroi. Arts, héraldique. archéologie. Bruges, 1863-1873, 4 vol. in-4.

1371. De Halletoren. Maandblad voor kunsten en letteren. Brugge, 1874-82, in-8.

1372. Bulletins de la Gilde de S. Thomas et de S. Luc. Lille, depuis 1863, in-4.

1373. Het Gildenboek. Tijdschrift voor kerkelijke kunst en oud-heidkunde, uitgeg. door het St Bernulphus-gilde, te Utrecht. Utrecht, 1873-81, in-8.

1374. L'Émulation. Organe de la Société centrale d'architecture de Belgique. Bruxelles, depuis 1872.

1375. Sint-Gregorius-blad. Tijdschrift tot bevordering van kerkelijke toonkunst, éd. M. J. A. Lans. Haarlem, 1876-82, in-4.

1376. Bouwsteenen. Jaarboek der Vereeniging van Noord-Nederlandsche muziekgeschiedenis. Amsterdam, 1869-81, 3 vol. in-8. — Tijdschrift der Vereeniging voor Noord-Nederlandsche muziekgeschiedenis. Amsterdam, depuis 1882, in-8.

1377. Bulletin du bibliophile belge. Bruxelles, depuis 1845, in-8. — Table 1855. — Annales du bibliophile belge. Bruxelles, depuis 1864, in-8.

IV.

RECUEILS DE MÉMOIRES ET PÉRIODIQUES.

Publications académiques.

1378. Mémoires de l'Académie impériale et royale des sciences et belles lettres de Bruxelles (ci-devant : Société littéraire de Bruxelles, 1769-1771). Bruxelles, 1772-88, 5 vol. in-4.

1379. Mémoires de l'Académie royale de Belgique. Bruxelles, depuis 1820, in-4 (du t. I (1820) au t. XIX (1845), sous le titre de Nouveaux mémoires de l'Académie royale de Bruxelles). — Mémoires couronnés et mémoires des savants étrangers. Bruxelles, depuis 1818, in-4. — Mémoires couronnés et autres mémoires. Bruxelles, depuis 1840. in-8. — Tables générales des mémoires, 1772-1897. Bruxelles, 1898, in-8.

1380. Bulletins de l'Académie royale des sciences et belles lettres de Belgique. Bruxelles, depuis 1836, in-8. — Tables, 1858, 1867, 1883, 1898. (Depuis 1899 les Bulletins de la Classe des sciences et ceux des Classes des lettres et des beaux arts forment deux séries différentes). — Add. n° 1384.

1381. Verhandelingen van het koninklijk Nederlandsche Instituut van wetenschappen letteren en schoone kunsten. Amsterdam, depuis 1809, in-4. — Verhandelingen der koninklijke Akademie van wetenschappen. Afdeeling letterkunde. Amsterdam, depuis 1858, in-8. — Verslagen en mededeelingen, depuis 1856, in-8.

1382. Werken der Koninklijke Vlaamsche Academie. Gent, depuis 1887, in-8. — Verslagen. Gent, depuis 1887, in-8.

1383. Maatschappij der Nederlandsche letterkunde te Leiden. — Werken. Leyden, 1772-88, 7 vol. in-4. — Nieuwe werken, Dordrecht, 1824-44, 6 vol. in-8. — Nieuwe reeks van werken. Leiden, 1848-58, 10 vol. in-8. — Handelingen en mededeelingen. Leiden, 1766 et suiv., in-fol; depuis 1806, in-8. — Levensberichten, depuis 1865, in-8.

Revues consacrées à l'histoire nationale en général.

BELGIQUE.

1384. Compte rendu des séances de la Commission royale d'histoire ou recueil de ses Bulletins. Bruxelles depuis 1834, in-8. — Tables, 1852, 1865, 1875. — Table des chartes et autres documents contenus dans les trois premières séries des Bulletins, 1874.

1385. Messager des sciences et des arts. Gand, 1823-30, in-8. — Id. ou Nouvelles archives historiques, littéraires et scientifiques. Gand, 1833-39, in-8. — Messager des sciences historiques de Belgique. Gand, depuis 1839. — Tables, 1830, 1854.

1386. Annales de l'Académie d'archéologie de Belgique. Anvers depuis 1843, in-8. — Bulletin, depuis 1865. — Table, 1867.

1387. Archives philologiques publiées par DE REIFFENBERG. Bruxelles, 1825-27, 2 vol. in-8. — Archives pour servir à l'histoire civile et littéraire des Pays-Bas, publ. par LE MÊME. Louvain, 1827, 2 vol. in-8. — Nouvelles archives historiques des Pays-Bas, publ. par LE MÊME. Bruxelles, 1830-32, 2 vol. in-8.

1388. Bibliothèque des antiquités belgiques, publ. par E. MARSHALL et F. BOGAERTS. Anvers, 1833-35, 2 vol. in-8.

1389. Belgisch Museum voor de Nederduitsche taal- en letterkunde en de geschiedenis des Vaderlands, publ. par J. F. WILLEMS. Gent, 1837-46, 10 vol. in-8.

1390. Annuaire de la bibliothèque royale de Belgique, publ. par DE REIFFENBERG. Bruxelles, 1840-51, 12 vol. in-8.

1391. Trésor national, recueil historique, littéraire etc. Bruxelles, 1842-44, 8 vol. in-8.

1392. — Vaderlandsch Museum voor Nederduitsche letterkunde, oudheid en geschiedenis, publ. par C. P. SERRURE. Gent, 1855-63, 5 vol. in-8.

1393. — Revue d'histoire et d'archéologie. Bruxelles, 1859-63, 4 vol. in-8.

1394. — Archives belges, revue critique d'historiographie nationale. Voy. n° 1.

PAYS-BAS.

1395. Berigten van het Historisch genootschap te Utrecht. Utrecht, 1846-63, 14 vol. in-8. — Bijdragen en mededeelingen, depuis 1878, in-8. — Kronijk, 1846-75, 30 vol. in-8. — Table, 1877.

1396. Bijdragen voor vaderlandsche geschiedenis en oudheidkunde. Arnhem, 1836-56, publ. par I. A. NIJHOFF; 1857-68, publ. par P. NIJHOFF; 's Gravenhage, depuis 1869, publ. par R. FRUIN, depuis 1889, publ. par P. J. BLOK et P. L. MULLER. — Table des trois premières séries, 1900.

1397. De Navorscher. Amsterdam-Nijmegen. depuis 1851, in-8.

1398. Tijdschrift voor geschiedenis, publ. par A. KOLLEWIJN. Amersfort, depuis 1886, in-8.

1399. Museum, maandblad voor philologie en geschiedenis. Voy. n° 1.

Revues consacrées à des domaines spéciaux de l'histoire nationale.

1400. Heraldieke bibliotheek. Voy. n° 90,

1401. De Nederlandsche Heraut. Voy. n° 91.

1402. Revue de la Numismatique belge. Voy. n° 115.

1403. Tijdschrift van het Nederlandsch Genootschap voor Munt en Penningkunde. Voy. n° 116.

1404. Bulletin de la Société du Folklore wallon. Voy. n° 528.

1405. Wallonia. Voy. n° 529.

1406. Volkskunde. Voy. n° 530.

1407. Ons Volksleven. Voy. n° 531.

1408. Tijdschrift voor Nederlandsche taal en letterkunde. Voy. n° 1249.

1409. Bulletin de la Société liégeoise de littérature wallonne. Voy. n° 1251.

1410. Bulletin des Commissions royales d'art et d'archéologie. Voy. n° 1364.

1411. Revue de l'art chrétien. Voy. n° 1305.

1412. Archief voor Nederlandsche kunstgeschiedenis. Voy. n° 1366.

1413. Oudholland. Voy n° 1367.

1414. Bulletin uitgegeven door den Nederlandsch oudheidkundigen bond. Voy. n° 1368.

.1415. Mémoires de la Commission des monuments historiques et des antiquités du département du Pas-de-Calais. Voy. n° 1369.

1416. Le Beffroi. Voy. n° 1370.

1417. De Halletoren. Voy. n° 1371.

1418. Bulletins de la Gilde de S. Thomas et de S. Luc. Voy. n° 1372.

1419. Het Gildenboek. Voy. n° 1373.

1420. L'Émulation. Voy. n° 1374.

1421. Sint-Gregorius blad. Voy. n° 1375.

1422. Bouwsteenen. Jaarboek der Vereeniging van Noord-Nederlandsche muziekgeschiedenis. Voy. n° 1376.

1423. Tijdschrift der Vereeniging voor Noord-Nederlandsche muziekgeschiedenis. Voy. n° 1376.

1424. Bulletin du bibliophile belge. Voy. n° 1377.

1425. Annales du bibliophile belge. Voy. n° 1377.

1426. Archief voor kerkelijke geschiedenis; et Nieuw archief etc. Voy. n° 1215.

1427. Kerkhistorisch archief. Voy. n° 1215.

1428. Studien en bijdragen op 't gebied der historische theologie. Voy. n° 1216.

1429. Archief voor Nederlandsche kerkgeschiedenis. Voy. n° 1217.

1430. Nederlandsch archief voor kerkgeschiedenis. Voy. n° 1218.

1431. Analectes pour servir à l'histoire ecclésiastique de la Belgique. Voy. n° 1219.

1432. Bijdragen voor de geschiedenis van het Bisdom van Haarlem. Voy. n° 1220.

1433. Archief voor de geschiedenis van het Aartsbisdom Utrecht. Voy. n° 1221.

1434. Bulletin de la Commission pour l'histoire des églises wallonnes. Voy. n° 1222.

Il faut mentionner à côté de ces revues la Revue d'histoire ecclésiastique, publ. par A. CAUCHIE et P. LADEUZE. Louvain, depuis 1890, in-8, qui, bien que consacrée à l'histoire de l'Église en général, comprend un grand nombre d'articles relatifs à la Belgique.

———

1435. Belgique judiciaire. Voy. n° 924.

1436. Procès-verbaux des séances de la Commission pour la publication des anciennes lois et ordonnances. Voy, n° 925.

1437. Bijdragen tot rechtsgeleerdheid en wetgeving (et leurs continuations). Voy. n° 926.

1438. Tijdschrift voor het Nederlandsche recht. Voy. n° 927.

1439. Verslagen en mededeelingen der Vereeniging· tot uitgaaf der bronnen van het oude vaderlandsche recht. Voy. 928.

1440. Verhandelingen van het genootschap Pro excolendo jure patrio. Voy. n° 929.

———

Revues d'histoire provinciale.

N. B. Consulter sur les travaux et les publications des diverses sociétés historiques provinciales : H. PIRENNE. De l'organisation des études d'histoire provinciale et locale en Belgique (Westdeutsche Zeitschrift für Geschichte und Kunst, 1885) et P. J. BLOK. Die heimatliche Geschichtsforschung in Holland (Ibid. 1888).

BRABANT. Voy. n°⁸ 596 à 602.

FLANDRE, ARTOIS et TOURNAISIS. Voy. n°⁸ 658 à 670.

FRISE et GRONINGUE. Voy. n°⁸ 686 à 689

GUELDRE, ZUTPHEN, DRENTHE et OVERYSSEL. Voy. n°⁸ 709 à 714.

HAINAUT et CAMBRÉSIS. Voy. n°⁸ 741 à 752.

HOLLANDE et ZÉLANDE. Voy. n°⁸ 774 à 778.

LIÉGE, LOOZ et STAVELOT. Voy. n°⁸ 805 à 813.

LIMBOURG. Voy. n°⁸ 819 à 821.

LUXEMBOURG. Voy. n°⁸ 835 à 838.

NAMUROIS. Voy. n° 854.

UTRECHT. Voy. n°⁸ 861 à 868.

— Pour la bibliographie spéciale des Revues, Voy. n°⁸ 2 et 3.

———

DEUXIÈME PARTIE

HISTOIRE PAR ÉPOQUES

——

I

LES PAYS-BAS AVANT LE TRAITÉ DE VERDUN

1. Période romaine.

(Cf. Dahlmann-Waitz-Steindorff, Nᵒˢ 1740-1833; Monod, Nᵒˢ 1637-1771).

N. B. La bibliographie comprise dans ce paragraphe est volontairement fort incomplète. L'organisation des provinces de Belgique et de Germanie à l'époque romaine constitue, en effet, un sujet étranger à l'histoire de Belgique au sens propre du mot et qui rentre dans l'histoire générale de l'antiquité. J'ai seulement cherché à indiquer ici les travaux relatifs aux questions de géographie, de topographie et d'archéologie locales dont la connaissance peut être utile pour l'étude des périodes postérieures de notre histoire.

——

1441. C. Leemans et L. J. Janssen. Kaart van de in Nederland, België en een gedeelte der aangrenzende landen gevonden Romeinsche, Germaansche of Gallische oudheden. Leiden, 1845.

1442. G. Brambach. Corpus inscriptionum Rhenanarum. Elberfeldae, 1867, in-4.

1443. H. D. J. Van Schevichaven. Epigraphie der Bataafsche krijgslieden in de Romeinsche legers. Leiden, 1881, in-8.

1444. V. Vaillant. Epigraphie de la Morinie. Boulogne-sur-Mer, 1890, in-8.

1445. H. Schuermans. Epigraphie romaine de la Belgique. (Bullet. des Comm. d'art et d'archéolog. VI-XI, XV, XVI, XVIII, XX-XXIII, XXIX).

———

1446. J. De Wael. Mythologiae septentrionalis monumenta epigraphica latina. Trajecti ad Rhenum, 1847, in-8.

1447. L. J. Janssen. Gedenkteekenen der Germanen en Romeinen aan den linken oever van den Neder-Rijn. Utrecht, 1836, in-8. — De Germaansche en Noordsche monumenten van het museum te Leiden kort beschreven. Leiden, 1840, in-8. — Oudheidkundige mededeelingen. Leiden, 1842-46, 4 vol. in-8. — Over de beschaving der allervroegste bewoners van ons vaderland. Arnhem, 1853, in-8. — Oudheidkundige verhandelingen en mededeelingen. Arnhem, 1853-59, 3 vol. in-8.

1448. A. Schayes. Les documents du moyen âge relatifs à la Belgique avant et pendant la domination romaine. Bruxelles, 1837, in-4. (Mém. Acad.).

1449. A. Schayes. La Belgique et les Pays-Bas avant et pendant la domination romaine. 2e édit. Bruxelles, 1858-59, 3 vol. in-8.

1450. H. Moke. La Belgique ancienne. 2e édit. Gand, 1860, in-8.

1451. H. D. J. Van Schevichaven. Bijdragen tot eene geschiedenis der Bataven. Leiden, 1875, in-8.

1452. F. Fiedler. Geschichte und Alterthümer der unteren Germanien. I. Essen, 1824, in-8.

1453. A. Dederich. Geschichte der Römer und der Deutschen am Niederrhein. Emmerich, 1854, in-8.

1454. Th. Bergk. Zur Geschichte und Topographie der Rheinlande in Roemischer Zeit. Leipzig, 1882, in-8.

1455. J. Schneider. Neue Beiträge zur alten Geschichte und Geographie der Rheinlande. Düsseldorf, 1866-80, in-8.

1456. C. Van Dessel. Topographie des voies romaines de la Belgique. Bruxelles, 1877, in-8 (forme le 4e volume de Schayes, n° 1449). — V. Gauchez. Topographie des voies romaines de la Gaule Belgique. Anvers, 1882, in-8. (Annales de l'Acad. d'archéolog. d'Anvers). — J. Schneider. Die alten Heer und Handelswege der Germanen, Römer und Franken. Düsseldorf-Leipzig, 1882-90, in-8.

1457. A. Riese. Das Rheinische Germanien in der antiken Litteratur. Leipzig, 1892, in-8.

1458. F. Hettner. Zur Kultur von Germanien und Gallia Belgica (Westdeutsche Zeitschrift für Geschichte und Kunst, II).

1459. O. Hirschfeld. Ueber die Verwaltung der Rheingrenze in den ersten drei Jahrhunderten der Römischen Kaiserzeit. (Comment. in honorem Mommseni. Berolini, 1877, in-4).

1460. L. Vanderkindere. Introduction à l'histoire des institutions de la Belgique. Voy. n° 935.

1461. A. Béquet. Les grands domaines et les villas de l'Entre-Sambre et Meuse sous l'Empire Romain (Annales de la Soc. arch. de Namur, 1893).

1462. J. Keiffer. Précis des découvertes archéologiques faites dans le grand duché de Luxembourg de 1845 à 1897. (Revue archéologique, 1898-99).

1463. M. J. De Bast. Recueil d'antiquités romaines et gauloises trouvées dans la Flandre. Gand, 1808-13, 3 vol. in-4.

1464. W. C. Ackersdijk. Nasporingen omtrent de Taxandria. Dordrecht, 1838, in-8. (Nieuwe werken van de maatschappij der Nederl. letterk. te Leiden).

1465. L. Vanderkindere. Notice sur l'emplacement des Aduatiques. Bruxelles, 1885. (Bullet. Acad.).

1466. B. Schöttler. Ueber die Lage der geschichtlichen Orte Aduatuca Eburonum, Ara Ubiorum und Belgica. Rheinbach, 1890, in-4.

1467. A. Wauters. Nouvelles études sur la géographie ancienne de la Belgique. Bruxelles, 1867, in-8.

1468. A. Wauters. Wissant l'ancien Portus Iccius. Bruxelles, 1879, in-8. (Bullet. Acad.)

1469. Ch. Duvivier. Le Hainaut ancien. Voy. n° 718.

1470. J. Felsenhart. Le Luxembourg belge sous la domination romaine. Gand, 1874, in-8.

1471. Ch. Piot. La Ménapie pendant la domination des Romains. (Annales de la Soc. d'Émulat. de Bruges, XXI).

1472. L. J. Janssen. Romeinsche beelden en gedenkteekenen van Zeeland. Middelburg, 1845, in-8.

1473. L. Galesloot. Le Brabant sous l'Empire Romain. (Rev. d'hist. et d'archéologie. I).

1474. C. Leemans. Romeinsche oudheden te Rossem, in den Zalt-Bommelerwaard. Leiden, 1842, in-8. — Romeinsche oudheden te Maastricht. Leiden, 1843, in-8.

1475. E. Desjardins. Notice sur les monuments épigraphiques du département du Nord. (Mém. de la Soc. d'agriculture du dép. du Nord., XI).

1476. E. Meyer. Der Freiheitskrieg der Bataven unter Civilis. Hamburg, 1856, in-4.

1477. Nombreux articles, descriptions de fouilles etc. dans les revues provinciales, surtout dans les Annales de la Société archéologique de Namur, le Bulletin de l'Institut archéologique liégeois, les Annales de la Société historique et archéologique de Maastricht, les Publications de la Société historique dans le duché de Limbourg, le Maasgouw et les Publications de la section historique de l'Institut de Luxembourg. (Nos 854, 805, 819, 820, 821, 835,).

La Westdeutsche Zeitschrift für Geschichte und Kunst (Trier, in-8) publiée par F. Hettner et J. Hansen, centralise tous les renseignements relatifs à la période romaine aussi bien en Belgique que dans les provinces rhénanes de l'Allemagne. Un Korrespondenzblatt mensuel annexé à cette revue signale au fur et à mesure les découvertes d'antiquités.

1478. Vitae Servatii vel potius Aravatii episcopi Tungrensis. (MG. Script. Rer. Merov. III, éd. B. Krusch).

G. Kurth. Deux biographies inédites de S. Servais. (Bullet. de la Soc. d'art et d'hist. de Liège, 1881). — Nouvelles recherches sur S. Servais. (Ibid., 1884). — Le pseudo-Aravatius. (Analecta Bollandiana, 1897).

1479. A. Prost. S. Servais. Examen d'une correction introduite à son sujet dans les dernières éditions de Grégoire de Tours. (Mém. de la Soc. des Antiquaires de France, 1889).

1480. L. Duchesne. Mémoire sur l'origine des diocèses épiscopaux dans l'ancienne Gaule. Paris, 1889, in-8. (Mémoires de la Société des antiquaires de France).

1481. A. De Ceuleneer. Découverte d'un tombeau chrétien à Coninxheim-lez-Tongres. (Bullet. de la Soc. d'art et d'hist. de Liège, 1881).

------

2. Période franque.

(Cf. Dahlmann-Waitz-Steindorff, N°s 1949-2184; Monod, N°s 1772-2001.)

1482. Vita S. Gaugerici episcopi Cameracensis († 623-27). (MG. Scriptores rerum Merovingicarum, III, éd. B. Krusch).

> B. Krusch. Neues Archiv der Gesellschaft für ältere Deutsche Geschichtskunde, XVI, 1891.

1483. Vitae S. Vedastis episcopi Atrebatensis († 540), *a*. par Jonas d'Orléans, *b*. par Alcuin. (MG. Scriptores rerum Merovingicarum, III, éd. B. Krusch).

> B. Krusch. Mittheilungen des Instituts für Oesterreichische Geschichtsforschung, XIV.

1484. Vitae S. Bavonis († v. 653). (AA. SS. Boll. Octobre, I). — Miracula. (Ibid. — Fragm. MG. SS. XV, éd. O. Holder-Egger).

1485. Vita Geretrudis abbatissae Nivialensis († 659). (MG. Script. rerum Merovingicarum, II, éd. B. Krusch).

1486. Ouen (St.). Vita S. Eligii († 659-665). (d'Achery. Spicilegium, V, 2e édit. II).

1487. Baudemund. Vita S. Amandi († v. 679). (AA. SS. Boll. Févr. I). — Milon. Vita metrica S. Amandi. (Ibid. — MG. Poetae latini, III, éd. L. Traube).

1488. Vita S. Audomari († 670). (Mabillon. AA. SS. Ord. S. Bened. II. — AA. SS. Boll. Sept. III).

1489. Vita S. Remacli († v. 668). (AA. SS. Boll. Sept. I). — Miracula (Ibid. — Fragm. MG. SS. XV, éd. O. Holder-Egger).

> G. Kurth. Notice sur la plus ancienne biographie de S. Remacle. (CRH. 4. III).

1490. Vitae S. Theodardi († v. 668). (AA. SS. Boll. Sept. III. — J. Demarteau. Saint Théodard et S. Lambert, vies anciennes. Liège, 1886-1890, in-8. Publicat. des Bibliophiles liégeois).

> Rettberg. Kirchengeschichte Deutschlands, I. 557.

1491. Donat. Vita S. Trudonis († v. 693). (Mabillon. AA. SS. Ord. S. Bened. II. — Ghesquière. AA. SS. Belgii, V). — Autre vie par Thierry de S. Trond. (Analectes pour servir à l'hist. ecclés. V).

1492. Simon. Vita Sancti Bertini († v. 709) metrica. (Collection de docum. inédits relatifs à l'hist. de France. Mélanges historiques, II. Paris, 1877, in-4. éd. F. Morand). — Seconde vie métrique (publ. par le même, ibid. — Add. AA. SS. Boll. Sept. II).

1493. Vita S. Lamberti († av. 706). (J. Demarteau. Voy. n° 1490. — Mabillon. AA. SS. Ord. S. Bened. III). — Autres vies par Godescalc (VIII⁰ siècle), Étienne, Sigebert de Gembloux, Nicolas, Renier de S. Laurent. (Chapeaville. Gesta pontif. Tungrens. etc. I. — AA. SS. Boll. Sept. V). — Hucbald de Sᵗ-Amand. Vita Metrica. (MG. Poetae Latini, IV, éd. P. de Winterfeld).

G. Kurth. S. Lambert et son premier biographe. Anvers, 1876. (Mém. de l'Acad. d'archéolog. d'Anvers). — Ch. De Smedt. L'année de la mort de S. Lambert. (Précis historiques, 1877 et 1878). — J. Demarteau, Bullet. de l'Institut archéolog. liégeois 1878.

1494. Jonas d'Orléans. Vitae, Miracula, Translatio S. Huberti († 727). (AA. SS. Boll. Nov. I, éd. Ch. De Smedt. — Fragm. MG. SS. XV, éd. L. de Heinemann).

1495. Alcuin. Vita metrica S. Willibrordi episcopi Trajectensis († 739). (Jaffé. Bibliotheca rerum Germanicarum, VI, éd. W. Wattenbach. — MG. Poetae Latini, I, éd. E. Dümmler). — Autre vie par Théofried, abbé d'Echternach (v. 1100). (Mabillon. AA. SS. Ord. S. Bened. III. — Fragm. MG. SS. XXIII, éd. L. Weiland).

1496. Willibald. Vita S. Bonifacii († 755) et autres vies par Othlonus (1062) et par un anonyme d'Utrecht. (Jaffé. Bibliotheca rerum Germanicarum, III. Cf. Analecta Bollandiana. I).

1497. S. Bonifacii Epistolae. (Jaffé. Bibliotheca rerum Germanicarum III. — MG. Epistolae, III, éd. E. Dümmler).

1498. Hucbald de Sᵗ-Amand. Vita Lebuini († v. 775). (MG. SS. II, éd. G. Pertz).

Kentzler et S. Abel. Forschungen zur Deutschen Geschichte, VI.

. 1499. Liudger (Sᵗ). Vita Gregorii abbatis Trajectensis († 775?). (MG. SS. XV, éd. O. Holder-Egger).

1500. Vita et Miracula S. Adalberti Egmundensis (VIII⁰ s.). (AA. SS. Boll. Juin, V. — Fragm. MG. SS. XV, éd. O. Holder-Egger).

W. C. Pijnacker-Hordijk. Wat weten wij omtrent den heiligen Adalbert van Egmond ? (Bijdragen voor Vaderl. geschied., 1900).

1501. Vita SS. Harlindis et Renulae (milieu du VIII⁰ siècle). (AA. SS. Boll. Mars, III).

1502. Altfried. Vita S. Liudgeri († 809). (MG. SS. II, éd. G. Pertz. — W. Diekamp. Die vitae S. Liudgeri. Geschichtsquellen des Bistums Münster. IV. Münster, 1881, in-8.)—Autres vies. (Ibid.).

1503. Fundatio monasterii Werthinensis. (MG. SS. XV, éd. G. Waitz).

1504. Vita Odulphi presbyteri Stavrensis (c. 830). (AA. SS. Boll. Juin, II. —Fragm. MG. SS. XV, éd. O. Holder-Egger).

1505. Odbert. Passio Friderici episcopi Trajectensis († v. 840). (MG. SS. XV, éd. O. Holder-Egger).

1506. Folcuin. Vita Folcuini episcopi Morinensis († 855). (MG. SS. XV, éd. O. Holder-Egger).

O. Holder-Egger. Neues Archiv der Gesellschaft für ältere Deutsche Geschichtskunde, VI.

1507. Fundatio Monasterii Blandiniensis. (Van de Putte. Annales abbatiae S. Petri Blandiniensis. Gandavi, 1842, in-4. — MG. SS. XV, éd. O. Holder-Egger).

H. Pirenne. Note sur un manuscrit de l'abbaye de Saint-Pierre de Gand. (CRH. 5. V. 1895).

1508. Haimin. Miracula S. Vedasti (-875). (AA. SS. Boll. Févr. I. — MG. SS. XV, éd. O. Holder-Egger).

1509. Voir en outre les vies des SS. *Aldegonde*, abbesse de Maubeuge † v. 684, (Mabillon. AA. SS. Ord. S. Ben. II. — AA. SS. Boll. Janv. II); *Aldetrude*, abbesse de Maubeuge † v. 696, (AA. SS. Boll. Févr. III); *Alena*, martyre à Forest † v. 640, (Ibid. Juin, III); *Amalberge*, veuve à Lobbes et Binche † v. 690, (Ibid. Juil. III); *Amalberge*, vierge († 772), (Ibid. Juil. III); *Arnulf*, martyr à Cisoing VIIIᵉ s., (Ibid. Janv. II); *Aubert*, évêque de Cambrai † 669, (Ghesquière. AA. SS. Belgii, III); *Basin*, martyr à Tronchiennes, VIIᵉ s., (AA. SS. Boll. Juil. III); *Bérégise*, abbé de S. Hubert † apr. 725, (AA. SS. Boll. Oct. I); *Berlendis*, vierge à Meerbecke † v. 700, (AA. SS. Boll. Févr. I); *Bertilia*, abbesse à Marœil † v. 687, (Ibid. Janv. I); *Bertuin*, évêque anglo-saxon à Malonne VIIᵉ s., (Ghesquière. AA. SS. Belgii, VI. Analectes pour servir à l'hist. ecclésiastique de la Belgique, V.); *Bertulf*, confesseur à Renty et à Gand VIIIᵉ s., (AA. SS. Boll. Févr. I. MG. SS. XV.); *Dodon*, abbé de Wallers VIIIᵉ s., (Ibid. Oct. XII); *Domitien*, évêque de Tongres-Maastricht † 560, (AA. SS. Boll. Mai, II); *Dympne*, vierge à Gheel VIIᵉ s., (AA. SS. Boll. Mai, III); *Eleuthère*, évêque de Tournai † 531, (Ibid. Févr. III); *Ermin*, abbé de Lobbes † 737, (Ibid. Avr. III); *Eusébie*, abbesse de Hamay † v. 680, (Ibid. Mars, II); *Evermar*, martyr à Russon † v. 700, (Ibid. Mai, I); *Florbert*, abbé de S. Bavon de Gand † av. 650, (Ibid. Nov. I); *Foillan*, abbé de Fosses † 655, (Ibid. Oct. XIII); *Gérulphe*, martyr à Tronchiennes † v. 750, (Ibid. Sept. VI); *Gislain*, confesseur † v. 685, (Ibid. Oct. IV);

Gondulphe, évêque de Tongres-Maastricht VIIe s., (Ibid. Juill. IV); *Gudule*, vierge à Bruxelles VIIe s., (Ibid. Janv. I. — MG. SS. XV); *Gudwal*, évêque à Gand VIIe s., (AA. SS. Boll. Juin, I); *Hadelin*, fondateur de Celles † v. 690, (Ibid. Févr. I); *Humbert*, abbé de Maroilles † v. 680, (Ibid. Mars, III); *Landelin*, abbé de Lobbes VIIe s., (Ibid. Juin, II); *Landoald*, archiprêtre à Gand † v. 667, (Ibid. Mars, III); *Landri*, évêque de Metz, à Soignies v. 700, (Ibid. Avril, II); *Landrade*, abbé de Munster-Bilsen † v. 700, (Ibid. Juill. II); *Madelberte*, abbesse de Maubeuge † v. 706, (Ibid. Sept. III); *Maxellendis*, vierge près Cambrai VIIe s., (Ghesquière. AA. SS. Belgii, III); *Médard*, évêque de Noyon-Tournai † 557? (AA. SS. Boll. Juin, II); *Monon*, ermite à Nassogne VIIe s., (Ibid. Oct. VIII); *Monulphe*, évêque de Tongres-Maastricht † v. 580, (Ibid. Juill. IV); *Mummolin*, évêque de Noyon-Tournai, VIIe s., (Ibid. Oct. VII); *Ode*, veuve à Amay † 722, (Ibid. Oct. X); *Odger*, diacre à Ruremonde † v. 713, (Ibid. Sept. III); *Pharaïlde*, vierge en Brabant † v. 750, (Ibid. Janv. I); *Plechelm*, évêque à Ruremonde (?) † v. 713, (Ibid. Juill. IV); *Rombaut*, évêque à Malines † 775, (Ibid. Juill. I); *Rictrude*, abbesse de Marchienne † v. 688, (Ibid. Mai, III); *Silvin*, évêque près Térouanne † 720, (Ibid. Févr. III); *Ursmar*, abbé de Lobbes † 713, (Mabillon. AA. SS. Ord. S. Bened. III); *Vaast*, évêque d'Arras † 540, (Von Schubert. Die Unterwerfung der Alamannen. Strassburg, 1884. p. 205. — AA. SS. Boll. Févr. I); *Vincent-Madelgaire*, confesseur à Soignies † v. 677, (Ibid. Juill., III); *Waudru* (*Waldetrude*), abbesse de Mons † v. 686, (Ibid. Avril, I. — Analectes pour servir à l'hist. ecclés. IV); *Winnoc*, abbé à Wormhout † 717, (Mabillon. AA. SS. Ord. S. Bened. III. — MG. SS. XV); *Wiron*, évêque à Ruremonde † v. 700, (AA. SS. Boll. Mai, II).

Pour des renseignements plus détaillés sur la littérature hagiographique, voy. Bibliotheca hagiographica latina antiquae et mediae aetatis, edd. Socii Bollandiani. Bruxellis, depuis 1898, in-8.

Sur *S. Liévin* et sa biographie attribuée à S. Boniface, voy. O. HolderEgger. Zu den Heiligengeschichten des Genter St. Bavosklosters. (Historische Aufsätze dem Andenken an G. Waitz gewidmet. Hannover, 1886, p. 622).

———

Un petit nombre seulement de cartulaires belges renferment des chartes antérieures au milieu du IXe siècle : ce sont surtout ceux de Stavelot (n° 413), de Saint-Pierre (n° 300) et de Saint-Bavon (n° 300) de Gand. de Saint-Trond (n° 412), de Saint-Vaast d'Arras par Guiman (n° 285) et de Saint-Bertin (n° 309). Il faut encore citer particulièrement les recueils de Lacomblet (n° 320), de Duvivier (n° 718) et de Beyer (n° 430). — Pour l'ensemble voir la table chronologique des chartes et diplômes de Wauters (n° 210), I et VII.

Parmi les recueils de formules, il faut mentionner spécialement celui des *Formulae Salicae Lindenbrogianae*, rédigées antérieurement à la fin du VIII° siècle et certainement originaires du territoire de la Belgique actuelle. (éd. K. ZEUMER. MG. Leg. Formulae Merowingici et Karolini aevi. Hannoverae, 1886, in-4, p. 266).

Les documents les plus intéressants pour l'histoire économique pendant cette période sont le polyptyque (*breviarium*) de l'abbaye de Saint-Bertin composé vers 850 par l'abbé ADALARD (éd. GUÉRARD. Cartulaire de Saint-Bertin, (n° 309, p. 97-117) et un fragment du polyptyque de l'abbaye de Saint-Amand (éd. GUÉRARD. Polyptyque de l'abbé Irminon. Paris, 1844, II, p. 925).

1510. G. KURTH. La frontière linguistique. Voy. n° 189.

1511. A. MEITZEN. Siedelung und Agrarwesen der Westgermanen und Ostgermanen etc. Berlin, 1895, 4 vol. in-8.

1512. K. LAMPRECHT. Fränkische Wanderungen und Ansiedelungen vornehmlich im Rheinland. (Zeitschrift des Aachener Geschichtsvereins, IV, 1882 et Westdeutsche Zeitschrift I).

1513. L. VANDERKINDERE. Sur l'établissement des Francs en Belgique d'après la toponomastique. Voy. n° 199.

1514. COCHET. Le tombeau de Childéric I restitué à l'aide de l'archéologie et des découvertes récentes. Paris, 1859, in-8.

1515. P. GÉRARD. Histoire des Francs d'Austrasie. Bruxelles, 1864, 2 vol. in-8.

1516. L. WARNKOENIG et P. GÉRARD. Les Carolingiens. Bruxelles, 1862, in-4. (Mém. Acad.).

1517. H. BONNELL. Die Anfänge des Karolingischen Hauses. Berlin, 1866, in-8.

1518. TH. BREYSIG. Jahrbücher des Fränkischen Reiches (714-741), Die Zeit Karl Martells. Leipzig, 1869, in-8.

1519. H. Hahn. Jahrbücher des Fränkischen Reiches (741-752). Berlin, 1863, in-8.

1520. L. Oelsner. Jahrbücher des Fränkischen Reiches unter König Pippin. Leipzig, 1871, in-8.

1521. S. Abel et B. Simson. Jahrbücher des Fränkischen Reichs unter Karl dem Grossen. Leipzig, 1883-88, 2 vol. in-8.

1522. B. Simson. Jahrbücher des Fränkischen Reichs unter Ludwig dem Frommen. Leipzig, 1874, in-8.

1523. P. Alberdingk-Thijm. Karel de Groote en zijne eeuw, voorgesteld inzonderheid met betrekking tot Nederland. Amsterdam, 1867, in-8. — Trad. allem. augmentée par Tross. Münster, 1868, in-8.

———

1524. F. W. Rettberg. Kirchengeschichte Deutschlands. Voy. n° 1141.

1525. J. Friedrich. Kirchengeschichte Deutschlands. Voy. n° 1142.

1526. A. Hauck. Kirchengeschichte Deutschlands. Voy. n° 1143.

1527. W. Moll. Kerkgeschiedenis van Nederland. Voy. n° 1144.

1528. L. J. Royaards. Geschiedenis der invoering van het Christendom in Nederland. 3° édit. Utrecht, 1844, in-8.

1529. W. Kleinen. Die Einführung des Christenthums in Köln und Umgegend. Köln, 1888-89, in-4.

1530. P. Alberdingk-Thijm. H. Willibrordus apostel der Nederlanden. Amsterdam, 1861, in-8. — Trad. allem. augmentée par Tross. Münster, 1863, in-8.

1531. A. Werner. Bonifacius der Apostel der Deutschen. Leipzig, 1875, in-8. — J. P. Muller. Bonifacius, eene kerkhistorische studie. Amsterdam, 1869-70, 2 vol. in-8.

1532. G. Paris. Disquisitio de S. Liudgero. Amstelaedami, 1850, in-8. — L. T. W. Pingsmann. Der Heilige Ludgerus. Freiburg, 1897, in-8.

1533. J. P. Van Loren. Lebuinus en zijne stichting te Deventer gedurende den eersten tijd van haar bestaan. Zwolle, 1885, in-8.

1534. P. Claessens. Origine des premiers diocèses de la Belgique. (Revue Catholique, 1877).

———

1535. L. Vanderkindere. Introduction à l'histoire des institutions de la Belgique. Voy. n° 935.

1536. J. Dirks. De Koophandel der Friezen. Voy. n° 1038.

———

1537. J. Desilve. De scola Elnonensi. Voy. n° 1272. — L. Delisle. L'évangéliaire de S. Vaast d'Arras et la calligraphie franco-saxonne du IX° siècle. Paris, 1888, in-4.

Pour les antiquités de l'époque franque, voir particulièrement les revues citées n° 1477. — Add. n° 1272.

II

LES PAYS-BAS DU TRAITÉ DE VERDUN AU COMMENCEMENT DU XII° SIÈCLE.

1. En général.

(Cf. Dahlmann-Waitz-Steindorff, Nos 2185-2459; Monod, Nos 2000-2164).

1538. Annales Vedastini (877-900). (MG. SS. I, III, éd. G. Pertz. — Chronicon Vedastinum (-899). (Ibid. XIII. éd. G. Waitz).
> Le Chronicon de Gestis Normannorum in Francia 820-897 (MG. SS. I) est tiré tout entier des Annales Vedastini et Bertiniani

1539. Réginon de Prüm. Chronicon (-906). — Continuation (907-967). (MG. SS. I, éd. G. Pertz. — Nouv. édit. par F. Kurze. Hannoverae, 1890, in-8).

1540. Sigebert de Gembloux. Chronographia (381-1111). Continuation par Anselme de Gembloux (-1135). (MG. SS. VI, éd. L. Bethmann).
> S. Hirsch. De vita et scriptis Sigeberti Gemblacensis. Berolini. 1841, in-8.

Les principales chroniques étrangères à consulter pour cette période sont : les Annales Bertiniani (-882), (MG. SS. I); les Annales Fuldenses (-901), (Ibid); les Annales de Flodoard de Reims (-966), (Ibid. III); les Histoires de Richer de Reims (-998), (Ibid. — Nouv. édit. Hannoverae, 1877, in-8); de Widukind de Corvey (-973), (Ibid. III. — Nouv. édit. Hannoverae, 1882, in-8); l'Antapodosis (-950) et la Vita Ottonis (-964) de Liudprand de Crémone (Ibid. III. — Nouv. édit. Hannoverae, 1884, in-8); la

Chronique de Thietmar de Mersebourg (-1018), (Ibid. III. — Nouv. édit. Hannoverae, 1889, in-8); les Annales de Lambert de Hersfeld (-1077), (Ibid. III, V. — Nouv. édit. Hannoverae, 1894, in-8).

Il faut y ajouter les lettres de Gerbert (983-997), éd. J. HAVET. Paris, 1889, in-8.

Pour les lettres, chartes et diplômes relatifs à cette période, voy. la table chronologique de Wauters (n° 219), I, II et VII.

1541. E. DÜMMLER. Geschichte des Ostfränkischen Reiches. 2° édit. Leipzig, 1887-88, 3 vol. in-8.

1542. F. LOT. Les derniers Carolingiens. Paris, 1891, in-8.

1543. R. PARISOT. Le royaume de Lorraine sous les Carolingiens. 843-923. Paris, 1899, in-8.

1544. A. ECKEL. Charles le Simple. Paris, 1899, in-8.

1545. PH. LAUER. Le règne de Louis IV d'Outremer. Paris, 1900, in-8.

1546. C. VON KALCKSTEIN. Geschichte des Französischen Königthums unter den ersten Capetingern. I. Leipzig, 1877, in-8.

1547. G. WAITZ. Jahrbücher des Deutschen Reichs unter Heinrich I. 3° édit. Leipzig, 1885, in-8.

1548. R. KOEPKE et E. DÜMMLER. Kaiser Otto der Grosse. Leipzig, 1876, in-8.

1549. S. HIRSCH et H. BRESSLAU. Jahrbücher des Deutschen Reichs unter Heinrich II. Leipzig, 1862-75, 3 vol. in-8.

1550. CH. PFISTER. Études sur le règne de Robert le Pieux. Paris, 1885, in-8.

1551. H. BRESSLAU. Jahrbücher des Deutschen Reichs unter Konrad II. Leipzig, 1879-84, 2 vol. in-8.

1552. H. PABST. Frankreich und Konrad II in den Jahren 1024 und 1025. (Forschungen zur Deutschen Geschichte, V).

1553. E. STEINDORFF. Jahrbücher des Deutschen Reichs unter Heinrich III. Leipzig, 1874-81, 2 vol. in-8.

1554. G. MEYER VON KNONAU. Jahrbücher des Deutschen Reiches unter Heinrich IV und Heinrich V (1056-1077). Leipzig, depuis 1890, in-8.

1555. J. H. VAN BOLHUIS. De Noormannen in Nederland gedurende de IX°, X° en XI° eeuwen. Utrecht, 1834-35, 2 vol. in-8.

1556. A. Paillard de Saint-Aiglan. Sur les changements que l'établissement des abbayes au VII° siècle ainsi que l'invasion des Normands au IX° ont introduits dans l'état social de la Belgique. Bruxelles, 1844, in-4. (Mém. Acad.).

1557. J. Steenstrup. Danske kolonier i Flandern og Nederlandene i det X^{nde} aarhundrede. Kjöbenhavn, 1878, in-8.

1558. P. Van den Velden. Quam partem habuerunt Belgae in bellis sacris et quosnam fructus ex iis perceperunt. Gandavi, 1827, in-4.

1550. J. Dirks. Noord-Nederland en de Kruistochten. (Vrije Fries, II).

Pour la géographie du pays pendant cette période. Voy. n°s 151, 152, 153, 157.

Pour l'histoire du droit et des institutions, voy. n°s 873-75, 939-942.

Pour l'histoire économique, voy. n°s 1055, 1056.

Pour l'histoire ecclésiastique, voy. n°s 1165, 1166.

Pour l'histoire littéraire, voy. n°s 1260, 1261.

Pour l'histoire de l'art, voy. n°s 1335, 1343, 1344, 1346, 1348.

---

2. La Lotharingie jusqu'à l'acquisition du titre ducal par les comtes de Limbourg (1101) et de Louvain (1106).

1560. Annales Xantenses (-873). (MG. SS. II, éd. G. Pertz).

1561. Annales Laubacenses (687-926). (MG. SS. I, éd. G. Pertz). — Annales Lobienses (408-870; 896-982). (MG. SS. XIII, éd. G. Waitz). — Annales Laubienses (418-1505). (MG. SS. IV, éd. G. Pertz). — Annales Leodicenses (58-1121). (MG. SS. IV, éd. G. Pertz).

> G. Waitz. Ueber die Annalen von Lüttich, Fosses und Lobbes. (Nachrichten von der Königl. Gesellschaft der Wissenschaften zu Göttingen, 1870.)

1562. Annales Stabulenses (1-1087). (MG. SS. XIII, éd. G. Waitz).

1563. Annales Leodicenses (58-1121). (MG. SS. IV, éd. G. Pertz).

1564. Alpert, diacre d'Utrecht. De diversitate temporum (-1022). (MG. SS. IV, éd. G. Pertz. — Autre édition par A. Dederich. München, 1859, in-8).

> M. Manitius. Zu den Werken Alperts. (Neues Archiv der Gesellschaft für ältere Deutsche Geschichtskunde, XIII).

1565. Hériger de Lobbes et Anselme de Liége. Gesta episcoporum Tungrensium, Trajectensium et Leodiensium (-1048). (MG. SS. VII, éd. R. Koepke). — Ex Anselmi gestorum recensione altera. (Ibid. XIV, éd. G. Waitz).

G. Kurth. Notice sur un manuscrit d'Hériger et d'Anselme. (CR II 2. II). — R. Gorgas. Ueber den kürzeren Text von Anselms Gesta pontificum Leodiensium. Halle, 1890, in-8.

1566. Gesta episcoporum Cameracensium (jadis faussement attribués à Baldéric de Noyon) (-1051). — Gesta Lietberti et Gerardi II (1051-1092). (MG. SS. VII, éd. L. Bethmann). — Continuations surtout en vers jusqu'à 1179 (Ch. De Smedt. Gestes des évêques de Cambrai de 1092 à 1138. Paris, 1880, in-8. — Nouv. édit. par G. Waitz. MG. SS. XIV).

Les Gesta Manassis et Walcheri, les Gesta abbreviata, la Versio Gallica, publ. par Bethmann (MG. SS. VII). sont empruntés à la continuation retrouvée par De Smedt. — Ajoutez un remaniement postérieur de la vie de Lietbert par Rodolphe, moine du Saint-Sépulchre. (AA. SS. Boll. Juin, IV).

1567. Amand, prieur d'Anchin. De Odonis episcopi Cameracensis vita et moribus (1105-1113). (MG. SS. XV, éd. O. Holder-Egger).

1568. Chronicon S. Andreae Castri Cameracesii (1011-1133). (MG. SS. VII, éd. L. Bethmann).

1569. Lambert de Watrelos. Annales Cameracenses (1099-1170). (MG. SS. XVI, éd. G. Pertz).

1570. Annales Egmundani (875-1205 avec additions -1315). (MG. SS. XVI, éd. G. Pertz. Reproduit par B. J. L. de Geer van Jutfaas. Utrecht, 1863, in-8. — Chronicon Egmundanum (647-1205). (Kluit. Historia critica comitatus Hollandiae, I). — Thierry de Leyde. Breviculi parvi positi super sepulchra comitum Hollandiae in monasterio Haecmundensi. (Matthaeus. Vet. Anal. II). — Léon d'Eomond. Breviculi majores, etc. (Ibid.)

K. von Richthofen. Die älteren Egmunder Geschichtsquellen. Berlin, 1886, in-8. Cf. O. Holder-Egger. Deutsche Litteraturzeitung, 1886, col. 1232. — M. S. Pols. Bijdragen tot de kritiek der Annales Egmundani. (Geschiedkundige opstellen aan R. Fruin aangeboden. 's Gravenhage, 1894, in-8). — Add. Heemundensia. No 383.

1571. Sigebert de Gembloux. Gesta abbatum Gemblacensium (940-1050). — Continuation par Godescalc (1050-1136). — Panegyricus libellus de abbatibus Gemblacensibus (1012-1136). (MG. SS. VIII, éd. G. Pertz).

Add. une lettre de l'abbé Erluin I (962-987) publ. par K. Hampe. Neues Archiv der Gesellschaft für ältere deutsche Geschichtskunde, XXIII.

1572. Folcuin, abbé de Lobbes. Gesta abbatum Lobiensium (-974). (MG. SS. IV, éd. G. Pertz.

O. Holder-Egger. Neues Archiv der Gesellschaft für ältere Deutsche Geschichtskunde, VI.

1573. Gesta abbatum Lobbiensium (972-1159). (MG. SS. XXI, éd. W. Arndt).

1574. Annales S. Jacobi Leodiensis minores (-1303). (MG. SS. XVI, éd. G. Pertz).

1575. Lambert le petit. Annales S. Jacobi Leodiensis (988-1193). (MG. SS. XVI, éd. G. Pertz). — Renier de S. Jacques. Annales S. Jacobi. (1066-1230). (Ibid. éd. G. Pertz).

1576. Rupert, abbé de S. Laurent. Chronicon S. Laurentii Leodiensis (959-1095). (MG. SS. VIII, éd. W. Wattenbach).

1577. Cantatorium ou Chronicon S. Huberti Andaginensis (-1106). (MG. SS. VIII, éd. L. Bethmann et W. Wattenbach). — Trad. française par de Robaulx de Soumoy. Chronique de l'abbaye de S. Hubert. Bruxelles, 1847, in-8.

P. Krollick. Die Klosterchronik von St. Hubert und der Investiturkampf im Bisthum Lüttich. Voy. n° 1625. — A. Cauchie. La querelle des Investitures etc. Voy. n° 1626. — K. Hanquet. Étude critique sur la chronique de Saint-Hubert, dite Cantatorium. Bruxelles, 1900, in-8.

1578. Chronicon Laetiense (1005-1147). (MG. SS. XIV, éd. J. Heller).

1579. Chronicon Affligemense (1083-1100). (MG. SS. IX, éd. G. Pertz).

1580. Rodolphe, abbé de S. Trond. Gesta abbatum Trudonensium (-1108). — Rodulfi abbatis epistolae quatuor. — De obitu Rodulfi (†1138). (MG. SS. X, éd. R. Koepke. — Nouv. édit. par C. de Borman, Liège, 1872-77, 2 vol. in-8).

La 3e continuation de ce texte, faite au XIV° siècle, comprend un remaniement des années 628-999 et 1003 à 1127.

1581. Triumphus S. Remacli Stabulensis de coenobio Malmundariensi (1061-1071). — Dedicatio ecclesiae Stabulensis (1040-1042). (MG. SS. XI, éd. W. Wattenbach).

O. Dietrich. Der Triumphus S. Remacli. Halle, 1887, in-8.

1582. Triumphus S. Lamberti Leodensis de castro Bullonio. (1096-1141). (MG. SS. XX, éd. W. Arndt). — Ex vita S. Mochulloi

(Ibid. éd. C. Pertz). — Renier de S. Laurent. Triumphale Bullo-nicûm (Ibid. éd. W. Arndt).

1583. Hugues de Lobbes. Fundatis monasterii Lobiensis. — De fundatione et lapsu monasterii Lobiensis. — Fundatio... brevis. (MG. SS. XIV, éd. G. Waitz).

1584. Fundatio ecclesiae S. Albani Namucensis. (MG. SS. XV, éd. O. Holder-Egger).

H. Bresslau. Neues Archiv der Gesellschaft für ältere deutsche Geschichtskunde, VIII.

1585 Historia monasterii Walciodorensis (-v. 1100). — Conti-nuatio (1101-1230). (MG. SS. XIV, éd. G. Waitz). — Series abbatum (-1148). (MG. SS. XIII).

L. Lahaye. Histoire de Waulsort. Liège, 1890, in-8. (Bullet. de la Soc. d'art et d'hist. de Liège). — E. Sackur. Der Rechtsstreit der Klöster Waulsort und Hastière. (Deutsche Zeitschrift für Geschichts-wissenschaft, 1889). — Die Waulsorter Fälschungen. (Ibid. 1891).

1586. Renier de S.Laurent. De abbatibus et monachis illustribus S. Laurentii Leodensis (-v. 1180). (MG. SS. XX, éd. W. Arndt).

1587. Genealogia comitum Bolonensium (-v. 1090 et v. 1180). (MG. SS. IX, éd. L. Bethmann).

1588. Genealogia comitum Namurcensium et Bolonensium (-1100) (dans Genealogiae Aquicinctinae) (MG.SS.XIV,éd.O.Holder-Egger).

1589. Genealogia comitum Hainoensium (1070 - c. 1200) (dans Geneologiae Aquicinctinae). (MG. SS. XIV, éd. O. Holder-Egger).

1590. Vita Radbodi episcopi Trajectensis († 917). (MG. SS. XV, éd. O. Holder-Egger).

1591. Ruotger. Vita Brunonis archiepiscopi Coloniensis († 965). (MG. SS. IV, éd. G. Pertz).

1592. Vita Gerardi abbatis Broniensis († 959). (AA. SS. Boll. Oct. II. — MG. SS. XV. éd. L. de Heinemann).

P. Guenther. Das Leben des Heiligen Gerard. Halle, 1877, in-8. — L. von Heinemann. Die älteren Diplome für das Kloster Brogne und die Abfassungszeit der Vita Gerardi. (Neues Archiv. der Gesellschaft für ältere Deutsche Geschichtskunde, XV). — U. Berlière. Étude sur le Vita Gerardi Broniensis. (Revue Bénédictine, 1892).

1593. Sigebert de Gembloux. Vita S. Wicberti († 962). — Elevatio S. Wicberti (1110). — Miracula (1099-1115). (MG. SS. VIII, éd. G. Pertz).

1594. Vita Kaddroae abbatis Walciodorensis († 975). (AA. SS. Boll. Mars, I. — Fragm. MG. SS. XV, éd. L. DE HEINEMANN).

1595. RENIER DE S. LAURENT. Vita Everacli episcopi Leodiensis († 971). (MG. SS. XX, éd. W. ARNDT).

1596. Vita Notgeri episcopi Leodiensis († 1007). (G. KURTH. Une biographie de l'évêque Notger au XIIᵉ siècle. CRH. 4. XVII).

1597. Vita Balderici II episcopi Leodiensis († 1018). (MG. SS. IV, éd. G. PERTZ).

1598. RENIER DE S. LAURENT. Vita Wolbodonis episcopi Leodiensis († 1021). (MG. SS. XX, éd. W. ARNDT).

1599. RENIER DE S. LAURENT. Vita Reginardi episcopi Leodiensis († 1037). (MG. SS. XX, éd. W. ARNDT).

1600. Vita Richardi abbatis S. Vitoni Verdunensis († 1046). (MG. SS. XI, éd. W. WATTENBACH).

1601. ONULPHE DE BLANDIN et EVERHELM DE HAUTMONT. Vita Popponis abbatis Stabulensis († 1048). (MG. SS. XI, éd. W. WATTENBACH).

1602. Vita Theoderici abbatis Andaginensis († 1087). (MG. SS. XII, éd. W. WATTENBACH).

1603. Vita S. Huberti Maricolensis. (AA. SS. Boll. Mars III. — Fragm. MG. SS. XV, éd. O. HOLDER-EGGER).

1604. Miracula S. Humberti (livre II. 841-XIᵉ s.). (AA. SS. Boll. Novembre I, éd. CH. DE SMET).

1605. Miracula S. Remacli. (VIIIᵉ-XIᵉ s.). (AA. SS. Boll. Sept. I. — Fragm. dans MG. SS. XV, éd. O. HOLDER-EGGER). — Translatio S. Justi Malmundarium (apr. 900). (MG. SS. XV, éd. L. DE HEINEMANN). — Lettre d'Annon, archevêque de Cologne, aux moines de Malmédy (1065). (Neues Archiv der Gesellschaft für ältere Deutsche Geschichtskunde, XIV).

1606. Miracula S. Gisleni (Xᵉ s.). (AA. SS. Boll. Oct. IV. — Fragm. dans MG. SS. XV, éd. O. HOLDER-EGGER). — Miracula auct. RAINERO (XIᵉ s.). (MG. SS. XV, éd. O. HOLDER-EGGER).

1607. Virtutes S. Eugenii Bronii ostensis (Xᵉ s.). (Analecta Bollandiana, III. — Fragm. MG. SS. XV, éd. L. DE HEINEMANN).

1608. STEPELIN DE S. TROND. Miracula S. Trudonis (XIᵉ s.). (Mabillon. AA. SS. Ord. S. Bened. VI. — Fragm. MG. SS. XV, éd. O. HOLDER-EGGER).

1609. Miracula SS. Ursmari et Ermini (XIᵉ s.). (AA. SS. Boll. Avr. II. — Fragm. MG. SS. XV, éd. O. HOLDER-EGGER).

1610. Miracula S. Waldburgae Tielensia (XI° s.). (AA. SS. Boll.
Févr. III. — MG. SS. XV, éd. O. Holder-Egger).

1611. Olbert de Gembloux. Miracula S. Veroni (XI° s.). (AA.
Boll. Mars, III. — Fragm. MG. SS. XV. éd. O. Holder-Egger).

1612. Ursion de Hautmont. Miracula S. Marcelli (XI° s.). (AA.
SS. Boll. Janv. II. — Fragm. MG. SS. XV, éd. O. Holder-Egger).

1613. Hillin de Fosses. Miracula S. Folliani (XI° s.). (AA. SS.
Boll. Oct. XIII. — Fragm. MG. SS. XV, éd. O. Holder-Egger).

1614. Jocundus. Translatio et miracula S. Servatii Trajectensis
(-1088). (MG. SS. XVII, éd. R. Koepke).

———

1615. Sedulius Scotus. Carmina. (MG. Poetae latini aevi Caro-
lini III, éd. L. Traube).

> H. Pirenne. Sédulius de Liège. Bruxelles, 1882, in-8. (Mém. Acad.).
> — E. Dümmler. Lettres d'Irlandais à Liège au IX° siècle. (Neues Archiv
> der Gesellschaft für ältere Deutsche Geschichtskunde, XIII).

1616. Rather, évêque de Liège et de Vérone. Œuvres diverses
(932-974). (Migne. Patrologia latina, CXXXVI). — Lettres de
Rather contre Baldéric, évêque de Liège (v. 955). (Neues Archiv der
Gesellschaft für ältere Deutsche Geschichtskunde, IV).

> A. Vogel. Ratherius von Verona und das X Jahrhundert. Jena,
> 1854, in-8.

———

1617. K. Wittich. Die Entstehung des Herzogthums Lothringen.
(-925). Göttingen, 1862, in-8. — Richer über die Herzöge Giselbert
von Lothringen und Heinrich von Sachsen. (Forschungen zur Deutschen Geschichte, III).

1618. M. Müller. Die Kanzlei Zwentibolds Königs von Lothringen.
Bonn, 1892, in-8.

1619. D. J. Witte. Lothringen in der zweiten Hälfte des X Jahrhunderts. Göttingen, 1869, in-8.

1620. R. Parisot. De prima domo quae superioris Lotharingiae
ducatum quasi hereditario jure tenuit (959-1033). Nancy, 1898, in-8.

1621. V. Wenning. Ueber die Bestrebungen Französischer Könige
des X Jahrhunderts Lothringen für Frankreich zu gewinnen.
Hanau, 1884, in-4.

1622. F. Brabant. Régnier au long col et son époque. Bruxelles,
1879, in-8. (Bullet. Acad.).

1623. A. Borgnet. Étude sur le règne de Charles le Simple. Bruxelles, 1844, in-4. (Mém. Acad.).

1624. E. Hoeres. Das Bisthum Cambrai. Seine Beziehungen zu Deutschland und Frankreich und die Entwickelung der Commune. (1002-1191). Leipzig, 1882, in-8. — A. Dieckmeyer. Die Stadt Cambrai. Verfassungsgeschichtliche Untersuchungen aus dem X bis gegen Ende des XII Jahrhunderts. Jena, 1889, in-8. — W. Reinecke. Geschichte der Stadt Cambrai. Voy. n° 740.

1625. P. Krollick. Die Klosterchronik von Sᵗ-Hubert und der Investiturkampf im Bisthum Lüttich zur Zeit Kaiser Heinrichs IV. Berlin, 1884, in-4. — G. Kurth. Sur les premiers siècles de l'abbaye de Saint-Hubert. (CRH. 5. VIII).

1626. A. Cauchie. La querelle des investitures dans les diocèses de Liège et de Cambrai. I, II. (1073-1107). Louvain, 1890-91, in-8. — E. Dümmler. Zur Geschichte des Investiturstreites im Bisthum Lüttich (Neues Archiv der Gesellschaft für ältere Deutsche Geschichtskunde, XI).

1627. A. Matthaei. Die Haendel Ottos II mit Lothar von Frankreich (978-980). Halis-Saxonum, 1882, in-8.

1628. F. Jaerschkerski. Gottfried der Bärtige. I. Göttingen, 1867, in-8. — M. Wedemann. Gottfried der Bärtige. Seine Stellung zum fränkischen Kaiserhause und zur Römischen Curie. Leipzig, 1876, in-8. — R. Jung. Herzog Godfried der Bärtige unter Heinrich IV. Marburg, 1884, in-8.

1629. F. Dieckman. Gottfried III der Bücklige. Erlangen, 1885, in-8.

1630. G. Beyer. Vita Godefridi Bullionensis. Marburgi-Cattorum, 1874, in-8. — K. Breysig. Gottfried von Bouillon vor dem Kreuzzuge. (Westdeutsche Zeitschrift für Geschichte und Kunst XVII).

1631. G. Kurth. Le comte Immon. (Bullet. Acad. 3ᵉ série, XXXV, 1898).

1632. S. Ernst. Mémoire historique sur les comtes de Hainaut de la première race. Bruxelles, 1857 (CRH. 2. IX).

1633. L. Vanderkindere. A propos d'une charte de Baldéric d'Utrecht (943). (Bullet. Acad. Classe des lettres, 1900).

1634. L. Vanderkindere. Richilde et Hermann de Hainaut. (Bullet. Acad. Classe des lettres, 1899).

1635. S. Ernst. Mémoire sur les comtes de Louvain jusqu'à Godefroid le Barbu. Liège, 1837, in-8.—P.F.X. de Ram. Recherches sur l'histoire des comtes de Louvain (970-1095). Bruxelles, 1851, in-4. (Mém. Acad.).

1636. S. Ernst. Dissertation historique et critique sur la maison royale des comtes d'Ardenne. Bruxelles, 1858, in-8. (CRH. 2. X).

1637. J. Schötter. Einige kritische Erörterungen über die frühere Geschichte der Grafschaft Luxemburg. Luxemburg, 1859, in-4. — S. Hirsch. Die Ausbildung der Luxemburgischen Grafschaft. (Jahrbücher Heinrichs II, I. p. 530. Voy. nº 1549).

1638. H. Bresslau. Article cité nº 1584, important pour l'origine des comtes de Namur.

1639. J. Bolhuis van Zeeburgh. Over de geschiedenis der eerste graven uit het Hollandsche huis. (Bijdragen voor vaderl. geschied. 1870). — Herman van Kuik en graaf Floris I. (Ibid. 1880). — M. S. Pols. De onechtheid van den giftbrief van graaf Dirk V van Holland van 1083. (Ibid. 1888). — Kappeijne van de Coppello. Hecmundensia. (Ibid. 1889). — R. Fruin. Het gravenregister uit het Adelbertsboek der Egmunder abdij. (Ibid. 1889).

1640. J. B. Pitra. L'évêque Notger. (Bullet. de l'Institut archéolog. liégeois, I).

1641. P. Ladewig. Poppo von Stablo und die Klosterreform unter den ersten Saliern. Berlin, 1883, in-8.

1642. J. Janssen. Wibald von Stablo und Corvey (1098-1158). Münster, 1854, in-8. — L. Mann. Wibald Abt von Stablo und Corvei. Halle, 1875, in-8.

1643. G. Kurth. Les origines de la ville de Liège. Liège, 1883, in-8. (Bullet. de la Soc. d'art et d'hist. de Liège).

1644. W. Nitzsch. Heinrich IV und der Gottes und Landfrieden. (Forschungen zur Deutschen Geschichte, XXI).

---

3. La Flandre jusqu'à l'extinction des comtes nationaux (1127).

1645. Annales Elnonenses majores. — Annales Elnonenses minores (533-1224). (MG. SS. V, éd. G. Pertz). — Breve Chronicon Elnonense. (De Smet. Corpus Chron. Flandr. II).

1646. Genealogia comitum Flandriae Bertiniana (-1100). Continuation (-1219). — Genealogiae... rhytmica (-1119). — LAMBERT DE S. OMER. Genealogia comitum Flandriae (-1120). Continuation (-1128). — Genealogiae comitum Flandriae auctore monacho S. Bertini = Flandria generosa (-1164).—Genealogia Arnulfi I (-951) auctore WITGERO.— De Arnulfo I († 964). (MG. SS. IX, éd. L. BETHMANN). — De genere comitum Flandrensium notae Parisienses (c. -1290). (MG. SS. XIII, éd. G. WAITZ). — Genealogia comitum Flandrensium (c. -1128) (dans Genealogiae Aquicinctinae). (MG. SS. XIV, éd. O. HOLDER-EGGER).

> Les " Chronikes des contes de Flandre „ éd. KERVYN DE LETTENHOVE. Bruges, 1849, in-4, ne sont qu'une recension différente de cette dernière chronique, d'après un ms. de Paris. Sur l'ensemble de ces sources voy. L. BETHMANN. Lettre à l'abbé Carton sur les généalogies des comtes de Flandre. Bruges, 1849, in-4. (Publ. de la Soc. d'Émulat. de Bruges).

1647. FOLCUIN, moine de S. Bertin puis abbé de Lobbes. Gesta abbatum S. Bertini Sithiensium (648-962). — SIMON. Continuation (1021-1145). (MG. SS. XIII, éd. O. HOLDER-EGGER).

> O. HOLDER-EGGER. Neues Archiv der Gesellschaft für ältere Deutsche Geschichtskunde, VI. Voy. n° 1572.

1648. Annales S. Bavonis Gandensis (47 av. J.-C. -608-1350). (MG. SS. II, éd. G. PERTZ. — DE SMET. Corp. Chron. Flandr. I). — Chronicon S. Bavonis (-1152). (Ibid.).

1649. TOMELLUS. Historia monasterii Hasnoniensis (670-1070). — De lite abbatiarum Elnonensis et Hasnoniensis (1055-1091). (MG. SS. XIV, éd. O. HOLDER-EGGER).

1650. GUIMAN. Cartulaire de Saint-Vaast d'Arras (-1192), éd. VAN DRIVAL. Voy. n° 285.

> L'œuvre de GUIMAN forme en réalité une chronique très précieuse du monastère de Saint-Vaast, entremêlée de chartes. L'édition de Van Drival est malheureusement détestable. Quelques fragments ont été publiés depuis par G. WAITZ. MG. SS. XIII.

1651. Chronica monasterii Watinensis (1072-1080). (MG. SS. XIV, éd. O. HOLDER-EGGER).

1652. Annales Aquicinctini (1079-1279). (MG. SS. XVI, éd. G. PERTZ).

1653. Annales Formoselenses (1-1136). (MG. SS. V, éd. L. BETHMANN).

1654. Lambert d'Ardres. Historia comitum Ghisnensium (-1203). (MG. SS. XXIV, éd. J. Heller. — Publ. avec une traduction française ancienne par de Godefroy-Ménilglaise. Paris, 1855, in-8).

1655. Guillaume d'Andres. Chronica Andrensis (1024-1234). (MG. SS. XXIV, éd. J. Heller).

1656. Herman de Tournai. De restauratione S. Martini Tornacensis (1070-1142). (MG. SS. XIV, éd. G. Waitz).

> G. Waitz. Hermann von Tournai und die Geschichtsschreibung der Stadt. (Forschungen zur Deutschen Geschichte, XXV).

1657. Historiae Tornacenses (-1146). — Liber de antiquitate urbis Tornacensis. — De dignitate et antiquitate urbis Tornacensis. (MG. SS. XIV, éd. G. Waitz). — Chronica Tornacensis. (De Smet. Corpus Chron. Flandr. II).

> G. Waitz. Voy. n° précédent.

1658. Suger de Saint-Denys. Vie de Louis le Gros, éd. A. Molinier. Paris, 1887, in-8.

> O. Holder-Egger. Zu Sugers Vita Ludowici VI regis. (Neues Archiv der Gesellschaft für ältere Deutsche Geschichtskunde, XXVI)

1659. Galbert de Bruges. Passio Karoli boni comitis Flandriae († 1127). (AA. SS. Boll. Mars, I. — MG. SS. XII, éd. R. Koepke. — Nouv. édit. par H. Pirenne. Paris, 1891, in-8).

> H. Van Houtte. Essai sur la civilisation flamande au commencement du XIIe siècle d'après Galbert de Bruges. Louvain, 1898, in-8.

1660. Walter de Térouanne. Vita Karoli comitis Flandriae († 1127). — Passio Karoli auctore anonymo. (MG. SS. XII, éd. R. Koepke). — De nece Karoli (Neues Archiv der Gesellschaft für ältere Deutsche Geschichtskunde, XV).

1661. Vita Bertulfi Renticensis (Xe-XIe s). (AA. SS. Boll. Févr. I. — Fragm. MG. SS. XV, éd. O. Holder-Egger).

1662. Hariulf, abbé d'Oudenbourg. Vita Arnulphi episcopi Suessionensis († 1087). (AA. SS. Boll. Août, III. — Fragm. MG. SS. XV, éd. O. Holder-Egger).

> Sur Hariulf voy. la préface de F. Lot à son édition de la Chronique de l'abbaye de Saint-Riquier par cet auteur. Paris, 1894, in-8.

1663. Gesta Lamberti episcopi Atrebatensis (1092-1115). (D'Achery Spicilegium, V, 2e éd. III). — De primatu sedis Atrebatensis. Migne. Patrologia latina, CLXII).

1664. De moribus Lamberti abbatis S. Bertini († 1125). (MG. SS. XV, éd. O. Holder-Egger).

1665. Walter de Térouanne. Vita Johannis episcopi Teruanensis (†1130). (MG. SS. XV, éd. O. Holder-Egger).

1666. Miracula S. Bertini (IX°-XI° siècle). (AA. SS. Boll. Sept. II. — MG. SS. XV, éd. O. Holder-Egger). — Erembold. Libellus de miraculo S. Bertini (XI° siècle). (Ibid.). — Bovon. Relatio de inventione et elevatione S. Bertini (XI° siècle),— Relationes SS. Walarici et Richarii ad S. Bertinum (X° siècle). (AA. SS. Boll. Avr. I et III. — Fragm. MG. SS. XV, éd. O. Holder-Egger).

1667. Sermo de adventu SS. Wandregisili, Ansberti et Vulfranni Blandinium (665-960). (AA. SS. Boll. Juill. V. — Fragm. MG. SS. XV, éd. O. Holder-Egger).

1668. Vita et Miracula S. Winnoci (X° siècle). (Mabillon. AA. SS. Ord. S. Bened. III. — Fragm. MG. SS. XV, éd. O. Holder-Egger). — Drogon. Miracula (XI° siècle). (Ibid.). — Drogon. Translatio S. Lewinnae (XI° siècle). (AA. SS. Boll. Juill. V. — Fragm. MG. SS. XV, éd. O. Holder-Egger).

1669. Hériger de Lobbes. Translatio S. Landoaldi et sociorum ejus (XI° siècle). (AA. SS. Boll. Mars, III. — MG. SS. XV, éd. O. Holder-Egger).

1670. Adventus S. Gerulfi Truncinium (X°-XI° siècle). (AA. SS. Boll. Sept. VI. — Fragm. MG. SS. XV, éd. O. Holder-Egger). ·

1671. Miracula S. Amandi (XI° siècle). (AA. SS. Boll. Févr. I. — Fragm. MG. SS. XV, éd. O. Holder-Egger).

1672. Gonzon. Miracula S. Gengulfi (XI° siècle). (AA. SS. Boll. Mai, II. — Fragm. MG. SS. XV, éd. O. Holder-Egger).

1673. Vitae S. Macharii (XI° siècle). (AA. SS. Boll. Avr. I. — Fragm. MG. SS. XV, éd. O. Holder-Egger).

1674. Miracula et Translationes S. Bavonis (X°-XI° siècle). (AA. SS. Boll. Oct. I. — MG. SS. XV, éd. O. Holder-Egger).

1675. Libellus de loco sepulturae Florberti abbatis (XI° siècle). (MG. SS. XV, éd. O. Holder-Egger).

1676. Translatio SS. Livini et Brictii (XI° siècle). (MG. SS. XV, éd. O. Holder-Egger).

Pour ce texte, ainsi que pour ceux qui sont indiqués aux n°s 1666-1675, voy. O. Holder-Egger, Zu den Heiligengeschichten des Genter St. Bavos Klosters, n° 1689.

1677. Translatio et miracula S. Bertae Blangiacensis (v. 850-995,

1020). (AA. SS. Boll. Juill. II. — Fragm. MG. SS. XV, éd. L. DE HEINEMANN).

1678. WALBERT DE MARCHIENNES. Miracula S. Rictrudis (XIIᵉ s.). (AA. SS. Boll. Mai, III).

1679. Tractatus de ecclesia S. Petri Aldenburgensis (MALOU. Chronicon Aldenburgense. Bruges, 1840, in-4. — Fragm. MG. SS. XV, éd. O. HOLDER-EGGER).

1680. Fundatio monasterii Aquicinctini (1079-1086). — Historia monasterii Aquicinctini (1080-1174). (MG. SS. XIV, éd. G. WAITZ).

1681. GAUTIER. Fundatio monasterii Arroasiensis (1098-1180). (MG. SS. XV, éd. O. HOLDER-EGGER).

1682. Fundatio monasterii S. Nicolai de Pratis Tornacensis. (MG. SS. XV, éd. O. HOLDER-EGGER).

> J. Vos. Histoire de l'abbaye de S. Médard ou de S. Nicolas des Prés. (Mém. de la Soc. hist. de Tournai, XI).

1683. GERVAIS, archevêque de Reims. Epistola Balduino Flandrensium comiti directa. (MG. SS. XV, éd. O. HOLDER-EGGER).

1684. LAMBERT, évêque d'Arras. Lettres (1095-1114). (Recueil des historiens de France XV, éd. BRIAL. — MIGNE. Patrol. latina, CLXII).

1685. Documents relatifs à la restauration de l'évêché d'Arras. (BALUZE, Miscellanea V, Paris, 1700, in-8, et Recueil des historiens de France, XV).

— Add. nᵒˢ 1566 et suiv.

Voir en outre les principaux chroniqueurs normands : DUDON DE S. QUENTIN. Historia Normannorum (860-1002). (A. DUCHESNE. Historiae Normannorum Scriptores antiqui. Paris, 1690, fol. — Nouv. édit. par J. LAIR. Soc. des Antiquaires de Normandie, XXIII). — GUILLAUME DE JUMIÈGES. De gestis ducum Normannicorum (851-1137). (DUCHESNE. Ibid. — Recueil des historiens des Gaules et de la France VIII, X, XII.— Fragm. MG. SS. XXVI). — ORDERIC VITAL. Historia ecclesiastica (-1142). (DUCHESNE. Ibid. — Nouv. édit. par LE PRÉVOST. Soc. de l'hist. de France. Paris, 1838-55, 5 vol. in-8. — Fragm. MG. SS. XX. XXVI).

———

Pour l'histoire économique, les documents les plus intéressants se trouvent dans les cartulaires de S. Pierre et de S. Bavon de Gand (nᵒ 300) et de S. Bertin (nᵒ 309).

Pour l'histoire du droit, il faut ajouter aux documents réunis dans Warnkoenig (n° 609) des textes importants relatifs aux Paix de Dieu du XIe siècle, publ. par M. Sdralek, dans les Kirchengeschichtliche Studien de Knöpfler, Schrörs et Sdralek. Münster, 1891, p. 140.

1686. A. Wauters. La légende des forestiers de Flandre. Bruxelles, 1873, in-8. (Bullet. Acad.). — Sur les premiers temps de l'histoire de Flandre. Bruxelles, 1885, in-8. (Bullet. Acad.). — A. de Saint-Léger. De Flandriae comitatus primordiis sive de fabulis quibus primi comitis origines decorantur. Insulis, 1900, in-8.

1687. L. Vanderkindere. Le capitulaire de Servais et les origines du comté de Flandre. (CRH. 5. VII). Add. n° 152.

1688. S. Hirsch. Reichsflandern und die Deutsche Burg von Gent. (Jahrbücher Heinrichs II, I, p. 507). Voy. n° 1549. — A. Wauters. Le château impérial de Gand et la fosse Othonienne. Bruxelles, 1886, in-8. (CRH. 3. XI). — J. Vuylsteke. Het gravenkasteel [te Gent]. (Annales du cercle historique et archéologique de Gand, I, 1895).

1689. O. Holder-Egger. Zu den Heiligengeschichten des Genter St. Bavos Klosters. (Historische Aufzäte dem Andenken an G. Waitz gewidmet. Hannover, 1886, in-8).

1690. A. Giry. Grégoire VII et les évêques de Térouanne. (Revue historique, 1876).

1691. G. Des Marez. Notice sur un diplôme d'Arnulf le Vieux, comte de Flandre [941]. (CRH. 5. VI).

1692. E. Schmiele. Robert der Friese. I. Sondershausen, 1872, in-8.

1693. J. J. De Smet. Robert de Jérusalem, comte de Flandre, à la première croisade. Bruxelles, 1861, in-4. (Mém. Acad.).

1694. C. Wegener. Om Carl Dancske greve af Flandern. Kjöbenhavn, 1839, in-4. — Trad. française par un Bollandiste. Bruges, 1843, in-8.

1695. A. Du Chesne. Histoire généalogique des maisons de Guines, d'Ardres, de Gand et de Coucy. Voy. n° 126.

1696. H. Van Houtte. Les Kerels de Flandre. Louvain, 1898, in-8.

1697. J. Gantrel. Mémoire sur la part que les Flamands et d'autres Belges ont prise à la conquête de l'Angleterre par les Normands. Gand, 1839, in-8. — W. Cunningham. Die Einwanderung von

Ausländern nach England im XII Jahrhundert (Zeitschrift für Social und Wirthschaftsgeschichte, III). — Pour les relations entre la Flandre et l'Angleterre à cette époque voy. encore E. A. FREEMAN. History of the Norman Conquest. London, 1879. 6 vol. in-8.

III.

LES PAYS-BAS AU XII° ET AU XIII° SIÉCLE.

1. En général.

(Cf. Dahlmann-Waitz-Steindorff, Nᵒˢ 2459-2687; Monod, Nᵒˢ 2165-2463).

N. B. A partir de cette période, les relations des Pays-Bas avec l'Angleterre deviennent de plus en plus importantes. On trouvera dans Ch. GROSS. The sources and literature of English history from the earliest times to about 1485. London, 1900, in-8, l'indication des sources relatives à l'histoire de ce royaume. — Le recueil de Th. RYMER. Foedera, conventiones, litterae inter reges Angliae et alios quosvis reges etc. (dont l'édition la plus commode est celle de La Haye, 1739-45, 10 vol. in-fol.) contient une quantité de documents, lettres, traités, etc. d'un grand intérêt pour notre histoire.

Pour les relations des Pays-Bas avec l'Allemagne et en général pour l'histoire du commerce, il faut se servir du Hansisches Urkundenbuch, publié par K. HÖHLBAUM, K. KUNZE et W. STEIN. (Halle, depuis 1876, in-4) et de la collection des Recesse und andere Akten der Hansetage, depuis 1256 (Leipzig, depuis 1870, in-4).

1698. Sigeberti continuatio Gemblacensis (1136-1148). — Auctarium Gemblacense (465-1148). (MG. SS, VI, éd. L. BETHMANN). — Add. n° 1540.

1699. Chronica regia Coloniensis [Annales Colonienses maximi] (-1175). Contination (-1249). (MG. SS. XVII, éd. G. PERTZ. 2ᵉ édit. Hannoverae, 1880, in-8, éd. G. WAITZ).

1700. ALBÉRIC DE TROISFONTAINES. Chronica (-1241). (MG. SS. XXIII, éd. P. SCHEFFER-BOICHORST).

1701. Philippe Mousket. Cronique rimée, (-1242), éd. de Reiffenberg. Bruxelles, 1836-38. Supplément 1845, in-4. — Fragm. éd. Tobler et Holder-Egger. (MG. SS. XXVI).

1702. Récits d'un Ménestrel de Reims, éd. N. de Wailly. Paris, 1876, in-8. — Fragm. éd. O. Holder-Egger. (MG. SS. XXVI).

> D'après Holder-Egger l'auteur est plus probablement namurois ou hennuyer que rémois. — La Chronique de Flandre et des croisades, éd. De Smet, Corpus Chron. Flandr. III, n'est qu'un remaniement de ce texte dans un sens hennuyer.

1703. Lettres de Guibert de Gembloux († 1208), éd. Martène et Durand, Amplissima collectio. I. — Add. A. Wauters. (CRH. 4. II).

> H. Delehaye. Guibert abbé de Florennes et de Gembloux. (Revue des Questions Historiques, 1889).

1704. Lettres d'Étienne, évêque de Tournai (1191-1204), éd. du Molinet. Paris, 1682, in-fol. — Migne, Patrologia latina CCXI. — Nouvelle édit. par J. Desilve. Valenciennes, 1893, in-8.

1705. Lettres de Wibald, abbé de Stavelot et de Corvey († 1158). (Jaffé. Bibliotheca rerum Germanicarum, I. Berolini, 1864, in-8).

> J. Janssen. Wibald von Stablo und Corvey. Münster, 1854, in-8. — L. Mann. Wibald Abt von Stablo und Corvei. Halle, 1875, in-8.

1706. Lettres d'Olivier de Cologne († 1225), éd. R. Röhricht. (Westdeutsche Zeitschrift für Geschichte und Kunst, X).

1707. Thomas de Cantimpré († v. 1270). Bonum universale de apibus. Miraculorum et exemplorum memorabilium sui temporis libri II, éd. G. Colvener. Duaci, 1597, 1605, 1627.

> P. Kirson. Des Thomas von Chantimpré Buch der Wunder. Gleiwitz, 1875, in-8. — E. Berger. Thomae Cantipratensis Bonum universale de apibus. Paris, 1895, in-8. — A. Kaufmann. Thomas Cantipratanus. Köln, 1899, in-8. — Thomas de Cantimpré est encore l'auteur des vies de Sainte-Christine l'admirable († c. 1224), éd. AA. SS. Boll. Juillet, V, dont il existe un remaniement en vers flamands du XIVe-XVe siècle, éd. J. H. Bormans, Gent, 1850, in-8; de S. Lutgarde († 1246), éd. AA. SS. Boll. Juin, III, dont il existe également une version en vers flamands du XIVe siècle, éd. J. H. Bormans, Amsterdam, 1857, in-8; de S. Marguerite d'Ypres († 1263), éd. H. Choquet, Sancti Belg. Ord. Praedic. Duaci, 1618, in-8. Il faut joindre à ces textes importants pour l'étude du sentiment religieux au XIIIe siècle, la Vie de S. Marie d'Oignies († 1213) par Jacques de Vitry, AA. SS. Boll. Juin, IV.

1708. Césaire de Heisterbach. Dialogus miraculorum, éd. J. Strange. Coloniae-Bruxellis, 1851, 2 vol. in-8.

A. Kaufmann. Caesarius von Heisterbach. Ein Beitrag zur Culturgeschichte des XII und XIII Jahrhunderts. Köln, 2e édit. 1862, in-8. — A. W. Wybrands. De Dialogus miraculorum van Caesarius van Heisterbach beschouwd als bijdrage tot de kennis van het godsdienstig leven in Nederland in den aanvang der XIIIe eeuw. Amsterdam, 1872, in-8. (Studien en bijdragen op 't gebied der historische theologie, II). — K. Unkel. Die Homilien des Caesarius von H. ihre Bedeutung für die Cultur und Sittengeschichte. (Annalen der historischen Vereins für die Geschichte des Niederrheins, 1879). — H. Hoeffer. Zur Lebensgeschichte des Caesarius von Heisterbach (Ibid. 1898).

Pour les lettres, chartes et diplômes relatifs à cette période, voy. la table chronologique de Wauters (n° 219), II-VII, et les monuments anciens de Saint-Genois (n° 222).

1709. W. Bernhardi. Lothar von Supplinburg. Leipzig, 1879, in-8.

1710. W. Bernhardi. Konrad III (1138-1152). Leipzig, 1883, in-8.

1711. T. Toeche, Kaiser Heinrich VI. Leipzig, 1867, in-8.

1712. P. Scheffer-Boichorst. Deutschland und Philipp II August von Frankreich in den Jahren 1180-1214. (Forschungen zur Deutschen Geschichte, 1868).

1713. A. Cartellieri. Philipp II August König von Frankreich. Leipzig, depuis 1899, in-8.

1714. E. Winkelmann. Kaiser Friedrich II [1218-1233]. Leipzig, 1889-97, 2 vol. in-8.

1715. E. Winkelmann. Philipp von Schwaben und Otto IV von Braunschweig. Leipzig, 1873-78, 2 vol. in-8.

1716. J. Kröger. Niederlothringen im zwölften Jahrhundert. Elberfeld, 1894, in-4.

1717. J. Meermann. Geschiedenis van graaf Willem van Holland Roomsch Koning. 's Gravenhage, 1783-97, 4 vol. in-8. — Trad. allemande. Leipzig, 1787-88, 2 vol. in-8. — Trad. française. La Haye, 1783-97, 5 vol. in-8. — A. Ulrich. Geschichte des Römischen Königs Wilhelm von Holland. Hannover, 1882, in-8. — O. Hintze. Das Königthum Wilhelms von Holland. Leipzig, 1885, in-8. — W. G. Brill. Willem II Roomsch Koning (Betwiste bijzonderheden. Utrecht, 1889, in-8). — Th. Hasse. König Wilhelm von Holland, 1247-1256. I. Strassburg, 1885, in-8. — K. Döhmann. König Wilhelm von Holland, die Rheinischen Erzbischöfe und der Neuwahlplan von 1255. Lemgo, 1887, in-8.

1718. J. Heller. Deutschland und Frankreich in ihren politischen

Beziehungen vom Ende des Interregnums bis zum Tode Rudolfs von Habsburg. Göttingen, 1874, in-8.

1719. Ch. Duvivier. La querelle des d'Avesnes et des Dampierre jusqu'à la mort de Jean d'Avesnes (1257). Bruxelles, 1894, 2 vol. in-8. (P. J.).

1720. Ch. V. Langlois. Le règne de Philippe III le Hardi. Paris, 1887, in-8.

———

1721. J. te Winkel. Maerlant's werken als spiegel der XIIIᵉ eeuw. 2ᵉ édit. Gent, 1892, in-8.

1722. Ch. Daris. Lambert le Bègue (Notices historiques sur les églises du diocèse de Liège, IV et XVI. Voy. nᵒ 790). — P. FrederIcq. Les documents de Glasgow concernant Lambert le Bègue (Bullet. acad. 1895). — A. Fayen. L'antigraphum Petri et les lettres concernant Lambert le Bègue conservées dans le manuscrit de Glasgow (CRH. 5. IX). — P. Meyer. Le psautier de Lambert le Bègue (Romania, 1900).

1723. A. W. Wybrands. De abdij Bloemhof te Wittewierum in de XIIIᵉ eeuw. Bijdragen tot de geschiedenis van kerk en beschaving in Nederland. Amsterdam, 1883, in-4. (Verhand. Akad.).

———

Pour l'histoire économique, voy. A. Wauters. Coup d'œil sur la situation de la Belgique à la fin du XIIIᵉ siècle. (Table chronologique, etc. VI. Préface). — Pour les colonies néerlandaises et wallonnes fondées en Allemagne au XIIᵉ siècle, voy. nᵒˢ 1096 et suiv.

Le fait le plus important de l'histoire constitutionnelle pendant cette période est la formation des constitutions municipales. Voy. sur cette question les nᵒˢ 987 et suiv.

Pour l'histoire ecclésiastique, voy. nᵒˢ 1196, 1198.

———

2. Les principautés lotharingiennes jusqu'à la fin du grand interrègne (1273).

ÉVÊCHÉ DE LIÈGE.

1724. Gilles d'Orval. Gesta episcoporum Leodiensium (-1251). — Gesta abbreviata (-1244). (MG. SS. XXV, éd. J. Heller).

F. Franz. Die chronica pontificum Leodiensium eine verlorene Quellenschrift des XII Jahrhunderts. Strassburg, 1882, in-8. — G. Kurth. Maurice de Neufmoustier. Bruxelles, 1892, in-8. (Bullet. Acad.).

1725. Canonici Leodiensis chronicon rhythmicum (1116-1119). (MG. SS. XII, éd. W. Wattenbach).

1726. Chronique des évêques de Liège (-1202), éd. St. Bormans. Liège, 1864, in-8.

1727. Nizon de S. Laurent. Vita Friderici episcopi Leodiensis († 1121). (MG. SS. XII, éd. W. Wattenbach). — Vita S. Friderici metrica (éd. G. Kurth. Analecta Bollandiana, II).

1728. [Werricus de Lobbes ?]. Vita Alberti episcopi Leodiensis († 1192). (MG. SS. XXV, éd. J. Heller).

1729. Vita Werrici prioris Alnensis (†1217). (éd. de Reiffenberg. Annuaire de la bibliothèque royale, III. — Add. Neues Archiv der Gesellschaft für ältere Deutsche Geschichtskunde, VI).

1730. Triumphus S. Lamberti Leodiensis de castro Bullonio (1096-1141). Voy. n° 1582. — De triumpho S. Lamberti (ex vita S. Mochullei). — Renier de S. Laurent. Triumphale [S. Lamberti Leodiensis] Bulonicum (1129-1153). (MG. SS. XX, éd. W. Arndt).

1731. De triumpho S. Lamberti in Steppes [Vitae Odiliae lib. III] (1204-1219). (MG. SS. XXV, éd. J. Heller).

J. Daris. Bullet. de l'Institut. archéolog. liégeois, XI. — Les deux premiers livres de la Vita Odiliae se trouvent dans les Analecta Bollandiana, XIII, 1894.

1732. Gesta abbatum Trudonensium. Continuations : 1° de 1107-1135; 2° de 1138-1183; 3° de 1180-1366, avec un remaniement de 628-999 et de 1003 à 1127. (MG. SS. X. éd. R. Köpke, — Nouv. édit. avec une continuation jusqu'en 1558, par C. de Borman. Liège, 1872-77, 2 vol. in-8). Cf. n° 1580.

1733. Notae Gemblacenses (1137-1210). (MG. SS. XIV, éd. O. Holder-Egger).—Fragment d'une chronique de Gembloux (-1229), (éd. A. Wauters. CRH. 4. II). — Guibert de Gembloux. De combustione monasterii Gemblacensis (1185-1197). (MG. SS. VIII, éd. G. Pertz). — Add. n° 1571.

1734. Fundatio monasterii Lobiensis auctore Hugone priore (c. 1150). — De fundatione et lapsu monasterii Lobiensis (c. 1200). — Fundatio monasterii Lobiensis brevis. (MG. SS. XIV, éd. G. Waitz). — Add. n° 1573.

1735. Gesta abbatum S. Laurentii (-1180). (MG. SS. XX, éd. W. Arndt). — Add. n° 1576.

1736. Lambert le Petit et Renier de S. Jacques. Annales S. Jacobi (-1230). Voy. n° 1575.

1737. Annales Rodenses (1100-1167). (MG. SS. XVI, éd. G. Pertz).

1738. Annales Fossenses (1123-1389). (MG. SS. IV, éd. G. Pertz).

1739. Annales Florefflenses (471-1482). (MG. SS. XVI, éd. L. Bethmann). — Chronique rimée de l'abbaye de Floreffe (1120-1463), (éd. de Reiffenberg. Monum. pour servir à l'hist. des provinces de Hainaut, Namur et Luxembourg, VIII). — Pierre de Hérenthals. Catalogus abbatum Florefflensium, éd. U. Berlière. (CRH. 5. VIII).

1740. F. Magnette. Régestes de S. Frédéric, évêque de Liège, 1119-1121. (Bullet. de la Soc. d'hist. de Liège, IX).

1741. J. Halkin. Régestes d'Albéron I, évêque de Liège, 1123-1128. (Ibid. VIII).

1742. E. Schoolmeesters. Les regesta de Raoul de Zaehringen, prince-évêque de Liège, 1167-1191. (Ibid. I).

1743. A. Delescluse et D. Brouwers. Catalogue des actes de Henri de Gueldre, prince-évêque de Liège, 1247-1280. Liège, 1900, in-8 (P. J.).

ÉVÊCHÉ DE CAMBRAI.

1744. Gesta pontificum Cameracensium. — Gesta Burchardi (1114-1127). — Gesta Liethardi (1130-1138). — Gesta Nicholai (1138-1138). — Continuation (1167-1179). (Ch. De Smet. Gestes des évêques de Cambrai. Paris, 1880, in-8. — MG. SS. XIV, éd. G. Waitz). — Ex gestis abbreviatis (-1197). — Versio gallica continuata (1135-1502). (MG. SS. XIV, éd. G. Waitz). — Continuatio Altimontensis (1167-79). (Ibid.). Voy. n° 1566.

1745. Lambert de Watrelos. Annales Cameracenses (1099-1170). Voy. n° 1560.

1746. Chronicon S. Andreae (1011-1133). Voy. n° 1568. — Add. n° 1578.

COMTÉ DE HAINAUT.

1747. Gislebert de Mons. Chronicon Hanoniense (1068-1195). (MG. SS. XXI, éd. W. Arndt. — Édit. in-8. Hannoverae, 1869).

A. Hantke. Die Chronik des Gislebert von Mons. Leipzig, 1871, in-8. — K. Huygens. Sur la valeur historique de la chronique de Gislebert de Mons. (Rev. Instr. publ. en Belgique, 1889). — W. Meyer. Das Werk des Kanzlers Gislebert von Mons besonders als verfassungsgeschichliche Quelle betrachtet. Königsberg, 1888, in-8. — F. Wachter. Der Einfluss der nationalen und klerikalen Stellung Gisleberts von Mons auf dessen Geschichtsschreibung Halle, 1879, in-8. — DE GODEFROY MÉNIGLAISE. Trad. française de la chronique de Gislebert avec annotations. (Mém. de la Soc. hist. de Tournai, XIV, XV). — Une nouvelle édition par L. VANDERKINDERE est en préparation.

1748. JACQUES DE GUYSE († 1399). Annales Hannoniae (-1254). Texte et traduction, éd. DE FORTIA D'URBAN. Paris, 1826-38, 22 vol. in-8. — Fragm. MG. SS. XXX, éd. E. SACKUR.

R. WILMANS. Archiv der Gesellschaft für ältere Deutsche Geschichtskunde, IX. Article très important pour la critique de l'historiographie fabuleuse utilisée par J. de Guyse.

1749. Chronicon Hannoniense quod dicitur Balduini Avesnensis (-1278). (MG. SS. XXV, éd. J. HELLER).

J. HELLER. Ueber die Herrn Balduin von Avesnes zugeschriebene Hennegauer Chronik und verwandte Quellen (Neues Archiv der Gesellschaft für ältere Deutsche Geschichtskunde, VI).

DUCHÉ DE BRABANT.

1750. Genealogiae ducum Brabantiae (-fin XIIIᵉ s.). (MG. SS. XXV, éd. J. HELLER). — Chronique de Brabant (-1257) dans Codex diplomaticus Neerlandicus, III.

Add. une autre recension des mêmes textes (-1317), publiée sous le titre de Chronicon genealogicum Nivellense par CHIFFLET. Le faux Childebrand relégué aux fables. Bruxelles, 1669, in-4.

1751. Annales Parchenses (900-1316). (MG. SS. XVI, éd. G. PERTZ).
1752. Sigeberti auctarium Affligemense (-1163). (MG. SS. VI, éd. L. BETHMANN).
1753. Cronica Villariensis monasterii (1146-1485). (MG. SS. XXV. éd. J. HELLER). — Ex gestis sanctorum Villariensium. (Ibid.).
1754. GOSWIN. Vita Arnulfi conversi Villariensis († 1228). (AA. SS. Boll. Juin, V).

Le poème flamand intitulé Grimbergsche Oorlog (éd. C. P. SERRURE et P. BLOMMAERT, Gent 1852-54, in-8), sur la guerre entre les sires de Grimberghe et les ducs de Brabant n'a aucune valeur historique. Voy. A. PINCHART. Un document contemporain de la guerre de Grimberghe (Messager des sciences hist. 1850).

ÉVÊCHÉ D'UTRECHT.

1755. Gesta episcoporum Trajectensium (1139-1232). (MG. SS. XXIII, éd. L. WEILAND). Nouvelle édition sous le titre : Narracio de Groninghe, de Thrente, de Covordia et de diversis aliis, par W. C. PIJNACKER-HORDIJK. Utrecht, 1888, in-8.

1756. Bella campestria inter episcopos Trajectenses et comites Hollandiae (éd. F. MULLER. Bijdragen en mededeelingen van het hist. genootsch. te Utrecht, XI).

1757. Annales et notae S. Mariae Ultrajectensis (-1277). (MG. SS. XV, éd. L. WEILAND.

> F. MULLER. Drie Utrechtsche kroniekjes voor Beka's tijd [Bella Campestria, Annales et notae S. Mariae, Catalogus episcoporum Ultrajectinorum] (Bijdragen en mededeelingen van het hist. genootschap, XI).

1758. Annales Tielenses (692-1345). (MG. SS. XXIV, éd. G. WAITZ).

COMTÉ DE HOLLANDE.

1759. Chronicon Egmundanum continué par WILHELMIUS PROCURATOR (-1332). (MATTHAEUS. Vetera Analecta, II. — KLUIT. Historia Critica, I). — Annales Egmondani (-1205). (MG. SS. XVI, éd. G. PERTZ). Voy. n° 1570. — Notae Egmundanae (-1250). (MG. SS. XV, éd. O. HOLDER-EGGER).

FRISE.

1760. EMO et MENKO. Chronicon Werumense (1204-1234; 1237-1273).—Continuation (1276-1280) (MG. SS. XXIII, éd. L. WEILAND).

> Cf. pour cette édition A. PANNENBORG. Zu der Ausgabe des Emo und Menko. (Neues Archiv der Gesellschaft für ältere Deutsche Geschichtskunde, 1, VIII). — J. GELHORN. Die Chronik Emos und Menkos. (Thèse doctorale de Goettingen).

1761. Gesta abbatum Horti S. Mariae (1230-1259). (MG. SS. XXIII, éd. L. WEILAND.—Autre édit. plus compl. par A. W. WYBRANDS. Leeuwaarden, 1879, in-8).

> Les Gesta Frisiorum publiés par la Friesch Genootschap, (Leeuwarden, 1853, in-4) sont une compilation sans valeur avec quelques notes du monastère de Clarus Campus.

1762. J. DAVID. Geschiedenis van S. Albertus van Leuven, bisschop van Luik. Antwerpen, 1845, in-8.

1763. E. PONCELET. La guerre de la Vache. (CRH. 5. III, VII).

1764. E. PONCELET. Guy de Hainaut élu de Liège (1291-1301). (CRH. 5. VIII).

1765. A. WAUTERS. Henri III duc de Brabant (1247-1260). (Bullet. Acad. 2. XXXVIII, XXXIX, XL). — Add. n° 579.

1766. H. Hoogeweg. Der Kölner Domscholaster Oliver als Kreuzprediger (1214-1217). (Westdeutsche Zeitschrift, 1888).

1767. J. P. Kirsch. Das Lütticher Schisma vom Jahre 1238. (Römische Quartalschrift für christl. Alterthumskunde, 1889).

1768. W. G. Brill. Willem I van Holland († 1223). Betwiste bijzonderheden. Utrecht, 1889, in-8).

1769. J. Bolhuis Van Zeeburgh. Otto voogd van Holland (1234-1239). (Bijdragen voor vaderl. geschied. 1880).

1770. D. Groebe. Verhandeling over graaf Floris V en zijne regeering (1236-1296). Amsterdam, 1836, in-4. — W. G. Brill. De oorzaak van den aanslag der edelen tegen Floris V. (Voorlezingen etc., n° 566, III).

1771. M. S. Pols. Graaf Jan I van Holland (Bijdragen voor vaderl. geschied. 1898).

---

3. La Flandre jusqu'à l'avènement de Philippe le Bel (1285).

1772. Flandria generosa auctore monacho S. Bertini (-1164). — Continuatio Bruxellensis (-1196). — Continuatio Gislenensis (-1206). — Continuatio Claromariscensis (-1214). (MG. SS. IX, éd. L. Bethmann). — Add. n° 1646.

> L'Ancienne chronique de Flandre en français (-1152) (De Smet. Corpus Chron. Flandr. II), n'est qu'une traduction de la Flandria generosa et d'autres sources connues.

1773. Genealogiae comitum Flandriae Bertinianae continuatio Marchianensis (-1279). — Continuatio Leidensis et Divionensis (-1251). — Genealogia brevis (-1202). — Catalogi. (MG. SS. IX, éd. L. Bethmann).

1774. Sigeberti auctarium Aquicinense (651-1168). — Continuatio Aquicinctina (1149-1237). — Continuatio Bergensis (1201-1237). — Auctarium Hasnoniense (610-1149). — Continuatio Atrebatensis (1114-1127). — Continuatio Burburgensis (1114-1164). — Continuatio Tornacensis (1114-1172; 1332-1334). (MG. SS. VI, éd. L. Bethmann).

> Le t. XIV du Recueil des historiens de la France contient un Anonymi Blandiniensis appendicula ad Sigebertum, 1113-1152. — Les monuments pour servir etc. (N° 208), VII, contiennent une continuation -1280 de la Continuatio Aquicinctina.

1775. Histoire des ducs de Normandie et des rois d'Angleterre (1181-1218), écrite probablement par un chevalier de Béthune (éd. F. Michel. Paris, 1840, in-8. — Fragm. MG. SS. XXVI, éd. O. Holder-Egger).

1776. Chronique en français (-1217), écrite probablement par le même auteur que la précédente. (L. Delisle. Notices et extraits des manuscrits de la bibliothèque nationale de Paris. XXXIV, 1891).

C. Petit-Dutaillis. (Revue Historique, Sept.-Octobre, 1892).

1777. Herman de Tournai. De restauratione S. Martini (-1142). Voy. n° 1656.

1778. Jean d'Ypres († 1383). Chronica monasterii S. Bertini (590-1294). (MG. SS. XXV, éd. O. Holder-Egger).

1779. Gestorum abbatum S. Bertini Sithiensium continuatio (1145-1187). (MG. SS. XIII, éd. O. Holder-Egger). — Add. n° 1647.

1780. Baudouin de Ninove. Chronicon (-1294). (MG. SS. XXV, éd. O. Holder-Egger, — De Smet. Corp. Chron. Flandr. II).

1781. Jean de Thielrode. Chronicon (-1298). (MG. SS. XXV, éd. J. Heller).

1782. Breve chronicon Clarimarisci (-1286). (Martène et Durand. Thesaurus Anecdotorum, III).

1783. Historia monasterii Viconiensis (1119-1157-1301). (MG. SS. XXIV, éd. J. Heller).

1784. Annales Blandinienses (-1292). (MG. SS. V, éd. L. Bethmann).

1785. Annales Marchianenses (-1306). (MG. SS. XVI, éd. L. Bethmann).

1786. Vita Hugonis abbatis Marchianensis († 1158). (Martène et Durand. Thesaurus Anecdotorum, III).

1787. André de Marchiennes. Historia regum Francorum (-1196-1238). (MG. SS. XXVI, éd. G. Waitz).

1788. Rigord. Gesta Philippi Augusti regis Francorum, éd. H. F. Delaborde. Œuvres de Rigord et de Guillaume le Breton. Paris, 1882-85, 2 vol. in-8.—Fragm. MG. SS. XXVI, éd. A. Molinier. — Autre vie par Guillaume le Breton, éd. Delaborde. loc. cit. —Fragm. dans MG. SS. XXVI, éd. G. Waitz. — Guillaume le Breton. Philippidos libri XII, éd. Delaborde. loc. cit.—Fragm. dans MG. SS. XXVI, éd. A. Pannenborg).

1789. De pugna Boviniensi relatio Marchianensis. (MG. SS. XXVI, éd. G. Waitz).

1790. Lambert d'Ardres. Historia comitum Ghisnensium (-1203). Voy. n° 1654.

1791. Guillaume d'Andres. Chronica Andrensis (-1234). Voy. n° 1655.

1792. A. Teulet et J. de Laborde. Layettes du trésor des chartes (-1260). Paris, 1863-75, 3 vol. in-4.

———

1793. A. Wauters. Avènement du comte de Flandre Guillaume de Normandie. Bruxelles, 1860, in-8. (Revue d'hist. et d'archéolog.).

1794. A. Wauters. Thierry d'Alsace. Gand, 1863, in-8. (Annales de la Soc. des beaux arts et de littérature de Gand).

1795. J. J. De Smet. Mémoire sur Philippe d'Alsace (1152-1191). Bruxelles, 1848, in-4. (Mém. Acad.).

1796. A. d'Herbomez. Le voyage de Philippe Auguste à Tournay en 1187. (Rev. des quest. hist. 1891).

1797. Borrelli de Serres. La réunion des provinces septentrionales à la couronne par Philippe Auguste. Amiénois, Artois, Vermandois, Valois. Paris, 1899, in-8.

1798. J.J. De Smet. Mémoire historique et critique sur Baudouin IX comte de Flandre et de Hainaut (1195-1202). Bruxelles, 1845, in-4. (Mém. Acad.). — Baudouin IX et les chevaliers belges à la cinquième croisade. Bruxelles, 1859, in-4. (Mém. Acad.).

1799. Ed. Le Glay. Histoire de Jeanne de Constantinople, comtesse de Flandre et de Hainaut. Lille, 1841, in-8.

1800. A. Descamps. Notice sur Walter de Marvis, évêque de Tournai (1219-1251). Tournai, 1853, in-8. (Mém. de la Soc. hist. de Tournai, I).

1801. C. Sattler. Die Flandrisch-Holländischen Verwickelungen unter Wilhelm von Holland. Göttingen, 1872, in-8.

1802. H. Brosien. Der Streit um Reichsflandern. Berlin, 1884, in-4.

1803. Kervyn de Lettenhove. Recherches sur la part que l'Ordre de Citeaux et le comte de Flandre prirent à la lutte de Boniface VIII et de Philippe le Bel. Bruxelles, 1853, in-4. (Mém. Acad.).

1804. H. R. Duthilloeul. Douai et Lille au XIII° siècle. Douai, 1850, in-8.

> Renferme une détestable édition d'un texte précieux pour la connaissance de la vie urbaine à cette époque.

Pour la Hanse flamande de Londres. Voy. n° 1000-1002.

IV.

LES PAYS-BAS DE LA FIN DU XIII⁰ SIÈCLE A L'AVÈNEMENT DE LA MAISON DE BOURGOGNE.

1. En général.

(Cf. Dahlmann-Waitz-Steindorff, Nᵒˢ 2849-3188; Monod, Nᵒˢ 2464-2664).

N. B. Pour les relations des Pays-Bas avec l'Angleterre, voy. plus haut, p. 151.

Pour les relations avec la Hanse, voy. ibid. et nᵒˢ 1107 et suiv.

1805. Jean le Bel. Chroniques (1326-1361), éd. M. L. Polain. Bruxelles, 1863, 2 vol. in-8.

1806. J. Froissart. Chroniques (1325-1400). (éd. Buchon. Paris, 1835-36, 3 vol. in-8. — Kervyn de Lettenhove. Bruxelles, 1867-77, 26 vol. in-8. — S. Luce et G. Raynaud. Paris, 1869 et suiv.). — Trad. flam. par Gerijt Potter Van der Loo, éd. N. de Pauw. Gent, depuis 1898. (Vl. Acad.).

> L'édition Luce-Raynaud fournit le meilleur texte, mais celle de Kervyn est précieuse par les notes un peu confuses, mais très abondantes, dont sont accompagnés tous ses volumes. On trouvera aussi des documents concernant la Flandre dans l'édition de la traduction flamande de Gerijt Potter, dont le tome II contient des comptes des baillis comtaux depuis 1374.

1807. Jan de Klerk. Van den derden Edewaert (1338-1340), éd. J. F. Willems. (Belgisch Museum, IV). — Traduct. franç., par Delepierre. Gand, 1841, in-4.

1808. S. Riezler. Vatikanische Akten zur Deutschen Geschichte in der Zeit Kaiser Ludwigs des Bayern (1315-1347). Innsbruck, 1891, in-8.

1809. E. Boutaric. La France sous Philippe le Bel. Paris, 1861, in-8.

1811. A. Leroux. Recherches critiques sur les relations politiques de la France avec l'Allemagne de 1292 à 1378. Paris, 1882, in-8

Cf. Scheffer-Boichorst. Göttingische gelehrte Anzeigen, 1883.

1811. A. Bergengrün. Die politischen Beziehungen Deutschlands zu Frankreich während der Regierung Adolfs von Nassau. Strassburg, 1884, in-8.

1812. E. WERUNSKY. Geschichte Kaiser Karls IV und seiner Zeit (1346-1378). Innsbruck, 1880-86, 2 vol. in-8.

1813. TH. LINDNER. Geschichte des Deutschen Reiches unter König Wenzel (1376-1400). Braunschweig, 1875-80, 2 vol. in-8.

———

1814. L. VANDERKINDERE. Le siècle des Artevelde. Bruxelles, 1879, in-8.

> Tableau excellent de l'état social au XIV° siècle, en Flandre et en Brabant.

Pour l'histoire du droit et des institutions, voy. nᵒˢ 902, 904, 911, 912, 913, 919, 950-952, 958, 966.

Pour l'histoire économique, voy. nᵒˢ 1071, 1075, 1078, 1082.

Pour l'histoire ecclésiastique, voy. nᵒˢ 1197, 1199, 1200, 1201, 1206.

Pour l'histoire de l'art, voy. nᵒˢ 1281, 1282, 1284.

———

La table chronologique de WAUTERS (nᵒ 219), VIII, contient l'analyse des lettres, chartes et diplômes imprimés, de 1300 à 1320.

———

2. Les principautés lotharingiennes.

ÉVÊCHÉ DE LIÉGE.

1815. JEAN HOCSEM († 1348). Gesta pontificum Leodiensium (1247-1348). (CHAPEAVILLE. Gesta pontif. Leod. II, avec des fragments de la chronique de JEAN DE WARNANT ou JEAN LE PRÉTRE et du CHRONICON GEMBLACENSE.

> WOHLWILL, nᵒ 964, p. 193. — Sur les Flores utriusque juris de Hocsem, voy. ST. BORMANS. (CRH. 4. XIII). — Pour Jean de Warnant : E. BACHA. La chronique de Jean de Warnant. (Bullet. Acad. 1894).

1816. La chronique liégeoise de 1402, éd. E. BACHA. Bruxelles, 1900, in-8.

> Cette chronique, désignée depuis Chapeaville, sous le nom de Chronicon Gemblacense, constitue, jusqu'à la fin du règne d'Englebert de La Marck, une compilation de sources connues pour la plupart. Elle est originale pour les trente dernières années du XIV° siècle.

1817. JEAN D'OUTREMEUSE († 1400). Li Myreur des histors (-1340).

— Gesta de Liège (-1390), éd. A. BORGNET et ST. BORMANS. Bruxelles, 1864-87, 7 vol. in-4.

1818. MATHIEU DE LEWIS. Chronicon Leodiense (-1376), éd. ST. BORMANS. Liège, 1865, in-8.

1819. RAOUL DE RIVO. Gesta pontificum Leodiensium (1347-1389). (CHAPEAVILLE. Gesta pontif. Leod. III).

> Le texte de Raoul s'arrête en 1385. Le reste est une compilation faite par Chapeaville au moyen de Jean de Stavelot, de Zantfliet et du Chronicon Gemblacense.

1820. JACQUES DE HEMRICOURT († 1403). Miroir des nobles de Hesbaye. — Guerres d'Awans et de Waroux. (éd. SALBRAY. Bruxelles, 1673, in-fol. — éd. JALHEAU. Liège, 1791, in-fol.).

1821. Gestorum abbatum S. Laurentii continuationes (-1404). (MG. SS. XX, éd. W. ARNDT).

1822. Gesta abbatum Trudonensium. Continuations. Voy. nᵒ 1732.

1823. LEVOLD DE NORTHOF. Cronica comitum de Marka (-1371), éd. L. TROSS. Hamm, 1859, in-8.

1824. E. SCHOOLMEESTERS. Recueil de lettres adressées pendant le XIVᵉ siècle aux papes et aux cardinaux pour les affaires de la principauté de Liège. (Analectes pour servir à l'hist. ecclés. de la Belgique, XV).

DUCHÉ DE BRABANT.

1825. JAN VAN HEELU. Rijmkronijk (v. 1260-1288), éd. J. F. WILLEMS. Bruxelles, 1836, in-4.

> H. VAN WYN. Letter- en geschiedkundige aanteekeningen op de Rijmkronijk van Jan Van Heelu. 's Gravenhage, 1840, in-4.

1826. JAN DE KLERK ou JAN BOENDAELE. Brabantsche Yeesten of Rijmkronijk van Braband (-1350), éd. J. F. WILLEMS et J. H. BORMANS. Bruxelles, 1839-69, 3 vol. in-4. — Continuation (-1440). (Ibid.). — Korte Rijmkronijk van Brabant (400-1312), [par JAN DE KLERK?]. (Ibid.).

> Add. dans le Codex diplomaticus Neerlandicus (nᵒ 210) une courte chronique rimée de Brabant en néerlandais (-1322) et une chronique en latin (-1371), éd. C. A. RETHAAN MACARÉ.

1827. EDMOND DE DYNTER († 1448). Chronicon ducum Brabantiae (-1442), éd. P. F. X. DE RAM. Bruxelles, 1854-60. 3 vol. in-4. Avec la traduction française de J. WAUQUELIN.

Extraits des comptes de fiefs du Brabant relatifs aux ducs Jeanne et Wenceslas (1368-1388), éd. DE RAM. (CRH. 2. I).

COMTÉ DE HAINAUT.

Pendant cette période l'historiographie du comté de Hainaut se confond avec celle des comtés de Flandre et de Hollande. On trouvera les sources les plus importantes aux n°s 1829 et suiv., 1857 et suiv.

On a de JEAN DE CONDÉ un panégyrique en vers français du comte Guillaume I († 1337), (éd. A. SCHELER. Bulletin du bibliophile belge, XIX), et on en possède un autre du comte Guillaume II († 1345), (éd. CH. POTVIN. Mons, 1863, in-8).—Add. J. DE LE MOTTE. Le regret Guillaume, éd. A. SCHELER. Bruxelles, 1882, in-8.

ÉVÊCHÉ D'UTRECHT.

1828. JEAN BEKA. Chronicon de episcopis Ultrajectinis (690-1346), éd. BUCHELIUS. Ultrajecti, 1643, in-fol. — Continuations (-1426). (MATTHAEUS. Votera Analecta, III).

COMTÉ DE HOLLANDE.

1829. MELIS STOKE. Rijmkroniek van Holland (-1305). (éd. B. HUYDECOPER. Leyden, 1772, 3 vol. in-8. — éd. W. G. BRILL. Utrecht, 1882, 2 vol. in-8.) — Très courte continuation jusqu'en 1404, dans le Codex diplomaticus Neerlandicus (n° 210).

1830. Kronijk van de Klerk uit de lage landen bij de Zee (-1316 av. contin. -1398). (éd. VAN MIERIS. Leijden, 1740, in-4. — Nouv. édit. sous le titre : Kronijk van Holland van een ongenoemden geestelijke, par B. J. L. DE GEER VAN JUTPHAAS. Utrecht, 1867, in-8.)

Étroitement apparenté à la chronique de Beka.

1831. GUILLAUME PROCURATOR. Chronicon (-1332). (MATTHAEUS, Veter. Anal. II.)

Cf. VON RICHTHOFEN n° 1570.

1832. J. BOLHUIS VAN ZEEBURGH. Hollandsche geschiedbronnen voor het Beiersche tijdperk (1345-1436). (Bijdragen voor vaderl. geschied. 1875).

1833. Jacques de Hemricourt. Li patron dolle temporalitoit des óvesques do Liége. (éd. Raikem. Coutumes du pays do Liége. Voy. n° 476.

1834. Philippe de Leyde († 1380). Tractatus do cura reipublicae et sorto principantis (éd. J. Severinus. Ludguni Batavorum, 1516. — Nouv. édit. par R. Fruin et P. C. Molhuysen. 's Gravenhage, 1900.

R. Fruin. Over Philip van Leiden en zijn work. (Verslag. Koninkl. Akad. v. Wetensch. Afd. Lett., 1865.

—————

1835. A. Wauters. Le duc Jean I et le Brabant sous le règne de ce prince (1267-1294). Bruxelles, 1862, in-8. (Mém. Acad.).

1836. K. F. Stallaert. Geschiedenis van hertog Jan den oersten van Braband en zijn tijdvak. I. Brussel, 1859, in-8.

1837. W. Herchenbach et H. Reuland. Geschichte des Limburger Erbfolgestreites. Düsseldorf, 1883, in-8.

1838. Weyden. Die Schlacht bei Worringen am 5 juni 1288. Köln, 1864, in-4.

Sur la bataille de Worringen. Voy. Köhler, n° 1018.

1839. J. J. De Smet. Mémoire sur les guerres entre le Brabant et la Flandre au XIV° siècle. Bruxelles, 1855, in-4. (Mém. Acad.).

1840. A. Wauters. Le Hainaut pendant la guerre du comte Jean d'Avesnes contre la ville de Valenciennes (1290-1297). Bruxelles, 1875, in-8. (CRH. 4. II).

1841. J. J. De Smet. Mémoire sur Jean de Hainaut, sire de Beaumont. Bruxelles, 1873, in-4. (Mém. Acad.).

1842. D. Franke. Beiträge zur Geschichte Johanns II von Honnegau-Holland. Trier, 1889, in-8.

1843. H. Brosien. Heinrich VII als Graf von Luxemburg (1288-1308). (Forschungen zur Deutschen Geschichte, XV).

Add. N. Van Werveke. Deutsche Zeitschrift für Geschichtswissenschaft, 1892.

1844. E. Welvert. Philippe le Bel et la maison de Luxembourg. (Bibliothèque de l'École des Chartes, XLV).

1845. J. Schötter. Johann Graf von Luxemburg und König von Böhmen (1310-1346). Luxemburg, 1865, 2 vol. in-8.

1846. L. Schmedding. De regeering van Frederik van Blankenheim, bisschop van Utrecht (1393-1423). Leiden, 1899, in-8.

1847. W. G. BRILL. Holland onder het huis van Beieren. (Voorlezingen, etc. nº 566, II).

1848. P. J. BLOK. De eerste regeeringsjaren van hertog Albrecht van Beieren (1358-1374). (Bijdragen voor vaderl. geschied. 1882).

1849. E. VERWIJS. De oorlogen van hertog Albrecht van Beieren met de Friezen in de laatste jaren der XIVᵉ eeuw. Utrecht, 1869, in-8.

1850. J. C. DE JONGE. Bijdragen tot de geschiedenis van den oorsprong der Hooksche en Kabeljauwsche twisten. (Partie du nº 226). — Verhandeling over den oorsprong der Hooksche en Kabeljauwsche twisten. Leiden, 1817, in-8.

1851. H. VERBEEK. De Reinaldi II comitis Gelriae rebus gestis. I. Monasterii, 1858, in-8.

1852. C. WIETH. Die Stellung des Markgrafen (Herzog I) Wilhelm von Jülich zum Reich von 1345-1361. Münster, 1882, in-8.

1853. R. ERNSING. Wilhelm III von Jülich als Herzog von Geldern (1372-1393). Paderborn, 1885, in-8.

1854. J. DE CHESTRET DE HANEFFE. Renard de Schönau sire de Schoonvorst. Bruxelles, 1892, in-8, (Mém. Acad.).

1855. K. KUNZE. Die politische Stellung der Niederrheinischen Fürsten in den Jahren 1314-1334. Göttingen, 1886, in-8.

1856. C. J. DE LANGE VAN WIJNGAARDEN. Geschiedenis der heeren van der Goude. Voy. nº 764.

---

3. La Flandre.

1857. Chronicon comitum Flandrensium [Chronicon forestariorum Flandriae] (-1428), éd. WARNKOENIG (DE SMET. Corpus Chronic. Flandr. I).

> Ce texte dont l'édition est défectueuse (Voy. BETHMANN nº 1646) constitue une continuation des Genealogiae comitum Flandriae. Toute la partie antérieure à l'année 1347 a été écrit au monastère de Clairmarais et, jusqu'en 1329, est l'œuvre du frère Bernard. Elle est imprimée dans MARTÈNE et DURAND. Thesaurus Anecdotorum, III. La lacune que présente le texte entre les §§ 73-74 est comblée dans LESSING. Zur Geschichte und Literatur II. Braunschweig, 1773.

1858. Breve chronicon Flandriae (1334-1356). (DE SMET. Corpus Chron. Flandr. III).

1859. Chronique de 1250-1308 (Recueil des Hist. de la France, XXI).

1860. Chronique de Flandre (-1383), éd. DENIS-SAUVAGE. Lyon, 1562, in-fol. — Fragm. d'une recension différente (-1328) (Recueil des Historiens de France, XXII.) — Nouvelle édit. par KERVYN DE LETTENHOVE. Istore et croniques de Flandres. Bruxelles, 1879-80, 2 vol. in-4.

> H. PIRENNE. Les sources de la chronique de Flandre jusqu'en 1342. (Études d'histoire du moyen âge dédiées à Gabriel Monod. Paris, 1896, in-8).

1861. Continuation des Chroniques abrégées dites de Baudouin d'Avesnes (v. 800-1408), éd. KERVYN DE LETTENHOVE. Istore et croniques de Flandres. Bruxelles, 1879-80, 2 vol. in-4.

> De 1294 à 1372, ce texte n'est qu'un résumé de la Chronique Normande éd. A. et É. MOLINIER. Paris, 1882, in-8.

1862. Rijmkronijk van Vlaenderen (792-1404), (éd. KAUSLER. Tübingen, 1840, in-8. — DE SMET. Corp. Chron. Flandr. IV). — Add. un fragment d'une petite chronique rimée dans le Cod. dipl. neerl. (n° 210).

> H. PIRENNE. La Rijmkronijk van Vlaenderen et ses sources. Bruxelles, 1888, in-8. (CRH. 4. XV).

1863. Récits d'un bourgeois de Valenciennes (-1366), éd. KERVYN DE LETTENHOVE. Bruxelles, 1877, in-8.

> Compilation historique faisant suite à la continuation de Baudouin d'Avesnes (n° 1749) Quelques chapitres en ont été publiés par BUCHON. Choix de chroniques et Mémoires sur l'histoire de France. Paris, 1843, in-8. L'auteur en est probablement LOTART, clerc de Jean Bernier, prévôt de Valenciennes. La fin de la chronique est originale. Voy. V. FRIS. Note sur les récits d'un bourgeois de Valenciennes (en préparation).

1864. ADRIEN DE BUDT. Chronicon Flandriae (-1419). (DE SMET. Corp. Chron. Flandr. I).

1865. Chronique des Pays-Bas, de France, etc. (1294-1466). (DE SMET. Corp. Chron. Flandr. III).

> Constitue une chronique de Tournai écrite en partie par des contemporains, et entremêlée dans une vaste compilation historique ayant surtout pour base la continuation des chroniques de Baudouin d'Avesnes. (n° 1861). — V. FRIS. La chronique des Pays-Bas, de France, d'Angleterre et de Tournai (CRH. 1900).

1866. Annales Gandenses (1296-1310). (DE SMET. Corpus Chron. Flandr. I, sous le titre : Annales Fratris Minoris Gandavensis. — MG. SS. XVI, éd. LAPPENBERG. — Nouv. édit. par F. FUNCK-BRENTANO.

Paris, 1895. Appendice à cette édition dans la Chronique artésienne 'publiée par le même n° 1867).

1867. Chronique de la guerre entre Philippe le Bel et Gui de Dampierre (1297-1304). (De Smet. Corp. Chron. Flandr. IV. — Nouv. édit. par F. Funck-Bentano. Chronique artésienne et [fragments d'une] chronique tournaisienne. Paris, 1898, in-8).

1868. Lodewijk van Velthem. Spiegel historiael (1246-1316), (éd. I. Le Long. Amsterdam, 1727, in-4. — 3ᵉ livre, éd. W. J. Jonck-bloet. 's Gravenhage, 1840, in-4).

> C. Van te Water. Tijdschrift voor Nederlandsche taal en letterkunde. 1890 et suiv. — J. Verdam. Ibid. 1891. — Le Spiegel de L. Van Velthem est une continuation du Spiegel historiael de J. Van Maerlant (éd. de Vries, Verwijs et von Hellwald. Leiden, 1857-69, in-4), qui n'a pas de valeur comme source historique. — H. Pirenne. Note sur un passage de Van Velthem relatif à la bataille de Courtrai. (CRH. 5. IX. 1899). — Une nouvelle édition de Van Velthem par W. De Vreese et H. Vander Linden est en préparation.

1869. Guillaume Guiart. Branche des royaux lignages (-1306). (Rec. des hist. de France, XXII).

1870. Geoffroi de Paris. Chronique métrique (1300-1316). (Rec. des hist. de France, XXII).

1871. Jean Villani († 1348). Istorie Fiorentine. (Muratori Scriptores rerum Italicarum, XIII).

> Sur la valeur de Villani pour l'histoire de Flandre : H. Pirenne. La version flamande et la version française de la bataille de Courtrai, n° 1888. — V. Fris. L'historien Jean Villani en Flandre. (CRH. 5. X, 1900).

1872. Gilles le Muisit († 1353). Chronicon (v. 1300-1352). (De Smet. Corp. Chron. Flandr. II). — Poésies de Gilles li Muisis, éd. Kervyn de Lettenhove. Louvain, 1882, 2 vol. in-8.

> P. Wagner. Gillon le Muisi, Abt von St. Martin in Tournai, sein Leben und seine Werke. Brünn, 1896, in-8.

1873. Jacques Muevin. Chronicon (1296-1340). (De Smet. Corp. Chron. Flandr. II).

> L'attribution de ce texte à J. Muevin, abbé de St. Martin de Tournai de 1355 à 1367, est douteuse. C'est tout simplement une continuation d'annales tournaisiennes fort laconiques, depuis le commencement du monde jusqu'à 1294, que G. le Muisit a insérées dans sa chronique.

1874. Guillaume de Nangis. Chronicon (-1300). — Continuations (-1368). (Rec. des hist. de France XX. — éd. H. Géraud. Paris, 1843, 2 vol. in-8).

1875. Jean Desnouelles ou Jean de Noyal. Chronique (1285-1328). (Rec. des hist. de France, XXI).

> Compilation sans grande valeur dans laquelle se trouve insérée une partie de la Chronique normande, n° 1861. Kervyn de Lettenhove. (Istore et croniques. I, 618-632, n° 1860) en a publié quelques fragments relatifs au règne de Philippe VI.

1876. Chronographia regum Francorum (-1405), éd. H. Moranvillé. Paris, 1891-97, 3 vol. in-8.

> Kervyn de Lettenhove a publié sous le nom de Chronique de Berne de longs extraits de ce texte dans ses Istore et croniques de Flandres (n° 1860) et dans ses Chroniques relatives à l'histoire de Belgique sous la domination des ducs de Bourgogne (n° 1905). La Chronographia n'est pour la plus grande partie qu'une traduction de la Chronique de Flandre (n° 1860) et de la Chronique normande (n° 1861). Voy. H. Pirenne. L'ancienne Chronique de Flandre et la Chronographia regum Francorum. (CRH. 5.VIII, 1898).

1877. Chronique rimée des troubles de Flandre à la fin du XIVe siècle, suivie de documents inédits relatifs à ces troubles, éd. Ed. Le Glay. Lille, 1842, in-8.

> Cette chronique œuvre d'un contemporain très bien informé est incomplète. Elle ne comprend que le récit des événements des années 1379 et 1380 en partie.

On trouve aussi dans les chroniqueurs liégeois mentionnés aux n°s 1815, 1819, des renseignements importants sur l'histoire de Flandre au XIVe siècle.

1878. E. Boutaric. Notices et extraits de documents inédits relatifs à l'histoire de France sous Philippe le Bel. (Notices et extraits des Mss. de la bibliothèque impériale etc.). Paris, 1865, in-4.

1879. T. de Limburg-Stirum. Codex diplomaticus Flandriae 1296-1327). Voy. n° 275.

1880. Kervyn de Lettenhove. Études sur l'histoire du XIIIe siècle. Recherches sur la part que l'ordre de Cîteaux et le comte de Flandre prirent à la lutte de Boniface VIII et de Philippe le Bel. Bruxelles, 1853, in-4. (Mém. Acad.). — Add. n° 278.

1881. J. Colens. Le compte communal de Bruges en 1302-1303. (Annales de la Société d'Émulation de Bruges, XXXV).

1882. F. Funck-Brentano. Documents relatifs aux formes diplo-

matiques aux XIII° et XIV° siècles (Revue d'histoire diplomatique.
Paris, 1897).

>   Documents relatifs à la guerre entre Philippe le Bel et Gui de Dam-
>   pierre.

1883. G. Gorrini. Lettere inedite degli ambasciatori Fiorentini
alla corte dei papi in Avignone (1340). (Archivio storico italiano,
1884-85). — H. Pirenne. Documents pour servir à l'histoire de
Flandre au XIV° siècle. (CRH. 5. VIII, 1898). — H. Stein et N. de
Pauw. Documents relatifs à la bataille de Cassel (1328) et à ses
suites. (Ibid. 5. IX, 1899).

1884. H. Pirenne. Le soulèvement de la Flandre maritime en
1323-1328. Documents inédits. Bruxelles, 1900, in-8.

Voy. aussi des documents intéressants dans CRH. particulièrement : 2. III, 3. IX, XIII.

1885. A. Galland. Mémoires pour l'histoire de Navarre et de
Flandre, contenant le droit du roy au royaume de Navarre, le droit
comme seigneur de Dunkerke, Bourbourg, Lille, Douai, etc., sur le
comté de Flandre et le Pays de Waes. Paris, 1648, in-fol.

1886. F. Funck-Brentano. Philippe le Bel en Flandre. Paris,
1897, in-8.

>   Remarquable par l'étendue des recherches. Pour le point de vue de
>   l'auteur cf. H. Pirenne. Revue Critique, 6 déc. 1897.

1887. A. Duclos. Les Matines de Bruges. Bruges, 1882, in-8.
(Annales de la Soc. d'Émulation de Bruges).

1888. H. Moke. Mémoire sur la bataille de Courtrai. Bruxelles,
1851, in-4. (Mém. Acad.). — H. Pirenne. La version flamande et la
version française de la bataille de Courtrai. Bruxelles, 1890, in-8.
(CRH. 4. XVII). — Note supplémentaire. Bruxelles, 1892, in-8.
(CRH. 5. II). — Note sur un passage de Van Velthem. N° 1868. —
F. Funck-Brentano. Mémoire sur la bataille de Courtrai. Paris,
1891, in-4. (Mém. présentés par divers savants à l'Acad. des Inscrip-
tions). — G. Köhler. Die Schlachten von Tagliacozzo und Courtrai.
Breslau, 1892, in-8. — Add. l'ouvrage du même, n° 1018. (Batailles
de Courtrai, Mons-en-Puelle et Roosebeke). — V. Fris. Les
Flamands à la bataille de Courtrai (Bullet. de la Soc. hist. de Gand,
1901). — G. Des Marez. La signification historique de la bataille
de Courtrai. Bruxelles, 1901, in-8. (Extrait de la Revue de Belgique).

1889. J. J. De Smet. Mémoire sur la guerre de Zélande (1303-
1305). Bruxelles, 1845, in-4. (Mém. Acad.).

1890. A. d'Herbomez. L'annexion de Mortagne à la France en 1314. (Rev. des questions historiques, 1893).

1891. A. d'Herbomez. Philippe le Bel et les Tournaisiens. (CRH. 5. III, VII). — Notes et documents pour servir à l'histoire des rois, fils de Philippe le Bel. (Bibl. de l'École des Chartes, LIX, 1898).

1892. H. Vander Linden. Les relations politiques de la Flandre avec la France au XIVe siècle (1314-1322). (CRH. 5. III, 1895).

1893. J. J. Carlier. Robert de Cassel (1265-1331). (Annales du comité flamand de France, X, 1870).

1894. P. A. Lentz. Jacques Van Artevelde. Histoire des six premiers mois de son administration. Gand, 1837, in-8. (Nouvelles archives historiques, I). — Jacques Van Artevelde considéré comme homme politique. Gand [1863], in-8. — A. Voisin. Examen critique des historiens de Jacques Van Artevelde. Gand, 1841, in-8. — J. De Winter. Jacques Van Artevelde. Gand, 1845, in-8. (Annales de la Soc. des beaux arts et de littérature de Gand). — Kervyn de Lettenhove. Jacques d'Artevelde. Gand, 1863, in-8. — Du jugement que l'histoire doit porter sur Jacques d'Artevelde. (Bullet. Acad., 1856). — J. Vuylsteke. Eenige bijzonderheden over de Arteveldon in de XIVe eeuw. Gent, 1873, in-8. — L. Gilliodts Van Severen. Jacques Van Artevelde [d'après les comptes communaux de Bruges]. (La Flandre, 1878). — J. Hutton. James and Philip Van Artevelde. London, 1882, in-8. — W. Ashley. James and Philip Van Artevelde. London, 1883, in-8. — V. Deprez. La libération de la Flandre flamingante par Jacques Van Artevelde. Bruxelles, 1897, in-8.

1895. G. Des Marez. Les luttes sociales en Flandre au moyen âge. Bruxelles, 1900, in-8.

1896. N. de Pauw. La conspiration d'Audenarde (1342). Gand, 1879, in-8.

1897. A. Goovaerts. La flotte de Louis de Male devant Anvers en 1356. (CRH. 4. XIII).

1898. G. M. Wrong. The crusade of 1383 known as that of the bishop of Norwich. London, 1892, in-8. — G. Skalweit. Der Kreuzzug des Bischofs Heinrich von Norwich. Königsberg, 1903, in-8.

1899. Kervyn de Lettenhove. Les relations d'Édouard III avec la Belgique d'après les documents anglais. (Bullet. Acad., 1865). — Les relations de l'Angleterre et de la Flandre au XIVe siècle. Ibid. 1869).

1900. W. Ashley. The early history of the English woollen industry. Saratoga (U. S.), 1887, in-8.

1901. N. de Pauw. Ypre jeghen Poperinghe angaende den verbonden. Gent. 1899, in-8. (Vl. Acad.).

> Contient des documents importants pour l'histoire industrielle de la Flandre à la fin du XIVe siècle.

1902. K. Koppmann. Johann Tölners Handlungsbuch (1345-1350). (Geschichtsquellen der Stadt Rostock, I. Rostock, 1885, in-8). — II. Nirrnheim. Das Handlungsbuch Vickos von Geldernsen (1367-1392). Hamburg-Leipzig, 1895, in-8,

> Très intéressants pour l'histoire du commerce des draps de Flandre au XIVe siècle.

1903. G. von der Osten. Die Handels und Verkehrsperre des Deutschen Kaufmanns gegen Flandern (1358-1360). Kiel, 1889, in-8.

1904. F. Frensdorff. Aus Belgischen Städten und Stadtrechten. Voy. n° 990.

V.

LES DUCS DE BOURGOGNE (1384-1477).

(Cf. Dahlmann-Waitz-Steindorff, Nos 3189-3639; Monod, Nos 2665-2859).

1. Les Pays-Bas.

N. B. On ne trouvera ici que l'indication des sources relatives à l'histoire des ducs de Bourgogne dans les Pays-Bas. Pour tout ce qui concerne les rapports si nombreux qu'ils ont entretenus avec la France, l'Allemagne, la Suisse, l'Italie et l'Angleterre, on s'est borné à renvoyer aux travaux modernes.

1905. Kervyn de Lettenhove. Chroniques relatives à l'histoire de Belgique sous la domination des ducs de Bourgogne. Bruxelles, 1870-76, 3 vol. in-4.

> I. Portion du Chronodromon de Jean Brandon avec les additions d'A. de Budt, 1384-1414; continuation avec les additions du même par Gilles de Roye, -1430; continuation par A. de Budt, -1488. — II. Le livre des trahisons de France envers la maison de Bourgogne, -1465; Geste des ducs de Bourgogne, -1411; le Pastoralet, -1419. — III. Liber de virtutibus Philippi Burgundiae ducis, par J. Germain; De Philippo duce oratio, par

J. Jouffroy ; fragment de la chronique de Berne (Chronographia regum Francorum cf. n° 1876) de 1388-1405; De rebus actis sub ducibus Burgundiae compendium, par Theodericus Pauli; Liber Karoleidos [sur la bataille de Montléry]; fragment de la Chronique de Pierre moine de Bethléem près Louvain, 1382-1488; De laudibus Caroli Burgundiae ducis; De morte Caroli ducis; Annales Flandriae par Philippe Meyer, 1477-1482.

Sur Theodoricus Pauli, voy. W. Focke. Theodoricus Pauli. Halle, 1892.

1906. Magnum Chronicum Belgicum (-1475). (Pistorius. Rerum Germanicarum Scriptores, III).

Janssens (Archiv des historischen Vereins für den Niederrhein, 1855). — K. H. Müller. Das Magnum chronicon Belgicum und die in demselben enthaltenen Quellen. Berlin, 1888, in-8.

1907. Gilles de Roye. Annales Belgici (-1479). (Sweertius. Rerum Belgicarum Annales. Francofurti, 1620, in-fol.).

Jusqu'en 1414 ne constitue qu'un extrait du Chronodromon de Jean Brandon (n° 1905).

1908. Chronique du Religieux de Saint-Denys (1380-1422), éd. L. Bellaguet. Paris, 1839-52, 6 vol. in-4.

H. Moranvillé. La chronique du Religieux de Saint-Denys. (Bibliothèque de l'Écoles des Chartes, 1889). — L. Delisle. La vraie chronique du Religieux de Saint-Denys. (Journal des Savants, 1900).

1909. Enguerrand de Monstrelet. Chronique (1400-1444), éd. L. Douët-d'Arcq. Paris, 1857-62, 6 vol. in-8.

1910. Jean Le Fèvre, Sr de Saint-Rémy. Chronique (1408-1435), éd. F. Morand. Paris, 1876-81, 2 vol. in-8.

Pour la plus grande partie empruntée à Monstrelet.

1911. Mathieu d'Escouchy. Chronique (1444-1461), éd. G. du Fresne de Beaucourt. Paris, 1863, 3 vol. in-8.

1912. Chronique de 1400 à 1467, éd. Denys Godefroy en appendice à l'Histoire de Charles VI par Jean Juvénal des Ursins. Paris, 1653, in-fol.—Voy. aussi le t. II de l'édition de Commines par Lenglet du Fresnoy.

1913. Histoire des Pays-Bas par un contemporain (1477-1492). (De Smet. Corp. Chron. Flandr. III).

1914. Georges Chastellain. Œuvres, éd. Kervyn de Lettenhove. Bruxelles, 1863-1866, 8 vol. in-8.

Les tomes I à V comprennent les fragments de la chronique des ducs

1915. Jean Molinet. Chroniques (1474-1506), éd. Buchon. Paris, 1827-28, 4 vol. in-8.

1916. Jehan de Wavrin. Recueil des chroniques et anchiennes istories.... d'Engleterre, éd. W. Hardy et E. Hardy. London, 1864-91, 5 vol. in-8.

> Mlle Dupont a publié un choix de chapitres de la chronique de Wavrin (Paris, 1858-63, 3 vol. in-8). Le t. III de cette édition comprend en appendice une Histoire de Charles, dernier duc de Bourgogne (1467-77). Le long prologue qui la précède n'est autre que l'Advertissement au duc Charles par Chastellain, publié par Kervyn de Lettenhove au t. VII des œuvres de cet auteur (n° 1914).

1917. Thomas Basin [pseudo Amelgard]. Histoire de Charles VII et de Louis XI, éd. J. Quicherat. Paris, 1855-59, 4 vol. in-8.

1918. Pierre de Fenin. Mémoires (1407-1427), éd. Mlle Dupont. Paris, 1837, in-8.

1919. Jacques du Clercq. Mémoires (1448-1467), éd. de Reiffenberg. Bruxelles, 1823, 4 vol. in-8.

1920. Jean de Haynin et de Louvegnies. Mémoires (1465-1477), éd. R. Chalon. Mons, 1842, 2 vol. in-8.

> Édition très défectueuse d'après des manuscrits abrégés. — Voy. J. Van Den Gheyn. Le manuscrit original des Mémoires du sire de Haynin. (CRH. LXX. 1901).

1921. Philippe de Commines. Mémoires (1464-1498). (éd. Godefroy et Lenglet du Fresnoy. Paris, 1747, 4 vol. in-4 [précieuse par les documents publiés en appendice]. — Éd. Mlle Dupont. Paris, 1840-47, 3 vol. in-8 [la meilleure pour le texte. Le 3me vol. consacré aux Preuves]. — Nouv. édit. par B. de Mandrot, sous presse).

> W. Arnold. Die ethisch-politischen Grundanschauungen des Philipp von Commines. Dresden, 1873, in-8. — Duméril. Commines et ses mémoires. (Annales de la Faculté des lettres de Bordeaux, V). — B. de Mandrot. L'autorité historique de Philippe de Commines (Revue Historique, LXXIII, LXXIV, 1900).

1922. Philippe de Commines. Lettres et négociations, éd. Kervyn de Lettenhove. Bruxelles, 1867-74, 3 vol. in-8.

1923. Olivier de la Marche. Mémoires (1435-1488), éd. H. Beaune et J. d'Arbaumont. Paris, 1884-88, 4 vol. in-8.

> H. Stein. Étude biographique, littéraire et bibliographique sur Olivier de la Marche. Bruxelles, 1888, in-4. (Mém. Acad.).

1924. Documents pour l'histoire des ducs de Bourgogne. — Docu-

ments pour l'histoire de Charles le Téméraire, éd. GACHARD. (Docum.
Inéd. I, II. Voy. n° 223).

1925. F. DE GINGINS LA SARRA. Dépêches des ambassadeurs mila-
nais sur les campagnes de Charles le Hardi (1474-1477). Paris-
Genève, 1858, 2 vol. in-8.

1926. A. LACROIX. Faits et particularités concernant Marie de
Bourgogne et Maximilien d'Autriche (1476-1477). Mons, 1839, in-8.

1927. GACHARD et CH. PIOT. Voyages des souverains des Pays Bas.
Bruxelles, 1876-82, in-4. (Itinéraires de Philippe le Hardi, Jean
sans Peur, Philippe le Bon, Antoine, duc de Brabant (1407-15),
Jean IV duc de Brabant (1415-27), Philippe de St-Pol duc de
Brabant (1427-30).

1928. E. DE MARNEFFE. Itinéraire de Charles le Hardi (1433-
1477). (CRH. 4. XII).

1929. E. PETIT. Itinéraires de Philippe le Hardi et de Jean sans
Peur, ducs de Bourgogne (1363-1419). Paris, 1888, in-4.

1930. GUILLEBERT DE LANNOY. Voyages et ambassades (1399-1450),
éd. C. P. SERRURE. Mons, 1840, in-8. (Soc. des Biblioph. de
Belgique).

> J. LELEWEL. Guillebert de Lannoy et ses voyages. Bruxelles-Posen,
> 1844, in-8.

1931. LEO VON ROZMITAL. Ritter-Hof und Pilgerreise durch die
Abendlande, 1465-1467, beschrieben von zwei seiner Begleiter.
Stuttgart, 1844, in-8.

1932. Chroniques de Brabant et de Flandre, éd. CH. PIOT.
Bruxelles, 1879, in-4. (Entre autres : Korte chronycke van Neder-
landt (1285-1436) et Brabantsche Kronijk (1288-1470).

1933. EDMOND DE DYNTER. Chronique de Brabant (-1447), éd.
P. DE RAM, Voy. n° 1827.

1934. Chronicon ducum Brabantiae (-1485), éd. MATTHAEUS.
Lugduni-Batavorum, 1707, in-4.

> Continuation de la Chronique de Brabant, éd. R. MACARÉ (n° 1826).

1935. Die alder excellenste cronycke van Brabant, Holland,
Seelant, Vlaenderen int generael (-1480). Thantwerpen, 1512, in-fol.
— Autre édition de cette chronique (-1530). Antwerpen (1530), in-fol.
— Nieuwe chronycke van Brabandt, etc. (1516-1565). Thantwerpen,
1565, in-fol.

1936. — Hennen van Merchtenen's cronicke van Brabant (-1414), éd. Guido Gezelle. Gent, 1896, in-8 (Vl. Acad.).

1937. Die alder-excellentste cronycke van Brabant (-1486). Antwerpen, 1497, in-fol.

1938. Chronijk der landen van Overmaas (1275-1507). (Publ. de la Soc. hist. du Limbourg, VII).

———

1939. Adrien De Budt. Chronicon Flandriae (-1415). (De Smet. Corpus chron. Flandr. I).

1940. Jean de Dadizeele. Mémoires (1431-1481), éd. Kervyn de Lettenhove. Bruges, 1850, in-4.

1941. Chronique des Pays-Bas, de France, d'Angleterre et de Tournai. Voy. n° 1865.

1942. Philippe Wielant. Recueil des antiquités de Flandre (-1511). (De Smet. Corpus chron. Flandr. IV).

1943. N. Despars, Cronijcke van den lande ende graefscepe van Vlaenderen (405-1492), éd. J. De Jonghe. Brugge, 1840-42, 4 vol. in-8.

N'est guère qu'une traduction des Annales de J. Meyer, n° 606.

1944. Olivier van Dixmude. Merkwaerdige gebeurtenissen vooral in Vlaenderen en Brabant (1377-1443), éd. J. J. Lambin. Ypres, 1835, in-4.

V. Fris. Les idées politiques d'Olivier de Dixmude (Bullet. Acad. 1891).

1945. Jan van Dixmude. Dits de chronike ende genealogie van den prinsen ende graven van... Vlaenderlant (863-1436), (éd. J. J. Lambin. Ypre, 1839, in-8. — Fragm. d'après un ms. plus complet (-1440) dans De Smet. Corpus chron. Flandr. III).

De Smet. CRH. XI. — Cette chronique n'est guère qu'une traduction flamande de sources connues. Voy. V. Fris. Ontleding van drij vlaamsche kronijken (Annales de la Soc. d'hist. et d'archéolog. de Gand, 1899)

1946. [A. de Roovere]. Excellente cronicke van Vlaenderen. Tantwerpen, 1531, in-fol.

Jusqu'en 1440 ne consiste guère qu'en la reproduction de la chronique dite de Jan Van Dixmude. Voy. V. Fris. N° 1945. A. de Roovere a composé le récit des années 1467-1482. Il y a une continuation jusqu'en 1529.

1947. Kronijk van Vlaenderen van 580 tot 1467. Gent, 1839-40, 2 vol. in-8.

Les trois chroniques n°° 1945-1947 sont si étroitement apparentées qu'on peut les considérer, pour leur partie commune, comme des recensions différentes d'un même ouvrage. Elles ferment la série des continuations des généalogies des comtes de Flandre. Voy. V.Fris, n°1945.

2048. V. Fris. De onlusten te Gent in 1432-1435. (Bullet. de la Soc. d'hist. et d'archéolog. de Gand, 1900). — Onderzoek naar de bronnen van den opstand der Gentenaars tegen Philip den Goede (1449-1453). (Ibid., 1900).

1949. Dagboek der Gentsche Collatie bevattende een nauwkeurig verhael van de gebeurtenissen te Gent en elders in Vlaenderen voorgevallen (1446-1515), éd. A. G. B. Schayes. Gent, 1842, in-8.

> V. Fris. Ontleding van drij vlaamsche kronijken (Annales de la Soc. d'hist. et d'archéol. de Gand, 1899). Ce texte, dont le titre que lui a donné l'éditeur n'indique pas le contenu, constitue une chronique intéressante surtout pour la guerre de Philippe le Bon contre Gand (1450-53). M. V. Fris en prépare actuellement une nouvelle édition. On joindra utilement aux renseignements fournis par la chronique ceux que renferment les " Oorkonden betreffende den opstand van Gent tegen Philips den Goede „ publiés par le même auteur dans les Annales de la Soc. hist. de Gand, 1901.

1950. A. Desplanque. Troubles de la châtellenie de Cassel sous Philippe le Bon (1427-1431). (Annales du Comité flamand de France, VIII).

1951. J. H. Scheffer. Grafelijke commissie- of beveelboeken van hertog Aelbrecht van Beijeren (1392-1418). Rotterdam, 1883, 2 vol. in-8.

1952. Vita Jacobae ducissae Hollandiae. (Publicat. de la Bibliothèque de Stuttgart, I).

1953. A. Decourtray, A. Lacroix et L. Devillers. Particularités curieuses sur Jacqueline de Bavière, comtesse de Hainaut, et sur le comté de Hainaut. Mons, 1838-1879, 2 vol. in-8. — A. Lacroix. Analectes pour servir à l'histoire des comtes et du comté de Hainaut. (CRH. 2. VII).

1954. Jean Gerbrandzoon de Leyde. Chronicon comitum Hollandiae et episcoporum Ultrajectensium (-1417). (Sweertius. Rerum Belgicarum scriptores. Francofurti, 1620, in-fol.).

1955. Chronicon Tielense auctoris incerti (-1449, avec contin. -1566), éd. J. D. van Leeuwen. Trajecti ad Rhenum, 1789, in-8.

1956. Cronica de Hollant et ejus comitatu (-1477). (Matthaeus, Vet. Anal. V).

1957. Cronica de Trajecto et ejus episcopatu (-1456). (MATTHAEUS, Vet. Anal. V).

> Cette chronique, ainsi que la précédente, a été traduite en néerlandais par J. VELDENAER. Fasciculus temporum. Utrecht, 1480, in-fol. — Fragm. sous le titre de " Kronijk van Holland, Zeelant etc. „ éd. BOXHORN. Leyden, 1650, in-4.

1958. JAN VAN NAELDWYCK. Cronike ofte historie van Hollant, van Zeelant, van Frieslant ende van het Sticht van Utrecht [Het oude Goutsche Chronyckje -1477]. Gouda, 1478, in-4. — Nouv. édit. par P. SCRIVERIUS. Amsterdam, 1663, in-4, avec un appendice contenant plusieurs chartes et privilèges.

> S. MULLER. De kronieken van Holland van Jan van Naeldwyck (Bijdragen voor vaderl. geschied., 1888). — Die Hollantsche cronike van den Heraut. Eene studie over de hollandsche geschiedbronnen uit het Beijersche tijdperk. (Ibid., 1885).

1959. A. M. C. VAN ASCH VAN WIJCK. Oorkonden uit het archief van Buren. Utrecht, 1852-55, 3 vol. in-8. (Tirés du Codex dipl. Neerlandicus. Voy. n° 210).

1960. Verhaal van den oorsprong der Hoeksche en Kabeljauwsche twisten, éd. VAN DEN BERGH. Gedenkstukken, I. Voy. n° 225.

1961. W. J. C. RAMMELMAN ELSEVIER. De strijd tusschen de Hoekschen en Kabeljaauwschen (1479-1483). (Berigten van het historisch genootschap van Utrecht, 1851).

1962. Annales rerum in Hollandia et dioecesi Ultrajectina gestarum (1481-1483). (MATTHAEUS. Vet. Anal. I).

1963. Continuation en néerlandais de la chronique de Béka, (-1426). (MATTHAEUS. Vet. Anal. III).

1964. Die cronycke van Hollandt, Zeelandt ende Vrieslandt [Divisiekroniek] (-1517). (Prem. édit. à Leyde, 1517, in-fol. Plusieurs autres éditions avec continuations au XVIe siècle, indiquées dans S. MULLER. Lijst v. Noord-Nederl. kronijken, p. 19).

> R. FRUIN. De samensteller van de zoógenaamde Divisiekroniek. (Handelingen en mededeelingen van de Maatschappij der Nederl. Letterkunde te Leiden, 1888-89).

1965. J. J. REYGERSBERGH VAN CORTGENE. Die cronycke van Zeelandt. Antwerpen, 1551, in-4.

1966. ZWEDER VAN CULENBORCH. Origines Culemburgicae (1015-1493). (MATTHAEUS. Vet. Anal. III).

1967. WILLEM VAN DER SLUYS. Jonker Fransen [van Brederode] oorlog (-1489), éd. C. VAN ALKEMADE. Rotterdam, 1724, in-8.

1968. J. DE LEMMEGE. Kronijk van Groningerlant (1110-1436). (MATTHAEUS. Vet. Anal. I. — Nouv. édit. par FEITH en appendice à la chronique de S. Penninghe. N° 2103).

1969. P. A. VAN LIMBURG-BROUWER. Boergoensche charters (1428-1482). 's Gravenhage, 1869, in-8.

1970. [D. DES SALLES et L. F. J. DE LA BARRE]. Mémoires pour servir à l'histoire de France et de Bourgogne. Paris, 1729, in-4.

1971. OLIVIER DE LA MARCHE. L'estat de la maison du duc Charles de Bourgogne. (Append. aux mémoires. Voy. n° 1923).

1972. ALIÉNOR DE POITIERS. Les honneurs de la cour [de Bourgogne], éd. LA CURNE DE SAINTE-PALAYE. Mémoires sur l'ancienne chevalerie, édit. de 1759, II.

1973. K. KOPPMANN. G. VON DER ROPP, D. SCHÄFER. Hanserecesse. Leipzig, depuis 1870, in-4.

1974. W. STIEDA. Hansisch-Venetianische Handelsbeziehungen im XV Jahrhundert. Rostock, 1894, in-8.

1975. PONTUS HEUTERUS. Rerum Burgundicarum libri VI. (PONTI HEUTERI DELFII Opera historica omnia. Lovanii, 1651, in-4).

1976. L. GOLLUT. Les mémoires historiques de la république séquanoise. Dôle, 1592, in-fol. Arbois, 1846, in-4.

1977. U. PLANCHER. Histoire générale et particulière de Bourgogne. Dijon, 1739-81, 4 vol. in-fol.

1978. A. G. DE BARANTE. Histoire des ducs de Bourgogne de la maison de Valois. Paris, 1824-26, 12 vol. in-8. — Édition annotée par MARCHAL. Bruxelles, 1839, 5 vol. in-8. — Édition annotée par GACHARD. Bruxelles, 1838, 2 vol. in-8. — Édition annotée par DE REIFFENBERG. Bruxelles, 1835-36, 10 vol. in-8.

1979. P. FREDERICQ. Essai sur le rôle politique et social des ducs de Bourgogne dans les Pays-Bas. Gand, 1875, in-8.

1980. J. VAN PRAET. Les ducs de Bourgogne (Essais sur l'histoire politique des derniers siècles. I. Bruxelles, 1867, in-8).

1981. A. LEROUX. Nouvelles recherches critiques sur les relations politiques de la France avec l'Allemagne de 1378 à 1461. Paris, 1802, in-8.

1982. Th. Lindner. Geschichte des Deutschen Reiches unter König Wenzel. Voy. n° 1813.

1983. R. Pauli. Geschichte von England, V. Gotha, 1858, in-8.

1984. J. H. Ramsay. Lancaster and York, 1399-1485. Oxford, 1892, 2 vol. in-8.

———

1985. Th. Lindner. Der Feldzug der Franzosen gegen Jülich und Geldern im Jahre 1388. (Pick's Monatschrift für Rheinisch-Westfälische Geschichtsforschung, 1876).

1986. Kervyn de Lettenhove. Des alliances de la commune de Gand avec Richard II, roi d'Angleterre. (Bullet. Acad., 1865).

> Contient quelques détails sur la politique de Philippe le Hardi en Flandre à l'égard des Urbanistes. Il faut y joindre N. Valois. Histoire du grand Schisme d'Occident. Paris, 1896, 2 vol. in-8.

1987. I. A. Nijhoff. Over den togt van hertog Albrecht tegen de Friezen. 1308. (Bijdragen voor vaderl. geschied. I). — Togten van hertog Albrecht en den graaf van Oostervant naar Friesland (1396-99). (Navorscher, 1853).

1988. Huillard-Bréholles. La rançon du duc de Bourgogne Jean I. Paris, 1860, in-4.

1989. Kervyn de Lettenhove. Jean Sans-Peur et l'apologie du tyrannicide. (Bullet. Acad. 1861). — Add. CRH. 3. VIII et 4. I.

1990. G. Du Fresne de Beaucourt. Histoire de Charles VII. Paris, 1881-92, 6 vol. in-8.

> Essentiel pour l'histoire des rapports de Philippe le Bon avec la France. La préface contient un bon aperçu des sources.

———

1991. F. von Löher. Kaiser Sigmund und Herzog Philipp von Burgund. (Historisches Jahrbuch de Münich, 1866).

1992. F. von Löher. Jakobäa von Bayern und ihre Zeit. Nördlingen, 1869, 2 vol. in-8. — Trad. néerl. par J. Margadant. 's Gravenhaghe, 1880, 3 vol. in-8. — Beiträge zur Geschichte der Jakobäa von Bayern. (Abhandlungen der K. Akad. der Wissenschaften, 3° kl., X. München, 1865-66, in-4).

1993. Fr. De Potter. Geschiedenis van Jacoba van Beieren. Brussel, 1881, in-8. (Mém. Acad.).

1994. L. Devillers. La naissance et les premières années de Jacqueline de Bavière. (Messager des sciences hist. 1886).

1995. L. Galesloot. Revendication du duché de Brabant par l'empereur Sigismond (1414-1437). (CRH. 4. V).

1996. P. J. Blok. De eerste jaren der Bourgondische heerschappij van Holland (1428-1434). (Bijdragen voor vaderl. geschied. 1882).

1997. J. de Hullu. Bijdrage tot de geschiedenis van het Utrechtsche schisma (1423-1450). 's Gravenhage, 1892, in-8.

1998. F. Richter. Der Luxemburger Erbfolgestreit in den Jahren 1438-1443. Trier, 1889, in-8.

1999. N. van Werveke. Die Erwerbung des Luxemburger Landes durch Anton von Burgund (1409-1415). I. Luxemburg, 1891, in-4. — Definitive Erwerbung des Luxemburger Landes durch Philipp Herzog von Burgund (1458-1462). Luxemburg, 1886, in-8. (Luxemburger Land). — L. Schmidt. Zur Geschichte der Luxemburger Streitigkeiten (1440-1443). (Archiv für Sächsische Geschichte, VII, 1886).

2000. de Reiffenberg. Mémoire sur le séjour que Louis dauphin de Viennois, depuis roi sous le nom de Louis XI, fit aux Pays-Bas de l'an 1456 à l'an 1461. Bruxelles, 1829, in-4. (Mém. Acad.).

2001. A. Desplanque. Projet d'assassinat de Philippe le Bon par les Anglais. Bruxelles, 1866, in-4. (Mém. Acad.).

2002. J. F. Kirk. History of Charles the Bold duke of Burgundy. London, 1863-1868, 3 vol. in-8. — Trad. française par Flor O'Squar. Paris, 1866, 3 vol. in-8.

2003. E. A. Freeman. Charles the Bold (Select historical Essays. Leipzig, 1873, in-8).

2004. P. Henrard. Appréciation du règne de Charles le Téméraire. Bruxelles, 1875, in-8. (Mém. Acad.).

2005. G. Krause. Beziehungen zwischen Habsburg und Burgund bis zum Ausgange der Trierer Zusammenkunft im Jahre 1473. Graudenz, 1876, in-8.

2006. F. Lindner. Die Zusammenkunft Kaiser Friedrich III mit Karl dem Kühnen von Burgund im Jahre 1473 zu Trier. Greifswald, 1876, in-8. — K. Schellhass. Zur Trierer Zusammenkunft im Jahre 1473 (Deutsche Zeitschrift für Geschichtswissenschaft, III).

2007. H. Diemar. Die Entstehung des Deutschen Reichskriegs gegen Herzog Karl den Kühnen von Burgund. Marburg, 1896, in-8.

2008. F. Schmitz. Der Neusser Krieg. Bonn, 1896, in-8.

2009. C. Markgraf. De bello Burgundico a Carolo Audace contra archiepiscopum Coloniensem suscepto anno 1474. Berolini, 1861, in-8.

2010. A. J. Paris. Louis XI et la ville d'Arras (1477-1483). Arras, 1868, in-8.

2011. J. Dierauer. Geschichte der Schweizerischen Eidgenossenschaft. II. Gotha, 1892, in-8.

2012. J. Hansen. Westphalen und Rheinland im XV Jahrhundert. Leipzig, 1888-1890, 2 vol. in-8.

2013. K. Dändliker. Ursachen und Vorspiel der Burgunderkriege. Zürich, 1876, in-8.

2014. P. Vaucher. Causes et préliminaires de la guerre de Bourgogne [contre les Suisses : 1475-1477]. (Revue historique, III).

2015. F. de Gingins la Sarra. Épisodes de la guerre de Bourgogne. (Mém. et documents de la Suisse romande, VIII).

2016. B. de Mandrot. Relations de Charles VII et de Louis XI avec les cantons suisses. Zurich, 1881, in-8.

2017. G. Ochsenbein. Die Urkunden der Belagerung und Schlacht von Murten. Freiburg, 1876, in-8.

2018. H. Witte. Zur Geschichte der Burgundischen Herrschaft am Oberrhein (1459-1475). (Zeitschrift für die Geschichte des Oberrheins. Neue Folge, I, 1886, et suiv.). — Der Zusammenbruch der Burgundischen Herrschaft am Oberrhein. (Ibid. II, 1887).

2019. H. Witte. Zur Geschichte der Entstehung der Burgunderkriege (1469-1474). Hagenau, 1885, in-4. — Zur Geschichte der Burgunderkriege. (Zeitschrift für die Geschichte der Oberrheins. Neue Folge, VI, VII, VIII, X, 1891-1895).

2020. A. Calmet. Histoire... de Lorraine. Nancy, 1747-57, 7 vol. in-fol.

2021. H. Witte. Lothringen und Burgund. (Jahrbuch der Gesellschaft für Lothringische Geschichte und Alterthumskunde, II, III, IV, 1890-92).

2022. de Bussière. Histoire de la ligue formée contre Charles le Téméraire. Paris, 1845, in-8.

2023. A. Huguenin. Histoire de la guerre de Lorraine et du siège de Nancy. Metz, 1837, in-8.

2024. Ch. Nerlinger. Pierre de Hagenbach et la domination bourguignonne en Alsace (1469-1474). Nancy, 1890, in-8. (Annales de l'Est, III, IV). — C. Bernoulli. Basler Beiträge zur Vaterländischer Geschichte, XIII.

2025. P. N. Perret. Histoire des relations de la France avec Venise du XIII⁰ siècle à l'avènement de Charles VIII. Paris, 1896, 2 vol. in-8.
A consulter pour la politique de Charles le Téméraire en Italie.

2026. E. von Rodt. Die Feldzüge Karls des Kühnen und seiner Erben. Schaffhausen, 1843-44, 2 vol. in-8.
2027. H. Delbrück. Die Perserkriege und die Burgunderkriege. Berlin, 1887, in-8.
2028. M. Laux. Ueber die Schlacht bei Nancy. Berlin, 1895, in-8.
2029. E. Münch. Maria von Burgund nebst dem Leben ihrer Stiefmutter Margaretha von York. Leipzig, 1832, 2 vol. in-8.
2030. K. Rausch. Die Burgundische Heirat Maximilians I. Wien, 1880, in-8.
2031. Ch. Paillard. Le procès du chancelier Hugonet et du seigneur d'Humbercourt. Bruxelles, 1881, in-8. (Mém. Acad.).

2032. P. J. Blok. Eene Hollandsche stad onder de Bourgondisch-Oostenrijksche heerschappij. 's Gravenhage, 1884, in-8.
2033. Kervyn de Lettenhove. Programme d'un gouvernement constitutionnel en Belgique au XV⁰ siècle. (Bullet. Acad. 2. XIV).
2034. de Reiffenberg. Histoire de l'ordre de la Toison d'Or. Bruxelles, 1830, in-8.
Pour les institutions, add. nᵒˢ 969 et suiv.

2035. G. Schanz. Englische Handelspolitik gegen Ende des Mittelalters. Voy. n° 1045.
2036. L. Van Praet. Louis de Bruges, Seigneur de la Gruthuuse. Paris, 1831, in-8.
2037. O. Richter. Die französische Litteratur am Hofe der Herzöge von Burgund. Halle, 1882, in-8.
2038. L. de Laborde. Les ducs de Bourgogne. Études sur les lettres, les arts et l'industrie pendant le XV⁰ siècle. Voy. n° 1283.

2039. J. Baux. Histoire de l'église de Broux. 2ᵉ édit. Lyon, 1854, in-8.

Pour l'histoire économique, voy. nᵒˢ 1062, 1083, 1084, 1089, 1109, 1112.

Pour l'histoire ecclésiastique, voy. nᵒˢ 1182, 1183, 1202-1212.

Pour l'histoire de l'enseignement, voy. nᵒ 1264.

Pour l'histoire de l'art, voy. nᵒˢ 1284, 1285, 1301, 1302, 1303, 1304, 1305, 1308, 1309.

Pour l'histoire de l'imprimerie, voy. nᵒˢ 1361, 1363.

2. — Le Pays de Liège.

2040. P. F. X. DE RAM. Documents relatifs aux troubles du Pays de Liége sous les princes-évêques Louis de Bourbon et Jean de Horne (1455-1505). Bruxelles, 1844, in-4.

> JEAN DE LOS. Chronicon (1455-1514). — HENRI DE MERICA [VAN DER HEYDEN]. Historia de cladibus Leodiensium. (1469). — THEODORICUS PAULI. Historia de cladibus Leodiensium (1455-67). — BARTHÉLEMY DE LIÈGE. Carmen de guerra Leodina. — La corrExion des Liégois. — La bataille de Liège en 1468 (bataille d'Othée). — Les sentences du Liège. — Complainte de la cité de Liège. — Complainte de Dignant. — La rébellion des Liégeois. — HERBENUS. De vastatione Leodiensi. — JACQUES DEOLI AMMANATI, dit PICCOLOMINI. Extraits relatifs au Pays de Liège tirés de sa continuation (1464-1469) des Commentaires d'Aeneas Sylvius (d'après l'édit. de Francfort de 1614). — Add. nᵒ 2050.
>
> W. FOCKE. Theodoricus Pauli. Ein Geschichtschreiber des XV Jahrhunderts. Halle, 1892, in-8.

2041. JEAN DE STAVELOT. Chronique (1400-1449), éd. A. BORGNET. Bruxelles. 1861, in-4. — Tables, éd. ST. BORMANS, ibid. 1887, in-4.

> Continue la chronique de Jean d'Ourtremeuse (nᵒ 1817). Les deux dernières années, écrites en latin, sont probablement d'ADRIEN D'OUDENBOSCH, nᵒ 2043.

2042. CORNEIL ZANTFLIET ou MENGHERS. Chronicon (-1461). (MARTÈNE et DURAND. Amplissima Collectio, V).

> Fragment de 1230-1461 d'une chronique universelle, contenant d'ailleurs peu de renseignements originaux.

2043. ADRIEN D'OUDENBOSCH [DE VETERIBUSCO]. Chronicon rerum Leodiensium sub Johanne de Heinsbergio et Ludovico Borbonio episcopis (1429-1483). (MARTÈNE et DURAND. Amplissima Collectio, IV).

> Jusqu'en 1449 n'est pour la plus grande partie qu'un résumé de Jean de Stavelot. Le reste forme une continuation de celui-ci. Les éditeurs ont ajouté en note quelques passages du journal (diarium) de ce chroniqueur.

2044. A. D'OUDENBOSCH. Historia monasterii S. Laurentii (avec continuations par HENRICUS DE PALUDE et autres -1586). (MARTÈNE et DURAND. Amplissima Collectio, IV).— Add. n° 1821.— A. D'OUDENBOSCH. Brevis historia collegiatae ecclesiae S. Petri Eyncurtensis (-1470). (Ibid.).

2045. SUFFRIDUS PETRI. Gesta pontificum Leodiensium a Joanne de Bavaria usque ad Erardum a Marcka (1390-1505). (CHAPEAVILLE. Gesta pontif. Leod. III).

2046. Relatio schismatis quod fuit in Leodio inter Johannem de Bavaria, electum Leodiensem, et Theodericum de Perwez, intrusum per populum (1406-1408), (éd. E. SCHOOLMEESTERS. CRH. 4. XV).

2047. L. DEVILLERS. Documents relatifs à l'expédition de Guillaume IV contre les Liégeois (1407-1409). (CRH. 4. IV).

2048. Mémoire du légat ONUFRIUS sur les affaires de Liège (1468), éd. ST. BORMANS. Bruxelles, 1886, in-8.

> H. F. J. ESTRUP. Liégeois et Bourguignons en 1468. Liège, 1881, in-8.

2049. ANGELUS DE CURRIBUS SABINIS ou ANGE DE VITERBE. De excidio civitatis Leodiensis. (MARTÈNE et DURAND. Amplissima Collectio, IV. — Fragm. dans Analecta Leodiensia, n° 2050).

2050. Analecta Leodiensia, recueil de documents sur l'histoire du Pays de Liège (1433-1504), (éd. DE RAM. N° 2040).

Nombreux documents sur les guerres des ducs de Bourgogne contre le Pays de Liège dans les Documens inédits de GACHARD, I, II. Voy. n° 223.

2051. E. BACHA. Catalogue des actes de Jean de Bavière (1390-1417). Liège, 1898, in-8. (Bulletin de la Soc. d'art et d'histoire de Liège).

———

2052. J. DARIS. Histoire du diocèse et de la principauté de Liège pendant le XV° siècle. Liège, 1887 (partie du n° 789).

2053. W. MOYE. Johann von Wallenrod Erzbischof von Riga und Bischof von Lüttich (1418-1419). Halle, 1894, in-8.

2054. A. BORGNET. Jean de Heinsberg (1419-1455). (Bulletin de l'Institut archéolog. liégeois, 1854).

2055. P. Henrard. Les campagnes de Charles le Téméraire contre les Liégeois (1465-1468). (Annales de l'Acad. d'archéologie d'Anvers, 1867).

2056. J. de Chestret de Haneffe. Jean de Wilde. (Bullet. de l'Institut archéolog. liégeois, 1876).

2057. A. Borgnet. Sac de Dinant par Charles le Téméraire. Namur, 1853, in-8. (Annales de la Soc. archéolog. de Namur).

<hr>

VI.

LES PAYS-BAS DEPUIS LE MARIAGE DE MAXIMILIEN D'AUTRICHE AVEC MARIE DE BOURGOGNE (1477) JUSQU'A L'ABDICATION DE CHARLES-QUINT (1555).

(Cf. Dahlmann-Waitz-Steindorff, Nos 3640-4123; Monod, Nos 2860-3368).

1. Les Pays-Bas.

2058. R. Macquériau. Histoire générale de l'Europe ou traicté et recueil de la maison de Bourgogne (1500-1527). Louvain, 1765, in-4. — Deuxième partie comprenant les années 1527 à 1529 publiée par J. Barrois, avec une table générale des deux parties. Paris, 1841, in-4.

2059. Pontus Heuterus. Rerum Austriacarum libri XV.

> Publié dans les œuvres de P. H. Voy. n° 1975. Un livre XVI retranché par ordre du gouvernement se trouve dans certains exemplaires de l'édition d'Anvers de 1584.

2060. L. Guicciardini. Comentarii delle cose piu memorabili seguite in Europa, specialmente in questi Paesi Bassi (1529-1560). Anversa. 1565, in-4.

2061. Fleuranges (R. de la Marck, sire de). Mémoires (1490-1537). (Buchon. Collect. des chron. IX).

2062. Fr. de Rabutin. Commentaires sur le fait des dernières guerres en la Gaule belgique entre Henry II et Charles V (1551-1558). Paris, 1574, in-8. (Buchon. Coll. des chron. XIII).

2063. Fr. de Enzinas. Mémoires (1543-45), éd. C. A. Campan. Bruxelles, 1862, 2 vol. in-8. — Fr. de Enzinas. Denkwürdigkeiten vom Zustand der Niederlande und von der Religion in Spanien, trad. allem. de H. Boehmer, avec notes de Ed. Boehmer. 2e édit. Leipzig, 1898, in-8.

2064. J. DE WESENBEKE. Mémoires (1524-1566), éd. CH. RAHLEN-
BECK. Bruxelles, 1859, in-8.

2065. FÉRY DE GUYON. Mémoires (1524-1568), éd. DE ROBAULX DE
SOUMOY. Bruxelles, 1858, in-8.

Add. n°ˢ 1905, 1913, 1915, 1921, 1923, 1940.

2066. GACHARD. Lettres inédites de Maximilien... sur les affaires
des Pays-Bas (1478-1508). Bruxelles, 1851-52, in-8. (CRH. 2. II, III).

2067. Cartas de Felipe el Hermoso. Madrid, 1846. (Coll. des
documentos inéditos d'Espagne, VIII).

> Le même volume contient la chronique de LORENZO DE PADILLA, inté-
> ressante pour le règne de Philippe le Beau.

2068. Armada y provisiones para llevar doña Juana à Flandes
cuando fue a casarse con el archiduque Don Felipe I en 1496.
Madrid, 1846. (Documentos inéditos d'Espagne, VIII).

2069. C. VON HÖFLER. Kritische Untersuchungen über die Quellen
der Geschichte Philipps des Schönen. (Sitzungsberichte der K. Akad.
Wien, 1883, 1886).

2070. C. VON HÖFLER. Depeschen des Venetianischen Botschafters
[Vincenzo Quirino] bei Erzherzog Philipp von Burgund (1505-1506).
Wien, 1884, in-8.

2071. GACHARD. Les monuments de la diplomatie vénitienne
considérés sous le point de vue de l'histoire moderne en général et
de l'histoire de Belgique en particulier. Bruxelles, 1853, in-4.
(Mém. Acad.).

2072. GACHARD. Relations des ambassadeurs vénitiens sur
Charles-Quint et Philippe II. Bruxelles, 1855, in-8.

> Il faut consulter en outre la collection d'ALBERI. Relazioni degli
> ambasciatori Veneti al senato. Firenze, 1840-63, 15 vol. in-8.

2073. DE REIFFENBERG. Lettres sur la vie intérieure de l'empereur
Charles-Quint, écrites par G. VAN MALE. Bruxelles, 1843, in-8.

2074. L. PH. C. VAN DEN BERGH. Correspondance de Marguerite
d'Autriche sur les affaires des Pays-Bas (1506-1528). 's Gravenhage,
1845-47, 2 vol. in-8. Voy. n° 225.

2075. A. LE GLAY. Correspondance de l'empereur Maximilien et
de Marguerite d'Autriche sa fille, gouvernante des Pays-Bas (1507-
1519). Paris, 1839, 2 vol. in-8.

2076. A. LE GLAY. Négociations diplomatiques entre la France
et l'Autriche (1501-1530). Paris, 1845, 2 vol. in-4.

2077. K. Lanz. Correspondenz des Kaisers Karl V. Leipzig, 1844-46, 3 vol. in-8. — Staatspapiere zur Geschichte des Kaisers Karl V. Stuttgart, 1845, in-8. — Aktenstücke und Briefe zur Geschichte Kaiser Karls V. Wien, 1853, in-8.

2078. O. Meinardus. Nassau-Oranische Correspondenzen I (-1538). Wiesbaden, 1899, in-8.

2079. Gachard. Correspondance de Charles-Quint et d'Adrien VI. Bruxelles, 1859, in-8.

2080. É. Van Bruyssel. Liste analytique des documents concernant l'histoire de la Belgique pendant l'administration de Marie de Hongrie (CRH. 3. I).

2081. Corn. Dupl. de Schepper, ambassadeur de Christiern II, de Charles V, de Ferdinand I et de Marie de Hongrie. Missions diplomatiques de 1523 à 1555, éd. Jul. de Saint-Genois et G. A. Yssel de Schepper. Bruxelles, 1856, in-4.

N. B. On n'a pu naturellement indiquer ici que les recueils les plus importants de lettres et de documents diplomatiques. Pour le surplus, il faudra recourir spécialement aux Bulletins de la Commission royale d'histoire, qui sont extrêmement riches en pièces relatives à l'histoire du XVIe siècle.

2082. Gachard. Voyages des Souverains des Pays-Bas. — Itinéraires de Maximilien, de Philippe le Beau et de Charles-Quint. Voy. n° 1927.

2083. Calvete de Estrella. El felicissimo viaje del muy alto y muy poderoso principe Don Felipe (1549). Anvers, 1552, in-fol. Trad. franç. par J. Petit. Bruxelles, 1873-84, 5 vol. in-8.

2084. Jean Nicolay. Kalendrier des guerres de Tournay (1477-1479), éd. F. Hennebert, Tournai, 1853-56, 2 vol. in-8. (Mémoires de la Soc. hist. de Tournai).

2085. L. Brésin. Chronique de Flandre et d'Artois (1482-1560). Analyses et extraits par E. Mannier. Paris, 1880, in-8.

2086. Chronique de Flandre (1487-1490). (De Smet. Corpus Chron. Flandr. IV).

2087. Rombaut de Doppere. Chronique brugeoise (1491-1498), éd. H. Dussart. Bruges, 1892, in-4.

2088. Jean Surquet. Histoire des guerres et troubles de Flandres (1487-1490). (De Smet. Corpus Chron. Flandr. IV).

2089. Ch. Piot. Chroniques de Brabant et de Flandre (entre autres: Chronique de N. de Weert, (-1565); Vlaamsche Kronijk, (-1598); Chronycke van Nederland (-1525). Voy. n° 208.

2090. L. A. Diegerick. Correspondance des magistrats d'Ypres députés à Gand et à Bruges pendant les troubles de Flandre sous Maximilien d'Autriche (1488). Bruges, 1855-56, in-8. (Annales de la Soc. d'Émulat. de Bruges).

2091. C. L. Carton. Het boec van al 't gene datter geschiedt is binnen Brugghe sichtent jaer 1477 tot 1491. Gent, 1859 in-8.

2092. Louis de Schore. Mémoire sur la révolte des Gantois en 1539, (éd. Hoynck van Papendrecht. Analecta, III).

> Gachard a prouvé (CRH. 3. II, p. 199), que ce mémoire attribué au chanoine d'Hollander était l'œuvre de L. de S., président du conseil privé.

2093. Gachard. Relation des troubles de Gand sous Charles-Quint, suivie de 330 documents sur cet événement. Bruxelles, 1846, in-4.

2094. L. Devillers. Le Hainaut après la mort de Marie de Bourgogne (1482-1483). Bruxelles, 1880. (CRH. 4. VIII). — Le Hainaut sous la régence de Maximilien d'Autriche (1483-1494). Bruxelles, 1882-89, in-8. (CRH. 4. X, XIV, XV, XVI).

2095. A. Hocquet. Tournai et l'occupation anglaise (1513-1519). (Annales de la Soc. Hist. de Tournai, 1900).

2096. F. G. V. Antwerpsch Cronijkje (1500-1574). Leyden, 1743, in-4.

2097. Guill. Hermannus Goudanus. Hollandiae Gelriaeque bellum quod gestum est circa annum 1507 et deinceps. (Matthaeus. Vet. Anal. I).

2098. L. Hortensius. Secessionum civilium Ultrajectinarum et bellorum ab anno 1524 usque ad translationem episcopatus ad Burgundos. Voy. n° 855. H. Bomelius. Bellum Trajectinum (1525-1528), éd. B. J. De Geer. Utrecht, 1879, in-8.

2099. L. Hortensius. De tumultu anabaptistarum. Basileae, 1548, in-8. (Schardius. Script. Rer. German. II. Giessen, 1673).

2100. Gérard Geldenhauer [Gerardus Noviomagus]. Vita Philippi a Burgondia episcopi Ultrajectini († 1534). (Matthaeus. Vet. Anal. I).

2101. Tractatus super translatione patriae Trajectensis in Caesarem. (HOYNCK VAN PAPENDRECHT. Analecta, III).

2102. JAN KNAP [JOHANNES SERVILIUS]. Geldro-gallica conjuratio duce Martino Rossemio. (Antwerpiae, 1542, in-8. — FREHER. Rerum Germanic. Scriptores, III).

2103. SICKE PENNINGE [SICKO BENINGHA]. Kroniek [de Groningue] (-1527), éd. J. A. FEITH. Utrecht, 1887.

2104. DAMIANUS A GOES. De obsidione Lovaniensi (1542). (SCHARDIUS. Script. Rer. German. II. Giessen, 1673).

2105. J. J. VAN DOORNINCK. Overijssel onder Karl V. Deventer, 1889 et suiv., in-8.

2106. KEMPO VAN MARTENA. Landboek ofte Annael (1498-1530). (SCHWARTZENBERG. Charterboek van Friesland, n° 321).

———

2107. CH. LAURENT et J. LAMEERE. Ordonnances des Pays-Bas. Règne de Charles-Quint. Voy. n° 475.

Pour les placards de Charles V, voy. G. A. DE MEESTER dans les Nieuwe bijdragen voor rechtsgeleerdheid en wetgeving, 1855.

———

Pour cette période, ainsi que pour la période suivante, les pamphlets sont une source des plus importantes. — Voy. n° 217.

———

2108. Resolutiën der Staten van Holland. Voy. n° 505.

2109. Informacie op den staet, faculteyt ende gelegentheyt van de steden ende dorpen van Hollant ende Vrieslant, om daernae te reguleren de nyeuwe schiltaele, gedaen in den jaere 1514, éd. R. FRUIN. Leiden, 1866, in-8.

———

2110. K. HALTAUS. Geschichte des Kaisers Maximilian I. Leipzig, 1874, in-8.

2111. H. ULMANN. Kaiser Maximilian I. Stuttgart, 1884-91, 2 vol. in-8.

2112. K. RAUSCH. Die Burgundische Heirat Maximilians I. Voy. n° 2030.

2113. PETEREK. Maria von Burgund und Maximilian von Oesterreich. Progr. du gymnase d'Ostrowo, 1849, in-4.

2114. H. Klaje. Die Schlacht bei Guinegate vom 7 August 1479. Greifswald, 1890, in-8.

2115. H. Baumgarten. Geschichte Karls V. Stuttgart, 1885-92, 3 vol. in-8.

2116. A. Henne. Histoire du règne de Charles-Quint en Belgique. Bruxelles, 1858-60, 10 vol. in-8.

Ouvrage capital sur cette période.

2117. P. Fredericq. De Nederlanden onder Keizer Karel. I. De dertig eerste jaren der XVI⁰ eeuw. Gent, 1885, in-8.

2118. F. Rachfahl. Die Trennung der Niederlanden vom Deutschen Reiche (Westdeutsche Zeitschrift, 1900).

2119. A. de Ridder. La cour de Charles-Quint. Bruges, 1889, in-8.

2120. E. Münch, Margaretha von Oesterreich, Oberstatthalterin der Niederlanden. Leipzig, 1833, in-8.

2121. Th. Juste. Charles-Quint et Marguerite d'Autriche. Étude sur la minorité, l'émancipation et l'avènement de. Charles-Quint à l'Empire. Bruxelles, 1858, in-8.

2122. E. de Quinsonas. Matériaux pour servir à l'histoire de Marguerite d'Autriche. Paris, 1860, 3 vol. in-8.

2123. Th. Juste. Les Pays-Bas sous Charles-Quint. Vie de Marie de Hongrie. Bruxelles, 1855, in-8.

2124. Ch. Moeller. Éléonore d'Autriche et de Bourgogne, reine de France. Paris, 1895, in-8.

2125. Ch. Rahlenbeck. Trois régentes des Pays-Bas (1507-1567) : Marguerite d'Autriche, Marie de Hongrie et Marguerite de Parme. Bruxelles, 1893, in-8.

2126. J. J. De Smet. Mémoire sur la guerre de Maximilien, roi des Romains, contre les villes de Flandre (1482-1488). Bruxelles, 1865, in-4. (Mém. Acad.).

2127. R. Kneschke. Zur Geschichte der Niederländischen Kriege und Kämpfe am Ausgange des XV Jahrhunderts. Zittau, 1892, in-4.

D'après les " Geschichte und Thaten „ de Wilwolt von Schaumburg.

2128. Ch. Steur. Mémoire sur les troubles de Gand de 1540. Bruxelles, 1834, in-4. (Mém. Acad.).

2129. A. M. C. van Asch van Wijck. Philips van Bourgondië, bisschop van Utrecht, 1517-1524. Utrecht, 1852-53, 2 vol. in-4.

2130. W. Boeles. Groningen en de Ommelanden onder de heerschappij van Karel V en het bestuur zijner zuster Maria van Hongarije (1536-1555). Groningen, 1865, in-8.

2131. I. A. Nyhoff. Wat Karel van Egmond in de vaderlandsche geschiedenis beteekent. (Bijdragen voor vaderl. geschied. 1861).

2132. P. Heidrich. Der Geldrische Erbfolgestreit (1537-1543). Kassel, 1896, in-8.

2133. O. Redlich. Französische Vermittlungspolitik am Niederrhein im Anfang des XVI Jahrhunderts. (Beiträge zur Gesch. des Niederrheins, XI, 1897).

———

2134. W. Geesink. Calvinisten in Holland. Rotterdam, 1887, in-8.

2135. D. Ollier. Guy de Brès, étude historique sur la réforme au pays wallon (1522-1567). Paris, 1883, in-8. — L. A. Van Langeraad. Guido de Bray, zijn leven en werken. Bijdragen tot de geschiedenis van het Zuid-Nederlandsche Protestantisme. Zierikzee, 1884, in-8.

2136. Ch. Paillard. Procès de Pierre Brully, successeur de Calvin comme ministre de l'église française réformée de Strasbourg et de Tournay (1544-45). Bruxelles, 1878, in-8. (Mém. Acad.). — R. Reuss. Pierre Brully. Strasbourg, 1879, in-8.

2137. F. Pijper. Jan Utenhove, zijn leven en zijne werken. Leiden, 1883, in-8.

2138. H. J. Koenen. Adriaan Pauw. Eene bijdrage tot de kerken handelsgeschiedenis der XVIᵉ eeuw. Amsterdam, 1842, in-8.

2139. H. Q. Janssen. Jacobus Praepositus, Luthers leerling en vriend, geschetst in zijn lijden en strijden voor de Hervormingszaak. Amsterdam, 1862, in-8.

2140. J. Frederichs. De secte der Loïsten of Antwerpsche Libertijnen (1525-1545). Gent, 1891, in-8.

2141. J. J. Mulder. De uitvoering der geloofsplakkaten en het stedelijk verzet tegen de inquisitie te Antwerpen (1550-1566). (Twee verhandelingen over de inquisitie in de Nederlanden. Gent, 1897, in-8).

2142. J. Frederichs. De inquisitie in het hertogdom Luxemburg vóór en tijdens de XVIᵉ eeuw. (Ibid.).

2143. N. C. Kist. De pauselijke aflaathandel ook in deszelfs invloed op de Kerkhervorming in Nederland. (Archief voor kerkgeschiedenis, I, 1829. II, 1831).

2144. P. Fredericq. La question des indulgences dans les Pays-Bas au commencement du XVIe siècle. (Bullet. Acad. 1899).

Pour l'histoire de la Réforme, voy. en outre n° 1182 et suiv.

2145. R. B. Drummond. Erasmus. His life and character as shown in his correspondence and works. London, 1873, 2 vol. in-8. — H. Durand de Laur. Érasme, précurseur et initiateur de l'esprit moderne. Paris, 1872, 2 vol. in-8. — A. Richter. Erasmus-Studien. Leipzig, 1891, in-8. — M. Reich. Erasmus von Rotterdam. Untersuchungen zu seinen Briefwechsel und Leben in den Jahren 1509-1518. Trier, 1896, in-8.

La Bibliotheca Belgica (voy. n° 11) a commencé à faire paraître depuis 1893 une « Bibliotheca Erasmiana » qui doit comprendre une bibliographie complète des œuvres d'Érasme.

2146. D. Reichling. Ortwin Gratius. Sein Leben und Wirken. Heiligenstadt, 1885, in-8.

2147. F. Thibaut. Marguerite d'Autriche et Jehan Lemaire de Belges ou de la littérature et des arts aux Pays-Bas sous Marguerite d'Autriche. Paris, 1888, in-8. — J. Stecher. Jean Lemaire de Belges. Louvain, 1892, in-8. — P. A. Becker. Jean Lemaire. Der erste humanistische Dichter Frankreichs. Strassburg, 1893, in-8.

2148. V. Chauvin et A. Roersch. Étude sur la vie et les travaux de Nicolas Clénard. Bruxelles, 1901, in-8. (Mém. Acad.).

Pour la bibliographie des humanistes des Pays-Bas, voy. Bibliotheca Belgica, n° 11.

Pour l'histoire littéraire à cette époque, voy. n°s 1231, 1247, 1248.

2149. Calvete de Estrella. Viaje de Don Felipe. Voy. n° 2083.

Renferme la plus ancienne description des Pays-Bas qui ait été publiée.

2150. L. Guicciardini. Descrittione di tutti i Paesi Bassi altrimenti detti Germania inferiore. Anvers, 1567, in-fol.

Une traduction française parut la même année à Anvers. Une nouvelle édition italienne augmentée fut imprimée par Plantin en 1581, et traduite en français par Belleforest. Une 3e édit. italienne, la plus complète de toutes, est de 1588. Traduction néerlandaise (sur la 2° édit.) Amsterdam, 1612. — Voy. Boele van Hensbroek (Bijdr. van het hist. genootschap van Utrecht, 1878) et Van Even (Annales de l'Acad. d'archéologie d'Anvers, XXXIII). — Add. n° 146.

2151. C. D. P. [C. Carton]. État de la campagne dans notre province [en Flandre] au temps de Charles le Téméraire et de Maximilien. Bruges, 1844, in-8. (Annales de la Soc. d'Émulat. de Bruges).

2152. G. Schanz. Englische Handelspolitik gegen Ende des Mittelalters. Voy. n° 1045.

2153. R. Ehrenberg. Das Zeitalter der Fugger. Voy. n° 1080.

2154. Gilliodts Van Severen. Les relations de la Hanse teutonique avec la ville de Bruges au commencement du XVIᵉ siècle. (CRH. 4. VII).

2155. Gilliodts Van Severen. Bruges port de mer. Étude historique sur l'état de cette question principalement dans le cours du XVIᵉ siècle. Voy. n° 1063.

— Add. nᵒˢ 1072, 1077, 1084, 1109, 1112.

Pour l'histoire des institutions, voy. nᵒˢ 969 et suiv.

2. Le Pays de Liège.

2156. J. Chapeaville. Gesta pontificum Leodiensium ab Erardo a Marcka usque ad Ferdinandum Bavarum (1505-1612). (Chapeaville. Gesta pontif. Leod. III).

2157. J. Brusthem. Vie d'Érard de La Marck, prince-évêque de Liège (1506-1538), éd. Reusens. (Bulletin de l'Instit. archéologique liégeois, VII).

2158. Guil. de Meef. La mutinerie des Rivageois, éd. Polain. Liège, 1835, in-8.

2159. F. de Marneffe. La principauté de Liège et les Pays-Bas au XVIᵉ siècle. Correspondances et documents politiques. Liège, 1887-95, 4 vol. in-8.

— Add. nᵒˢ 2040, 2043, 2044, 2045, 2050.

2160. J. Daris. Histoire du diocèse et de la principauté de Liège pendant le XVIᵉ siècle. Liège, 1884, in-8. (Partie du n° 789).

2161. H. Lonchay. De l'attitude des Souverains des Pays-Bas à l'égard du Pays de Liège au XVIᵉ siècle. Bruxelles, 1888, in-8. (Mém. Acad.).

2162. J. de Chestret de Haneffe. Les conspirations des La

Marck formées à Liège contre Charles-Quint. Bruxelles, 1891, in-8. (Bullet. Acad.).

2163. J. PAQUIER. Jérôme Aléandre et la principauté de Liège (1514-1540). Documents inédits. Paris, 1896, in-8.

2164. A. VAN HOVE. Étude sur les conflits de juridiction dans le diocèse de Liège à l'époque d'Érard de La Marck (1506-1538). Louvain, 1900, in-8.

2165. CH. RAHLENBECK. L'Église de Liège et la révolution (1525-1576). Bruxelles, 1862, in-12.

— Add. n° 1191.

2166. H. LONCHAY. Les édits des princes-évêques de Liège en matière d'hérésie au XVIe siècle. (Université de Liège. Travaux du cours pratique d'histoire nationale de P. Fredericq. Gand, 1883, in-8).

VII.

LA RÉVOLUTION DES PAYS-BAS SOUS PHILIPPE II.
(1555-1598).

2167. P. C. HOOFT. Nederlandsche historien (1555-1587). Amsterdam, 1642, in-fol.

> Voy. J. C. BREEN, Pieter Corneliszoon Hooft als schrijver der Nederlandsche historien. Amsterdam, 1894, in-8.

2168. RENON DE FRANCE. Histoire des causes de la désunion, révoltes et altérations des Pays-Bas (1555-1592), avec un appendice de pièces relatives à l'histoire du XVIe siècle, éd. CH. PIOT. Bruxelles, 1886-91, 3 vol. in-8.

2169. P. BOR. Oorsprongk, begin en vervolgh der Nederlandsche oorlogen (1555-1600). Amsterdam, 1679-84, 4 vol. in-fol.

2170. FERREOLUS-LOCRIUS. Chronicon Belgicum ab anno 258 ad annum 1600. Atrebati, 1613, in-4.

2171. J. F. LE PETIT. La grande chronique ancienne et moderne de Hollande, Zélande etc. (-1600). Dordrecht, 1601, 2 vol. in-fol.

> Le second volume seul a de la valeur. Le premier n'est qu'une traduction de la Divisiechronijk (n° 1964). Un second ouvrage de LE PETIT: Histoire des Pays-Bas depuis l'an 1560 jusqu'à la fin de l'an 1602. Genève, 1604, in-8, n'est qu'un extrait du précédent avec une petite continuation. La

Bibliotheca Belgica (n° 11) art. Le Petit, attribue encore à cet auteur une " Histoire des troubles et guerre civile des Pays-Bas „ (1559-1581) s. l. in-8. 1582 (Anvers ?)

2172. E. Van Reyd [Reidanus]. Historie der Nederlantscher oorlogen begin ende voortganck (1583-1601). Arnhem, 1628, in-4. Trad. latine par Vossius. Lugduni-Batavorum, 1633, in-fol.

2173. H. Grotius. Annales et historiae de rebus Belgicis (1566-1609). Amstelaedami, 1657, in-fol.

2174. J. Meursius. Rerum Belgicarum libri IV (1567-1573). Lugduni-Batavorum, 1614, in-4.

2175. E. Van Meteren. Historie der Nederlandscher ende haerder naburen oorlogen ende geschiedenissen (-1612). 's Gravenhage, 1614, in-fol. — Gorinchen, 1748-63, 10 vol. in-8. — Trad. française. La Haye, 1618, in-fol.

> Voy. R. Fruin. Over het ontstaan en de eerste hoogduitsche uitgaven van E. van Meteren's Historien. (Bijdragen voor vaderl. geschied.,1888).

2176. G. Baudartius. Afbeeldinghe ende beschrijvinghe van alle de veldslagen, belegeringen enz. onder het beleydt van den prince van Oraengien ende prince Maurits de Nassau (-1624). Amsterdam, 1615, in-4. — Édit. française. Amsterdam, 1616, 2 vol.

> Suite de Van Meteren.

2177. G. Brandt. Kort verhael der reformatie en oorlogh tegen Spanje. Amsterdam, 1658, in-12. — Rotterdam, 1689, in-8. — Utrecht, 1730, in-8.

2178. F. Van der Haer [Haraeus]. De initiis tumultuum Belgicorum (1555-1567). Duaci, 1587, in-8.

2179. F. Strada. De bello Belgico. Decas prima (1555-1579). Romae, 1632, in-fol. — Decas secunda. (1579-1590). Romae, 1647, in-fol.

> Sur les très nombreuses éditions postérieures et traductions, voy. Bibliotheca Belgica (n° 11) art. Strada.

2180. A. Gallucci. De bello Belgico (1573-1609). Romae, 1671, in-fol.

> Suite de Strada.

2181. N. Burgundius. Historia Belgica ab anno 1558. Ingolstadi, 1629, in-4.

2182. A. Carnero. Historia de las guerras civiles que ha avido en los estados de Flandes (1559-1609). En Bruselas, 1625, in-fol.

2183. C. Campana. Della guerra di Fiandra fatta per difesa di religione da Filippo II et III. Vicenza, 1602, in-4. — Assedio e racquisto d'Anversa fatto d'Alessandro Farnese. Vicenza, 1595, in-4.

2184. Conestagio. Delle guerre della Germania inferiore (1555-1600). s. l. 1634, in-8.

2185. P. Cornejo. Sumario de las guerras civiles y causas de la rebellion de Flandres. Leon, 1577, in-8. — Trad. par G. Chappuys. Briefve histoire des guerres civiles advenues en Flandre. 1re édit. 1578; 2me 1570.

> Cornejo a publié à Turin en 1580, in-4, sous le titre " Origen de la civil disension de Flandes „ une deuxième édition remaniée de son ouvrage.

2186. Em. Sueyro. Anales de Flandres. Anvers, 1624, in-fol.

2187. F. Lanario. Le guerre di Fiandra (1559-1609). Anversa, 1615, in-4. — Venetiis, 1616, in-4.

2188. A. Ulloa. Commentari della guerra nelli Paesi Bassi (1585). Venetia, 1570, in-4.

2189. B. de Mendoça. Commentaires sur les événements de la guerre des Pays-Bas (1567-1577), trad. G. Guillaume. Bruxelles, 1860-63, 2 vol. in-8.

2190. C. Coloma. Las guerras de los Estados Baxos (1588-1599). Amberes, 1625, in-4.

2191. G. Adriani. Istoria de suoi tempi (1536-1574). Venetia, 1587, in-4.

2192. Diego de Villalobos y Benavides. Comentarios de las cosas sucedidas en los Paises-Bajos (1594-1598), éd. D. A. Llorente. Madrid, 1876, in-8.

2193. J. B. de Taxis. Commentaires (1570-1598). (Hoynck van Papendrecht. Analecta, II),

2194. Hopperus. Recueil et mémorial des troubles des Pays-Bas (1559-1566) (Hoynck van Papendrecht. Analecta, II). — Réimpression par A. Wauters dans le n° suivant. — Continuation publ. par R. Fruin. (Bijdragen en Mededeelingen van het hist. genootschap te Utrecht, XIII, 1891).

2195. Viglius [Discours sur le règne de Philippe II. — La source et commencement des troubles] et Hopperus. Mémoires sur le commencement des troubles des Pays-Pas, éd. A. Wauters, Bruxelles, 1858, in-8.

2196. Les subtils moyens par le cardinal Grandvelle avec ses complices inventez pour instituer l'inquisition, éd. Ch. Rahlenbeck. Bruxelles, 1866, in-8.

2197. J. de Wesenbeke. Mémoires, éd. Ch. Rahlenbeck. Voy. n° 2064.

2198. Mémoires sur Emmanuel de Lalaing, baron de Montigny, éd. J. Blaes. Bruxelles, 1862, in-8.

2199. Mémoires anonymes sur les troubles des Pays-Bas (1565-1580), éd. J. Blaes et A. Henne. Bruxelles, 1859-66, 5 vol. in-8.

2200. F. Perrenot, Sr de Champagny. Mémoires (1573-90), éd. de Robaulx de Soumoy. Bruxelles, 1860, in-8.

2201. Pontus Payen. Mémoires (1559-1578), éd. A. Henne. Bruxelles, 1860, 2 vol. in-8.

2202. M. A. Del Rio. Mémoires (1576-1578), éd. et trad. A. Delvigne. Bruxelles, 1869-71, 3 vol. in-8. — Historia Belgica (1592-1594). Coloniae, 1611, in-4. — Trad. franç. par A. Delvigne sous le titre : Mémoires sur les troubles des Bays-Bas durant l'administration du comte de Fuentes. Bruxelles, 1892, in-8.

2203. Féry de Guyon. Mémoires, éd. de Robaulx de Soumoy. Voy. n° 2065.

2204. M. Aitzinger. De leone Belgico (1559-1587). Coloniae, 1581, fol.

2205. Johannes Carolus. De rebus Casparis a Robles Billaci in Frisia gestis (1573). Leovardiae, 1731, in-4.

2206. F. Verdugo. Commentario de la guerra de Frisa (1579-1594), éd. H. Lonchay. Bruxelles, 1899, in-8.

2207. M. ab Isselt. Historia sui temporis (1566-1585). Coloniae, 1602, in-8.

2208. Fr. Dusseldorpius. Annales (1566-1616), fragm. éd. R. Fruin. Utrecht, 1894, in-8.

2209. Roger Williams. Memoriën (1567-1574), éd. J. T. Bodel Nyenhuis. Utrecht, 1864, in-8.

Traduction contemporaine de l'original anglais.

2210. Arend Van Dorp. Brieven en onuitgegeven stukken (1565-1595), éd. J. B. J. N. de van der Schueren. Utrecht, 1887-88, 2 vol. in-8.

2211. Sancho de Londoño. Mémoires (1568), éd. R. Fruin. (Bijdragen van het hist. genootschap van Utrecht, XIII, 1891). Texte espagnol avec traduction néerlandaise.

2212. Grobbendoncq. Mémoire de ce qui s'est passé entre le Sr Don Juan d'Autriche depuis sa retraite au chasteau de Namur (24 juillet 1577) jusqu'à la rompure de la paix avec les Estats de par de là, éd. de Reiffenberg. (CRH. X.)

2213. Marguerite de Valois. Mémoires, éd. Guessart. Paris, 1842, in-8.

> Intéressants pour les mœurs dans les Pays-Bas en 1577.

2214. G. Groen van Prinsterer. Archives ou correspondance inédite de la maison d'Orange-Nassau. 1re série, 1552-1584. Leyde, 1835-47, 8 vol. in-8 (Le t. I a été réimprimé). Supplément et table par J. F. Bodel Neyenhuis. Leide, 1835-47, in-8. — 2me série, 1584-1688. Utrecht, 1857-60, 6 vol. in-8.

> L'ouvrage de J. F. van Someren : Archives ou correspondance inédite de la maison d'Orange-Nassau, Supplément au recueil de Groen van Prinsterer, correspondance du prince Guillaume d'Orange avec Jacques de Wesenbeke, Utrecht, 1896, in-8, ne forme pas du tout, en dépit de son titre, un supplément au recueil de Groen v. P. Voy. Th. Bussemaker. Museum, 1896, col. 225.

2215. Gachard. Correspondance de Guillaume le Taciturne, prince d'Orange, suivie de pièces inédites sur l'assassinat de ce prince. Bruxelles, 1847-66, 6 vol. in-8.

2216. Gachard. Correspondance de Philippe II sur les affaires des Pays-Bas (-1577). Bruxelles, 1848-79, 5 vol. in-4.

> Nombreux appendices parmi lesquels : le Mémoire de Metsius sur les troubles des années 1576-1577; le discours de d'Assonleville sur le gouvernement du conseil d'État; les notules de Berty relatives au gouvernement du conseil d'État (Mars-Sept. 1576).

2217. de Reiffenberg. Correspondance de Marguerite d'Autriche, duchesse de Parme, avec Philippe II. Bruxelles, 1842, in-8.

2218. Gachard. Correspondance de Marguerite d'Autriche, duchesse de Parme, avec Philippe II (1559-1563). Bruxelles, 1867-81, 3 vol. in-4.

2219. J. C. de Jonge. Briefwisseling van Alva (1566-1569). (Verhandelingen en onuitgegeven stukken. Delft, 1825-27, 2 vol. in-8).
— Gachard. Correspondance du duc d'Albe sur l'invasion de Louis de Nassau en Frise (1568). (CRH. XVI).

2220. J. F. Van Someren. Correspondance du prince d'Orange avec Jacques de Wesembeke, 1567-1573. Voy. n° 2214.

2221. Documentos escogidos del Archivo de la casa de Alba. publ. par la duchesse DE BERWICH et D'ALBE. Madrid, 1891, in-8.

2222. GACHARD. Correspondance d'Alexandre -Farnèse avec Philippe II (1578-1579). Bruxelles, 1853, in-8. (CRH. 2. IV).

2223. GACHARD. Lettres écrites par les Souverains des Pays-Bas aux États de ces provinces depuis Philippe II jusqu'à François II (1559-1794). Bruxelles, 1851, in-8.

2224. CH. WEISS. Papiers d'État du cardinal de Granvelle. Paris, 1841-52, 9 vol. in-8.

2225. E. POULLET et CH. PIOT. Correspondance du cardinal de Granvelle (1565-1586). Bruxelles, 1878-96, 12 vol. in-4,

2226. CLAUDE DE MONDOUCET. Lettres et négociations (1571-74), éd. L. DIDIER. Paris-Reims, 1891-92, 2 vol. in-8.

2227. P. L. MULLER et A. DIEGERICK. Documents concernant les relations entre le duc d'Anjou et les Pays-Bas (1576-1584). Amsterdam, 1889-99, 5 vol. in-8.

2228. F. VON BEZOLD. Briefe des Pfalzgrafen Johann Kasimir. München, 1882-84, 2 vol. in-8.

2229. Brieven van en over Willem den eersten, prins van Oranje-Nassau, geschreven tusschen de jaren 1580 en 1584, aan de overheden der stad Gend. (Verhandelingen en onuitgegevenen stukken betreffende de geschiedenis der Nederlanden, par J. C. DE JONGE. II, 1827).

2230. KERVYN DE LETTENHOVE et L. GILLIODTS VAN SEVEREN. Relations politiques des Pays-Bas et de l'Angleterre sous le règne de Philippe II. Bruxelles, 1882-1900, 11 vol. in-4.

2231. R. DUDLEY [LEYCESTER]. Correspondence during his government of the Low Countries, in the years 1585 and 1586, éd. J. BRUCE. London, 1844, in-4.

2232. J. HOPPERUS. Epistolae ad Viglium. Trajecti-ad-Rhenum, 1802, in-4.

2233. Lettres de F. SONNIUS, évêque d'Anvers, à Viglius, éd. DE RAM. Bruxelles, 1850, in-8. (CRH, XVI).

2234. Lettres de VIGLIUS à Hopperus (1566-1576). — Lettres de VIGLIUS à divers. — Autobiographie de Viglius (1507-1577). (HOYNCK VAN PAPENDRECHT. Analecta, I, II). — Lettres de VIGLIUS à Josse de Courteville, éd. DE RAM. (CRH. XVI).

2235. Correspondance de GÉRARD DE GROESBEEK, évêque de Liège, avec Marguerite de Parme touchant les progrès de la Réforme dans le Pays de Liège, 1566-1567. (GACHARD. Analectes belgiques. Voy. n° 223).

2236. Correspondance de VALENTIN DE PARDIEU, gouverneur de Gravelines (1574-1594), éd. I. L. A. DIEGERICK.

2237. P. J. BLOK. Correspondentie van en betreffende Lodewijk van Nassau en andere onuitgegeven documenten (parmi lesquels l'Apologie de Louis de Nassau). Utrecht, 1887, in-8.

2238. Correspondance de MARNIX DE SAINTE-ALDEGONDE.Bruxelles, 1860, in-8.

> Fait partie des Œuvres de Ph. de Marnix publiées à Bruxelles par A. LACROIX, 1854-60, 3 vol. in-8. — Joignez d'autres lettres de Marnix CRH. 3. II, IX, XII, 5, I et 2° série du t. IV du Codex diplomaticus neerlandicus (n° 210).

2239. Lettres de LAEVINUS TORRENTIUS, éd. P. F. X. DE RAM. (CRH. 2. VI, VII, XI. 3. I, IV, VI, VII).

————

2240. Pamphlets, voy. n° 217.

————

2240A. Actes des États Généraux au XVIe siècle, voy. nos 506, 507.

————

2241. P. BONDAM. Verzameling van onuitgegevene stukken tot opheldering der vaderlandsche historie, 1576-1578. Utrecht, 1779-81, 5 vol. in-8.

2242. É. VAN BRUYSSEL. Liste analytique de documents concernant l'histoire de la Belgique pendant l'administration de Don Juan (1576-1578). (CRH. 3. II, III).

2243. PH. KERVYN DE VOLKAERSBEKE et I. L. A. DIEGERICK. Documents inédits concernant les troubles des Pays-Bas (1577-1584). Gand, 1847-49, 2 vol. in-8.

2244. KERVYN DE LETTENHOVE. Documents inédits relatifs à l'histoire du XVIe siècle. Bruxelles, 1883, in-8.

2245. A. LACROIX. Analectes pour servir à l'histoire des comtes et du comté de Hainaut. (CRH. 2. XI).

> Pièces relatives à la prise de Mons en 1572 par Louis de Nassau.

2246. GACHARD. Documents inédits sur la Pacification de Gand. (CRH. 4. III). — I. L. A. DIEGERICK. Documents concernant la

Pacification de Gand. (CRH. 4. III). — L. Verhaeghe-de Naeyer. Actes diplomatiques de la Pacification de Gand en 1576. Bruxelles, 1876, in-8.

2247. Discours contenant le vray entendement de la Pacification de Gand. Réimprimé par F. Vander Haeghen. Gand, 1876, in-8.

2248. Stukken betreffende de zending van Dirck van Hille naar Spanje vanwege de Staten van Brabant (1574-1575), éd. P. L. Muller. (Bijdragen van het Hist. genootschap van Utrecht, X).

2249. P. Génard. Actes relatifs à l'Union d'Utrecht (CRH. 4. XV).

2250. [J. Godefroy]. Supplément à l'histoire... du père F. Strada. Contient les procès criminels des comtes d'Egmont et de Hornes avec les preuves. Amsterdam, 1729, 2 vol. in-8. — M. de Bavay. Procès du comte d'Egmont et pièces justificatives. Bruxelles, 1853, in-8. — Journal de Nicolas de Landas, procureur général du comte d'Egmont, éd. L. Devillers (CRH. 4. IX).

2251. J. G. Frederiks. De moord van 1584. Oorspronkelijke verhalen en gelijktijdige berichten van den moord gepleegd op prins Willem van Oranje. 's Gravenhage, 1884, in-8.

> Voy. R. Fruin. De oude verhalen van den moord van Willem I. (Gids, 1884).

2252. Coleccion de documentos inéditos para la historia de España. Madrid, depuis 1842. — (Contient un grand nombre de documents importants pour l'histoire des Pays-Bas au XVIe siècle, entre autres : t. IV, V, XXXVII. XXXVIII, CII, documents relatifs au gouvernement du duc d'Albe; XXXV, XXXVI, au voyage du duc de Medina Celi aux Pays-Bas; VII, L, LI, au gouvernement de Don Juan; LXXII, LXXIII, LXXIV, au gouvernement d'Alexandre Farnèse [renferment entre autres : Los sucesos de Flandes y Francia del tiempo de Alejandro Farnese, par A. Vasquez, « le livre le plus important qui ait été écrit par un Espagnol sur les choses de Flandre » d'après A. Morel-Fatio. Études sur l'Espagne. Paris, 1895, p. 275]; LXXV aux années 1567-1590.

> Sur le contenu de cette collection en tant qu'elle se rapporte aux Pays-Bas, voy. Gachard, Notice sur la Coleccion de Documentos inéditos para la historia de España (CRH. 3. X. 1869), et Th. Bussemaker. Opgave van hetgeen de Coleccion de Documentos inéditos etc. betreffende onze vaderlandsche geschiedenis bevat. (Bijdragen voor vaderl. geschied. 1896).

2253. Nueva coleccion de documentos inéditos para la historia de España. Madrid, depuis 1892. — (Nombreux documents relatifs à Don Louis de Requesens dans les tomes I, II, III, IV et V).

2254. A. Rodriguez-Villa. Correspondencia de Alejandro Farnese. Madrid, 1883, in-8. (Revista de Archivos).

2255. Itinéraires de Philippe II. (Gachard. Voyages des souverains des Pays-Bas, IV. Voy. n° 1927).

2256. F. Halewijn, Sr de Zweveghem. Mémoire sur les troubles de Gand (1577-1579), éd. Kervyn de Volkaersbeke. Bruxelles, 1865, in-8.

2257. Cornelis en Philip Van Campene. Dagboek. Verhaal der gebeurtenissen voorgevallen te Gent sedert het begin der godsdienstberoerten tot het jaar 1571, éd. F. De Potter. Gent, 1870, in-8.

La traduction latine que Philippe Van Campene fit de cette chronique a été elle-même traduite en flamand au XVIIIe siècle par J. P. Van Male. C'est cette traduction flamande que Ph. Blommaert a publiée à Gand en 1839, comme une œuvre originale de Philippe de Kempenaere.

2258. M. Van Vaernewijck. Van die beroerlicke tijden in die Nederlanden en voornamelick in Ghendt (1566-1568), éd. F. Vander Haeghen. Gent, 1872-81, 5 vol. in-8. — Verslag van 't Magistract van Gent nopens de godsdienstige beroerten aldaer (1566-1567). Gent, s. d. in-8.

2259. Jan De Pottre. Dagboek (1549-1602), éd. Jul. de Saint-Genois. Gent, 1861, in-8.

2260. G. Weydts. Chronique flamande (1571-1584), éd. É. Varenbergh. Gand, 1869, in-8. — V. Vander Haeghen. Bijdragen tot de geschiedenis der hervormde kerk te Gent, 1578-1584. (Bijdragen van het Hist. genootschap van Utrecht. XII, 1890).

2261. J. Van den Vivere. Chronijcke van Ghendt, éd. F. De Potter. Gent, 1885, in-8.

2262. Analectes pour servir à l'histoire des troubles de la Flandre-Occidentale au XVIe siècle. (Annales de la Soc. d'Émulation de Bruges, XVI. — Voy encore ibid. XV, XIX, XXIV). — R. Wynckius. Geusianismus Flandriae occidentalis, éd. R. Van de Putte. Brugis, 1841, in-4. — A. de Schrevel. Les troubles religieux du XVI° siècle au quartier de Bruges. Bruges, 1892, in-8. (Annales de la Soc. d'Émulat. XLII). — J. Opdebrink. Poperinghe en omstreken tijdens de godsdienstberoerten der XVI° eeuw in den Geuzentijd. Brugge, 1899, in-8.

2263. E. de Coussemaker. Troubles religieux du XVI° siècle daus la Flandre maritime. Bruges, 1877, 4 vol. in-4.

2264. Onderzoek van 's koningswege ingesteld omtrent de Middelburgsche beroerten van 1566 en 1567, éd. J. Van Vloten. Utrecht, 1873, in-8.

2265. P. J. Leboucq [ou plus probablement S. Le Boucq]. Histoire des troubles advenus à Valenciennes à cause des hérésies (1562-1579), éd. de Robaulx de Soumoy. Bruxelles, 1864, in-8.

2266. Ch. Paillard. Histoire des troubles religieux de Valenciennes (1560-1567). Bruxelles, 1874-1876, 4 vol. in-8.

2267. P. Cuypers van Velthoven. Documents pour servir à l'histoire des troubles religieux du XVI° siècle dans le Brabant-Septentrional. Bois-le-Duc (1566-1570). Bruxelles, 1858, in-8.

2268. Eggerik Egges Phebens. Kronijk [de Groningue]. 1565-1594, éd. H. O. Feith. Utrecht, 1867, in-8.

2269. P. Génard. La Furie Espagnole. Documents pour servir à l'histoire du sac d'Anvers en 1576. Anvers, 1876, in-8.

2270. Lambertus Hortensius. Over de opkomst en den ondergang van Naarden (1572), éd. Peerlkamp et A. Perk. Utrecht, 1866, in-8.

2271. Pasquier de le Barre et N. Soldoyer. Mémoires pour servir à l'histoire de Tournai (1565-1570), éd. A. Pinchart. Bruxelles, 1859-65, 2 vol in-8.

2272. Ph. Warny de Wisenpière. Mémoires sur le siège de Tournai (1581), éd. A. Chotin. Bruxelles, 1860, in-8.

2273. P. B[lommaert]. Politieke balladen, refereinen, liederen en spotgedichten der XVI° eeuw. Gent, 1847, in-8.

2274. Zegher Van Male. Lamentatie behelsende wat datter geschiet is ten tyde van de geuserie ende de beeltstormerie, binnen ende omtrent Brugghe, éd. C. Carton. Gand, 1859, in-8.

2275. H. Van Lummel. Nieuw geuzenlied-boek. Utrecht, 1872, in-8.

2276. Nieuwe refereinen van Anna Bijns en andere rederijkers uit de XVI° eeuw, éd. J. A. Jonckbloet et W. Van Helten. Gent,

1886, in-8. — Refereinen en andere gedichten uit de XVIe eeuw, éd. K. Reulens. Antwerpen, 1879-81, 3 vol. in-8.

2277. Godsdienstige en kerkelijke geschriften van Ph. van Marnix van St-Aldegonde, éd. J. J. van Toorenenbergen. 's Gravenhage, 1871-91, 4 vol. in-8.

2278. J L. Motley. The rise of the Dutch republic, 1555-1584. New-York, 1856, 3 vol. in-8. — Trad. française par G. Jottrand et A. Lacroix. Bruxelles, 1859-60, 4 vol. in-8. — Trad. néerlandaise avec notes par Bakhuizen Van den Brink. 's Gravenhage, 1866, 4 vol. in-8. — History of the United Netherlands, 1584-1609. The Hague, 1860-67, 4 vol. in-8. — Trad. néerlandaise par Bakhuizen Van den Brink. 's Gravenhage, 1861-69, 6 vol. in-8.

2279. W. H. Prescott. History of the reign of Philippe the second of Spain. New-York, 1855-58, 3 vol. in-8. — Trad. française par G. Renson et P. Ithier. Bruxelles, 1860, 4 vol. in-8. — Trad. néerl. par J. A. Huberts. Zutphen, 1860-62, in-8.

2280. R. C. Bakhuizen Van den Brink. Cartons voor de geschiedenis van den Nederlandschen Vrijheidsoorlog. 3e édit. 's Gravenhage, 1891-98, 2 vol. in-8.

2281. M. Ritter. Deutsche Geschichte im Zeitalter der Gegenreformation und des dreissigjährigen Krieges, 1555-1648. Stuttgart, 1887-95, 2 vol. in-8.

2282. L. Cabrera de Cordoba. Filipe segundo. 2e édit. Madrid, 1876-77, 4 vol. in-fol.

2283. H. Forneron. Histoire de Philippe II. Paris, 1881-82, 4 vol. in-8.

2284. Th. Wright. Queen Elizabeth and her times. London, 1838, 2 vol. in-8.

2285. J. K. Laughton. State papers relating to the defeat of the Spanish armada anno 1588. London, 1894, 2 vol. in-8.

2286. Kervyn de Lettenhove. Les Huguenots et les Gueux. Bruxelles, 1882-85, 6 vol. in-8.

2287. R. C. Bakhuizen van den Brink. Studiën en schetsen over de vaderlandsche geschiedenis. Amsterdam, 1863-77, 4 vol. in-8.

2288. J. Van Vloten. Nederland tijdens den volksopstand tegen Spanje (1564-1581). Schiedam, 1872, 2 vol. in-8.

2289. R. Fruin. Tien jaren uit den tachtigjarigen oorlog (1588-1598). 5e édit. 's Gravenhage, 1899, in-8. — Het voorspel van den tachtigjarigen oorlog (dans la Revue « De Gids », 1866).

2290. P. L. Muller. De staat der Vereenigde Nederlanden in de jaren zijner wording (1572-1594). 2ᵉ édit. Haarlem, 1878, in-8.

2291. Wiesener. Étude sur les Pays-Bas au XVIᵉ siècle. Paris, 1889, in-8.

2292. A. Borgnet. Philippe II et la Belgique. Bruxelles, 1850, in-4. (Mém. Acad.).

2293. J. Van Praet. Philippe II et le Taciturne. (Essais sur l'histoire politique des derniers siècles. I. Bruxelles, 1867, in-8).

2294. Th. Jorissen. Filips II (dans les Historische Studiën du même. Haarlem, 1891, in-8).

2295. M. von Koch. Untersuchungen über die Empörung und den Abfall der Niederlanden von Spanien. Leipzig, 1860, in-8.

2296. M. Ritter. Die Anfänge des Niederländischen Aufstandes. (Historische Zeitschrift. LVIII).

2297. H. Kollios. Wilhelm von Oranien und die Anfänge des Aufstandes der Niederlanden. Bonn, 1885, in-8.

2298. J. Kaufmann. Ueber die Anfänge des Bundes der Adelichen und des Bildersturmes. Beiträge zur Geschichte des Niederländischen Aufstandes. Bonn, 1889, in-8.

2299. Ch. Paillard. Considérations sur les causes générales des troubles des Pays-Bas au XVIᵉ siècle. Bruxelles, 1874, in-8.

2300. L. J. J. Van der Vynckt. Histoire des troubles des Pays-Bas. Bruxelles, 1822, 4 vol. in-8.

2301. W. J. Nuyens. Geschiedenis der Nederlandsche beroerten in de XVIᵉ eeuw (1559-1584). Amsterdam, 1865-68, 6 vol. in-8.

2302. Th. Juste. Histoire de la révolution des Pays-Bas sous Philippe II. Bruxelles, 1863-67, 2 vol. in-8.

2303. J. W. te Water. Historie van het verbond en de smeek-schriften der Nederlandsche edelen. Middelburg, 1776-96, 4 vol. in-8.
— M. L. d'Yvoy Van Mijdrecht. Bijdragen tot de historie van het verbond en de smeekschriften der Nederlandsche edelen, 1565-1567. (Nieuwe werken van de Maatschappij der Nederl. letterkunde. I.1825).

2304. M. L. Van Deventer. Het jaar 1566. 's Gravenhage, 1856, in-8.

2305. Ch. Paillard. Huit mois de la vie d'un peuple. Les Pays-Bas du premier janvier au premier septembre 1566, d'après les mémoires et les correspondances du temps. Bruxelles, 1877, in-8. (Mém. Acad.).

2306. Gachard. Notice sur le conseil des troubles institué par le duc d'Albe. (Bullet. Acad. XVI).

2307. R. C. Bakhuizen van den Brink. Eerste vergadering der Staten van Holland in 1572. (Bakhuizen van den Brink, L. Ph. C. Van den Bergh et J. de Jonge. Het Nederlandsche Rijksarchief. 's Gravenhage, 1855-57, in-8).

2308. A. Franz. Ostfriesland und die Niederlande zur Zeit der Regentschaft Albas (1567-1573). Emden, 1895, in-8.

2309. E. Teubner. Der Feldzug Wilhelms von Oranien gegen den Herzog von Alba im Herbst des Jahres 1568. Halle, 1892, in-8.

2310. M. Ritter. Wilhelm von Oranien und die Genter Pacification. (Deutsche Zeitschrift für Geschichtswissenschaft, 1890).

2311. Th. Juste. La Pacification de Gand et le sac d'Anvers (1576). Bruxelles, 1876, in-8.

2312. J. C. de Jonge. De Unie van Brussel des jaars 1577. 's Gravenhage, 1825-27, in-8.

2313. A. De Decker. Geschiedenis der Malkontenten. Brussel, 1882, in-8. (Mém. Acad.).

2314. A. P. Van Groningen. Geschiedenis der Watergeuzen. Leiden, 1840, in-8.

2315. Stirling Maxwell. Don John of Austria. London, 1884, 2 vol. in-8. — B. Perreño. Historia del serenissimo señor D. Juan de Austria, éd. Rodriguez Villa. Madrid, 1899, in-8. — M. Brosch. Don Juan d'Austria in den Niederlanden (1577-1578). (Mittheilungen des Instituts für Oesterreichische Geschichtsforschung, 1900).

2316. P. L. Muller. De Unie van Utrecht (1579). Utrecht, 1878, in-8.

2317. C. H. Th. Bussemaker. De afscheiding der waalsche gewesten van de generale Unie. Haarlem, 1895-96. 2 vol. in-8. — P. L. Muller. Bijdragen tot de geschiedenis der scheiding van Noord- en Zuid-Nederland (Bijdragen voor vaderl. geschied., 1894, 1901).

2318. M. Lossen. Aggäus Albada und der Kölner Pacificationscongress im Jahre 1579. München, 1877, in-4. — J. Hansen. Der Niederländische Pacificationstag zu Köln im Jahre 1579. (Westdeutsche Zeitschrift, 1894).

2319. Gachard. La déchéance de Philippe II (1581). (Bullet. Acad. 2. XVI).

2320. E. Gossart. Projets d'érection des Pays-Bas en royaume sous Philippe II. (Bullet. Acad. Classe des Lettres, 1900).

2321. H. Brugmans. Engeland en de Nederlanden in de eerste jaren van Elizabeth's regeering (1558-1567). Groningen, 1892, in-8.

2322. K. Kaser. Handelspolitische Kämpfe zwischen England und den Niederlanden (1563-1566). Stuttgart, 1892, in-8.

2323. P. L. Muller. Geschiedenis der regeering in de nader geunieerde provincien tot aan de komst van Leicester (1579-1585). Leiden, 1867, in-8.

2324. R. Broersma. Het tusschenbestuur in het Leycestersche tijdvak (1585-87). Goes, 1899, in-8.

2325. Th. Juste. Guillaume le Taciturne d'après sa correspondance et les papiers d'État. Bruxelles, 1873, in-8.

2326. F. Rachfahl. Margaretha von Parma, Statthalltherin der Niederlande (1559-1567). München-Leipzig, 1898, in-8. — Rawdon-Brown. Margaret of Austria duchess of Parma, date of the birth on Venetian authority. Venise, 1880, in-8. — G. Crutzen. L'origine maternelle et la naissance de Marguerite de Parme. (Université de Liège. Travaux du cours pratique d'histoire nationale de P. Fredericq. Gand, 1883, in-8).

2327. P. J. Blok. Lodewijk van Nassau. 's Gravenhage, 1889, in-8.

2328. C. M. Van der Kemp. Maurits van Nassau. Rotterdam, 1843, 4 vol. in-8.

2329. Th. Juste. Le comte d'Egmont et le comte de Hornes. Bruxelles, 1862, in-8.

2330. P. Fea. Alessandro Farnese duca di Parma. Torino, 1886, in-8.

2331. F. Barado. Sitio de Amberes en 1584-1585 con el principio y fin que tuvo la dominacion española en los Estados Bajos. Madrid, 1895, in-8.

2332. J. Rübsam. Johann-Baptista von Taxis, ein Staatsman und Militär unter Philip II und Philip III (1530-1610). Freiburg-i-B., 1889, in-8.

2333. V. Coremans. L'archiduc Ernest, sa cour, ses dépenses (1593-1595). Bruxelles, 1847, in-8.

2334. J. W. Burgon. Life and times of Thomas Gresham, compiled chiefly from his correspondence. London, 1839, 2 vol. in-8.

2335. E. de Borchgrave. Daniel de Borchgrave, procureur général au conseil de Flandre, premier secrétaire d'État des Provinces Unies. Gand, 1899, in-8.

2336. J. H. DE STOPPELAAR. Balthasar de Moucheron. Een bladzijde uit de Nederlandsche handelsgeschiedenis tijdens den tachtigjarigen oorlog. 's Gravenhage, 1901, in-8.

2337. [C. VAN DER ELST]. Le protestantisme belge avant, pendant et après les troubles du XVIe siècle. Bruxelles, 1856, in-8.

2338. E. QUINET. Philippe de Marnix de Sainte Aldegonde. Paris, 1854, in-8. — W. BROES. Filips van Marnix. Amsterdam, 1838-40, 3 vol. in-8. — C. A. CHAIS VAN BUREN. De staatkundige beginselen van Ph. van Marnix. Haarlem, 1859, in-8. — TH. JUSTE. Vie de Marnix de Sainte Aldegonde. Bruxelles, 1858, in-8. — P. FREDERICQ. Marnix en zijne nederlandsche geschriften. Gent, 1881, in-8.

2339. M. ROOSES. Plantijn en de Plantijnsche drukkerij. Brussel, 1877, in-8. (Mém. Acad.). — Christophe Plantin, imprimeur Anversois. 2e édit. Anvers, 1897, in-4. — Correspondance de CHRISTOPHE PLANTIN, éd. M. ROOSES. Anvers, 1885-87, 2 vol. in-8.

2340. L. DUFLOT. François Richardôt évêque d'Arras (1561-1574). Arras-Paris, 1898, in-8.

2341. G. CARDON. De Maximiliano a Bergis Cameracensi archiepiscopo (1556-1570). Parisiis, 1892, in-8.

2342. P. DEBOUT. Vie de Mathieu Moullart évêque d'Arras (1575-1600). Arras, 1901, in-8.

2343. P. DE FÉLICE. Lambert Daneau, pasteur et professeur en théologie (1530-1595). Paris, 1882, in-8. — W. N. DU RIEU. Lambert Daneau à Leide. Leide, 1881, in-8.

2344. W. J. LEENDERTZ. Melchior Hoffmann. Haarlem, 1883, in-8. — F. O. ZUR LINDEN. Melchior Hofmann, ein Prophet der Wiedertäufer. Haarlem, 1885, in-8.

2345. J. G. DE HOOP SCHEFFER. De Brownisten te Amsterdam en het ontstaan van de Baptisten. Amsterdam, 1884, in-8.

2346. H. TER HAAR. Specimen historico-theologicum Petri Datheni vitam exhibens; accedit brevis de ejus scriptis, indole et meritis disquisitio. Trajecti-ad-Rhenum, 1858, in-8. — H. Q. JANSSEN. Petrus Dathenus. Een blik op zijne laatste levensjaren, vooral op zijne twistzaak met Oranje. 's Gravenhage, 1872, in-8.

2347. CH. SEPP. Geschiedkundige nasporingen (H. Roll, van Haemstede, Rabus, Enzinas, Meursius, Corranus of Bellerive, Guy de Brès, etc.). Leiden, 1872-1875, 3 vol. in-8.

2348. CH. SEPP. Drie Evangeliedienaren uit den tijd der Hervorming (Jean Taffin, Pieter de Zuttere gezegd Overhaag en Agge van Albada). Leiden, 1879, in-8.

2349. Cn. Sepp. Polemische en Irenische theologie (Corranus, Lozeleurs de Villiers, Taffin, Moded, Brederode, etc.). Leiden, 1881-82, in-8.

2350. Cn. Sepp. Kerkhistorische studiën (H. Rol, Velsius, C. Franck, Corranus, etc.). Leiden, 1885, in-8.

2351. Cn. Sepp. Uit het predikantenleven van vroegere tijden. Leiden, 1890, in-8.

2352. P. Fredericq. L'enseignement public des Calvinistes à Gand (1578-1584). (Université de Liége. Travaux du cours pratique d'histoire nationale de P. Fredericq. Gand, 1883, in-8).

2353. F. H. Reusch. Die Indices librorum prohibitorum des XVI Jahrhunderts. Tübingen, 1886, in-8.

2354. Cn. Sepp. Verboden lectuur. Een drietal Indices librorum prohibitorum toegelicht. Leiden, 1888, in-8.

2355. V. Gaillard. De l'influence de la Belgique sur les Provinces-Unies sous le rapport politique et intellectuel depuis l'abdication de Charles-Quint jusqu'à la paix de Munster (1555-1648). Bruxelles, 1855, in-8. (Mém. Acad.).

2356. J.S.G. Nypels. Les ordonnances criminelles de Philippe II des 5 et 9 juillet 1570. (Annales des Universités de Belgique, 2ᵉ série, t. I, 1858-59).

Pour l'histoire des réfugiés des Pays-Bas en Angleterre, voy. les « Proceedings of the Huguenot Society of London », Lymington, depuis 1886, in-8, et les « Publications » de la même Société, Lymington [Dublin, Aberdeen, Canterbury], depuis 1887, in-4. On trouvera dans le t. IV des « Proceedings » des notes de Cn. Rahlenbeck sur les réformés flamands et wallons du XVIᵉ siècle réfugiés en Angleterre. — Il faut y ajouter l'« Ecclesiae Londino-Batavae archivum », éd. J. H. Hessels, Cambridge, depuis 1887, in-4, où l'on trouve de nombreux documents relatifs aux relations des protestants des Pays-Bas avec la « Dutch church » de Londres.— Add. nᵒˢ 1113 et suiv.

2357. F. de Schickler. Les Églises du Refuge en Angleterre. I. Paris, 1892, in-8.

Pour l'histoire de la Réforme dans les Pays-Bas, add. nᵒˢ 1182 et suiv.

On trouvera dans la « Bibliotheca Historico-Neerlandica, Catalogue de livres concernant l'histoire des Pays-Bas », La Haye, (M.Nijhoff), 1899, in-8, une liste considérable d'ouvrages concernant l'histoire des troubles sous Philippe II (p. 139 et suiv.).

VIII.

DE L'AVÈNEMENT DES ARCHIDUCS ALBERT ET ISABELLE AU TRAITÉ DE RASTADT (1598-1714).

(Cf. Dahlmann-Waitz-Steindorff, N°ˢ 4124-4945; Monod, N°ˢ 3369-4165).

1. La Belgique.

N. B. On ne trouvera dans ce chapitre et dans le chapitre suivant, que l'indication des sources et des ouvrages relatifs à l'histoire interne de la Belgique. La bibliographie des grandes guerres européennes dans lesquelles le pays a été entraîné à cette époque par ses souverains étrangers ne rentre pas à proprement parler dans l'histoire nationale.

Pour cette période ainsi que pour la période suivante, on consultera avec fruit les « Relations Véritables », imprimées à Bruxelles depuis 1649. Ch. Piot en a donné un dépouillement au point de vue historique, de 1661 à 1770, dans le « Catalogue de la bibliothèque des archives générales du royaume ». Bruxelles, 1882, p. 299-323.

2358. Gachard. Documents relatifs à la cession des Pays-Bas à l'infante Isabelle. (Docum. inéd. I. Voy. n° 223).

2359. Considérations d'estat sur le traicté de la paix avec les Sérénissimes archiducz d'Autriche, éd. Ch. Rahlenbeck. Bruxelles, 1869, in-8.

2360. Documentos relativos al archiduque Alberto de Austria (1598-1621). (Docum. inéditos, XLII).

2361. Cartas del archiduque Alberto á D. Francisco Gomez de Sandoval y Rojas, marques de Denia y duque de Lerma (1598-1611). (Docum. inéditos, XLII, XLIII).

2362. Cartas del almirante de Aragon D. Francisco de Mendoza al archiduque Alberto, relativas en su mayor parte á la guerra de Flandes (1596-1602). (Docum. inéditos, XLI, XLII).

2363. Pompeo Giustiniano. Delle guerre di Fiandra libri VI (1601-1609). Anversa, 1609, in-4. — Édit. latine. Coloniae, 1611, in-4.

2364. Relacion del dinero remitido á Flandes (1598-1609). (Docum. inéditos, XXXVI).

2365. Du Cornet. Histoire générale des guerres de Savoie, de Bohème, du Palatinat et des Pays-Bas (1616-1627), éd. A. L. P. de Robaulx. de Soumoy. Bruxelles, 1868, 2 vol. in-8.

2366. Bergues-sur-le-Soom, assiégée le 18 de juillet 1622 et désassiégée le 3 d'octobre ensuivant, selon la description faite par les trois pasteurs de l'église d'icelle, éd. C. A. Campan. Bruxelles, 1867, in-8.

2367. A. Rodriguez Villa. El coronel Francisco Verdugo (1537-1598). Nuevos datos biográficos y relacion de la campaña de Flandes de 1641 por Vincart. Madrid, 1890, in-8.

2368. J. A. Vincart. Relations des campagnes de 1644 et 1646, éd. P. Henrard. Bruxelles, 1869, in-8. — Relation de la campagne de Flandre de 1649, éd. E. Lameere (CRH. 5. IV). — Relations analogues pour les années 1636, 1637, 1642, 1643, 1645, 1650. (Docum. inéditos, LIX, LXVII, LXXV, XCIX). — Relacion de la campaña de Flandes en 1647, éd. A. Rodriguez Villa. Madrid, 1884. (Revista contemporánea).

Sur Vincart et ses relations militaires, voy. E. Gossart (Annales du bibliophile belge, 1883).

2369. Documentos referentes á la negociacion secreta que .de orden de Felipe IV llevó á Flandes Francisco de Galarreta para hacer la paz con los Holandeses en 1643. (Docum. inéditos, LIX).

2370. Cartas del marques de Castel Rodrigo á Felippe IV, tocantes al gobierno de Flandes durante el anno 1644. (Docum. inéditos, LIX).

2371. Varias relaciones de los Estados de Flandes (1631-1658). Madrid, 1880, in-8.

2372. Relacion de lo sucedido en Flandes desde 1648 hasta 1653, siendo general del ejercito de S. M. C. el conde de Fuensaldaña. (Docum. inéditos, LXXV).

2373. Cartas de algunos PP. de la compañia de Jesus sobre los succesos de la monarquia entre los años de 1634 y 1648. (Memorial histórico español, XIII-XIX).

2374. Memoria de la guerra en los Paises-Bajos de 1675-1678, durante el gobierno del duque de Villahermosa.(Docum.inéditos,XCV).

2375. [J. Tronchin du Breuil]. Relation de la campagne de Flandre et du siège de Namur en l'année 1695. La Haye, 1696, in-fol.

2376. G.Bentivoglio. Della guerra di Fiandra(1559-1607). Colonia, 1635-1640, 3 vol. in-12. — Trad. franç. par Oudin. Paris, 1634 et 1669, 2 vol. in-12, et par Loiseau. Paris, 1770, 4 vol. in-8. — Diario. Amsterdam, 1648, in-8. — Nuntiatura di Fiandra et di Francia. Anvers, 1629, in-fol. Florence, 1863-75, 4 vol. in-12.

2377. [H. Loyens]. Responsio praecursoria. Tractatus de vera origine ducatus et ducum Brabantiae. S. 1. 1670, in-8. — Add. nº 576.

———

2378. A. Miraeus. De vita Alberti Belgarum principis. Antverpiae, 1622, in-4.

2379. M. de Montpleinchamp. Histoire de l'archiduc Albert gouverneur général puis prince souverain de la Belgique, éd. A. L. P. de Robaulx de Soumoy. Bruxelles, 1870, in-8.

2380. Abrégé historique [par un contemporain] du règne d'Albert et d'Isabelle (1592-1602), éd. C. A. Campan. Bruxelles, 1867, in-8.

2381. Itinéraire de l'archiduc Albert. (Gachard. Voyages des Souverains des Pays-Bas, IV. Voy. nº 1927).

2382. F. Casoni. Vita del marchese Ambrogio Spinola. Genova, 1691, in-4.

2383. Gonsalo de Cespedes y Meneses. Primera parte de la historia de D. Felipe el IV rey de las Españas. Lisboa, 1631, in-fol.

2384. Francis Vere. Commentaries (1589-1600), éd. W. Dillingham. Cambridge, 1657, in-fol. London, 1672, in-fol.

2385. G. Baudartius. Memorien (1603-1624). Arnhem, 1624. 2 vol. in-fol. — Add. nº 2176.

2386. P. J. Leboucq. Histoire des choses les plus remarquables advenues en Flandre, Hainaut, Artois et pays circonvoisins depuis 1596 jusqu'à 1674. Douai, 1857, in-8.

2387. Troubles de Bruxelles de 1619. Justification apologétique pour l'advocat Rombaut van Uden, éd. L. Galesloot. Bruxelles, 1868, in-8.

2388. Dagverhael van den oproer te Antwerpen in 1659, éd. C. P. Serrure. Gent, 1839, in-8.

Intéressant pour l'attitude politique des corporations de métiers.

2389. Charles-Alexandre de Croy. Mémoires guerriers de ce qui s'est passé aux Pays-Bas (1600-1606). Anvers, 1642, in-4.

2390. de Mérode d'Ongnies. Mémoires, éd. de Reiffenberg. Mons, 1840, in-8.

2391. Adrien Foppens. Mémoires secrets sur le gouvernement et les affaires des Pays-Bas (1680-1682), éd. L. Galesloot. (CRH. 4. IV).

2392. Ch. Fierville. Voyage anonyme et inédit d'un janséniste en Hollande et en Flandre en 1681. Paris, 1889, in-8.

2393. A. Anselmo. Commentaria ad edictum perpetuum Alberti et Isabellae. Antverpiae, 1656, in-fol.

2394. Considérations sur le gouvernement des Pays-Bas, éd. A. L. P. de Robaulx de Soumoy. Bruxelles, 1872-1873. 3 vol. in-8.

2395. C. Scribani. Politicus christianus. Antverpiae, 1621, 2 vol. in-8.

2396. Gouvernement du pays d'Haynnau depuis le trépas de l'archiduc Albert. Mons, 1835, in-8.

2397. P. de Ram. Un document sur la décadence commerciale d'Anvers au commencement du XVII⁰ siècle. (CRH. 2. VIII).

———

Actes des États Généraux de 1600 et de 1632. Voy. n⁰ 507.

Add. Journal du pensionnaire d'Anvers Jacques Edelheer sur les États Généraux de 1632 (CRH. 4. II).

———

C'est à cette époque que paraît le premier journal édité dans les Pays-Bas Méridionaux, les « Nieuwe Tijdingen » d'Abraham Verhoeven. Anvers, depuis 1620.

Sur Verhoeven, voy. la Bibliotheca Belgica (N⁰ 11).

———

2398. A. Borgnet. Causes et résultats de l'absence d'unité nationale en Belgique pendant le XVII⁰ siècle. Bruxelles, 1847, in-8. (Bullet. Acad.).

2399. H. Schmolke. Philipp's II Abschied von den Niederlanden. Ein Beitrag zur Geschichte der Erzherzöge Albert und Isabella. Berlin, 1878, in-8.

2400. [Ch. Dubois]. Albert et Isabelle. Bruxelles, s. d. in-8.

2401. Ch. Potvin. Albert et Isabelle. Bruxelles, 1861, in-8.

2402. V. Brants. L'autonomie internationale de la Belgique sous les archiducs Albert et Isabelle (1598-1621). (Annales internationales d'histoire. Paris, 1901).

2403. Gachard. Le cardinal Bentivoglio. Sa nonciature à Bruxelles (1607-1615). Bruxelles, 1874, in-8. (Bullet. Acad.).

2404. H. Van Haestens. De bloedige ende strenge belegeringhe der stadt Oostende in Vlaenderen. Leyden, 1613, in-4. — De Bonours. Le mémorable siège d'Ostende. Bruxelles, 1628, in-4. — C. A. Van Sypesteyn. Het merkwaardig beleg van Ostende. 's Gravenhage, 1887, in-8. — P. Henrard. Histoire du siège d'Ostende. Bruxelles, 1891, in-8. — Ed. Belleroche. The siege of Ostende. London, 1893, in-8. — Add. les documents publiés par Ed. Vlietinck, dans les « Annales de la Soc. d'Émulat. de Bruges, XLVIII » et dans CRH. 5. XI.

2405. R. Fruin. De slag bij Nieuwpoort (1610). (Bijdragen voor vaderl. geschied., 1868).

2406. A. Waddington. La République des Provinces-Unies, la France et les Pays-Bas Espagnols de 1630 à 1650. Paris, 1895-97, 2 vol. in-8.

2407. H. Lonchay. La rivalité de la France et de l'Espagne aux Pays-Bas. Bruxelles, 1896, in-8. (Mém. Acad.).

2408. M. G. de Boer. Die Friedensunterhandlungen zwischen Spanien und den Niederlanden in den Jahren 1632 und 1633. Groningen, 1898, in-8.

2409. Ch. Piot. Les guerres en Belgique pendant le dernier quart du XVIIe siècle. (CRH. 4. VIII). — La conférence de Francfort sur le Main et le duché de Luxembourg en 1681 et 1682. (Ibid. 4. XI).

2410. A. Canovas del Castillo. Estudios del reinado de Felipe IV. Madrid, 1889, 2 vol. in-8.

2411. A. Rodriguez Villa. Ambrosio Spinola. Madrid, 1893, in-8.

2412. A. Rodriguez Villa. Don Francisco de Mendoza almirante de Aragon. Madrid, 1899, in-8.

2413. P. Henrard. Marie de Médicis dans les Pays-Bas (1631-1638). Bruxelles, 1876, in-8.

2414. P. Henrard. Henri IV et la princesse de Condé 1609-1610. Précis historique suivi de la correspondance diplomatique de Pecquius et d'autres documents inédits. Bruxelles, 1870, in-8.

2415. Th. Juste. Conspiration de la noblesse belge contre l'Espagne en 1632. Bruxelles, 1851, in-8.

2416. Gachard. La Belgique sous Philippe V. Bruxelles, 1867, in-fol. (Ordonn. des Pays-Bas autrichiens, II, préface, voy. n° 475).

2417. M. DE HAUTECLOCQUE. Le président de Richardot et les États Généraux des Pays-Bas de 1598. (Mém. de l'Acad. d'Arras, 1878).

2418. V. BRANTS. Jehan Richardot. Note d'après des documents inédits sur les origines de la légation des Pays-Bas à Rome et de la nonciature du Saint-Siège à Bruxelles. Louvain, 1891, in-8. (Extrait du Muséon).

2419. A. LEVAE. Recherches historiques sur le commerce des Belges aux Indes pendant le XVIIe et le XVIIIe siècle. Bruxelles, 1842, in-8.

2420. A. DE SAINT-LÉGER. La Flandre maritime et Dunkerque sous la domination française (1659-1789). Paris-Lille, 1900, in-8.

2421. M. DE HAUTECLOCQUE. L'Artois sous les archiducs Albert et Isabelle. Arras, 1873, in-8. (Mém. de l'Acad. d'Arras).

2422. A. STÉVART. Procès de Martin Étienne Van Velden, professeur à l'Université de Louvain. 2e édit. Bruxelles, 1891, in-8.

2423. J. GRANDGAGNAGE. De l'influence de la législation civile française sur celle des Pays-Bas au XVIe et au XVIIe siècle. Bruxelles, 1831, in-4. (Mém. Acad.).

2424. V. BRANTS. Les théories politiques aux Pays-Bas sous les archiducs. Bruxelles, 1898, in-8. (Bullet. Acad.).

2425. O. P. et P. DELPLACE. L'établissement de la compagnie de Jésus aux Pays-Bas. Bruxelles, 1886, in-8. (Précis historiques publiés par les PP. de la Cie de Jésus, XXXII).

2426. A. MOREL-FATIO. Espagnols et Flamands (dans : Études sur l'Espagne. 1re série, 2e édit. Paris. 1895, in-8).

Pour l'histoire des institutions, voy. n°s 969 et suiv.

Pour l'histoire économique, voy. n°s 1072 et suiv., 1086, 1087, 1088.

Pour l'histoire ecclésiastique, voy. n°s 1148 et suiv.

Pour l'histoire de l'art, voy n°s 1306, 1307, 1317-1319, 1328.

2. Le Pays de Liège.

2427. Voyage de PH. DE HURGES à Liège et à Maestricht en 1615, éd. H. MICHELANT. Liège, 1872, in-8. — Voyage de P. BERGERON en 1619, éd. le même. Liège, 1875, in-8.

2428. H. HELBIG. Mémoire concernant les négociations de la France relativement à la neutralité du Pays de Liège, en 1630. Liège, 1875, in-8.

2429. U. Capitaine. Collection de documents contemporains relatifs au meurtre de Sébastien La Ruelle (1637). Liège, 1868, in-8. — Supplément par X. de Theux. Liège, 1878, in-8. — E. Gachet. Documents relatifs à La Ruelle et au Pays de Liège de 1634 à 1638. (CRH. 2. III).

2430. Rerum Leodiensium status anno 1649, éd. J. Alexandre. Liège, 1885, in-8.

2431. J. Daris. Histoire de l'évêché et de la principauté de Liège au XVII° siècle. (Partie du n° 780).

2432. Les historiens Fisen (n° 779), Foullon (n°. 781) et Bouille (n° 780) sont contemporains pour cette période.

2433. H. Lonchay. La principauté de Liège, la France et les Pays-Bas au XVII° et au XVIII° siècle. Bruxelles, 1890, in-8. (Mém. Acad.).

2434. M. Huisman. Essai sur le règne du prince-évêque de Liège Maximilien-Henri de Bavière. Bruxelles, 1899, in-8. (Mém. Acad.).

Add. n° 1088.

IX.

DU TRAITÉ DE RASTADT A LA FONDATION DU ROYAUME DES PAYS-BAS (1714-1814).

(Cf. Dahlmann-Waitz-Steindorff, N°s 4946-5775; Monod, N°s 4166-4542).

1. La Belgique sous le gouvernement autrichien.

N. B. Voy. la note de la p. 212.

2435. Gachard. Documents concernant la domination autrichienne dans les Pays-Bas. (Documents inéd. III. Voy. n° 223).

2436. Gachard. Documents inédits concernant les troubles de la Belgique sous le règne de l'empereur Charles VI. Bruxelles, 1838-39, 2 vol. in-8.

2437. A. von Arneth et J. Flammermont. Correspondance secrète du comte de Mercy-Argenteau avec l'Empereur Joseph II et le prince de Kaunitz. Paris 1880-91, 2 vol. in-8.

2438. A. Beer. Joseph II, Leopold II und Kaunitz. Ihr Briefwechsel. Wien, 1873, in-8.

2439. A. von Arneth. Maria Theresia und Joseph II. Ihre Correspondenz. Wien, 1867, in-8.

2440. Brunner. Correspondances intimes de l'empereur Joseph II avec son ami le comte de Cobenzl et son premier ministre le prince de Kaunitz. Mayence, 1871, in-8.

2441. A. von Arneth. Joseph II und Leopold von Toscana. Ihr Briefwechsel. Wien, 1872, 2 vol. in-8.

2442. A. Wolf. Leopold II und Marie Christine. Ihr Briefwechsel (1781-1792). Wien, 1867, in-8.

2443. H. Schlitter. Briefe der Erzherzogin Marie Christine, Statthalterin der Niederlande an Leopold II. Wien, 1896, in-8.

2444. Gachard. Lettres écrites par les Souverains des Pays-Bas aux États de ces provinces. Bruxelles, 1851, in-8.

2445. Journal ofte Dagregister van onze reyze naer de keyzerlycke stadt van Weenen ten jare 1716 (Journal des ambassadeurs auprès de l'empereur pour obtenir des adoucissements au traité de la barrière). Gent, 1850, in-8.

2446. Édits et Ordonnances des Pays-Bas autrichiens. Voy. n° 475.

2447. A. Cauchie. Le maréchal Antoniotto de Botta Adorno et ses papiers d'État. (Compte rendu du troisième congrès scientifique international des catholiques. Bruxelles, 1895).

2448. F. Magnette. Rapport sur les documents intéressant la Belgique conservés aux archives impériales de Vienne. (CRH. 5.IV).

2449. A. Delescluse. Les archives de Vienne et l'histoire des gouvernements de Königsegg et de Prié. (CRH. 5. VII).

2450. L. Galesloot. Procès de François Anneessens, doyen du corps des métiers à Bruxelles. Bruxelles, 1862-1863, 2 vol. in-8.

2451. J. P. de Mérode-Westerloo. Mémoires. Bruxelles, 1840, 2 vol. in-8.

2452. Gachard. Histoire de la Belgique au commencement du XVIIIᵉ siècle. Bruxelles, 1880, in-8.

2453. A. Borgnet. Histoire des Belges à la fin du XVIIIᵉ siècle, 2ᵒ édit. Bruxelles, 1861-1862, 2 vol. in-8.

La première édition de cet ouvrage, parue en 1844, contient des appendices que l'auteur n'a pas réimprimés dans la seconde.

2454. H. Schlitter. Die Regierung Josefs II in den Oesterreichischen Niederlanden. I. Wien, 1900, in-8.

Le meilleur ouvrage d'ensemble sur cette époque.

2455. F. Crousse. La guerre de la succession d'Autriche dans les provinces belgiques. Bruxelles, 1885, in-8.

2456. Gachard. Mémoire sur l'acceptation et la publication aux Pays-Bas, de la pragmatique sanction de l'empereur Charles VI. Bruxelles, 1847, in-4. (Mém. Acad.).

2457. Ch. Piot. Les Pays-Bas Autrichiens en 1734. (CRH. 4. IX).

2458. A. von Arneth. Geschichte Maria-Theresia's. Wien, 1868-1880. 10 vol. in-8.

2459. Ch. Piot. Le règne de Marie-Thérèse dans les Pays-Bas autrichiens. Louvain, 1874, in-8.

2460. E. Discailles. Les Pays-Bas sous le règne de Marie-Thérèse. Bruxelles, 1872, in-8.

2461. E. Hubert. Le voyage de l'Empereur Joseph II dans les Pays-Bas. 31 mai 1781-27 juillet 1781. Bruxelles, 1900, in-4. (Mém. Acad.).

2462. H. von Zeissberg. Erzherzog Carl von Oesterreich. Ein Lebensbild. Wien, 1895, 2 vol. in-8. — Belgien unter der General-statthalterschaft Erzherzogs Carls (1793-94). Wien, 1803-94, in-8.

2463. A. von Arneth. Biographie des Fürsten Kaunitz. Ein Fragment. Wien, 1899, in-8.

2464. E. Willequet. Histoire du système de la barrière. Bruxelles, 1849, in-8.

2465. Magnette. Joseph II et la liberté de l'Escaut (1781-1785). Bruxelles, 1897, in-8. (Mém. Acad.).

2466. J. Küntziger. Fébronius et le Fébronianisme. Étude historique sur l'origine des réformes religieuses de Joseph II. Bruxelles, 1889, in-8. (Mém. Acad.).

2467. H. Wuttke. Der Kampf der Freiheitsmänner und der Geistlichen in Belgien in den letzten Jahrzehnten des vorigen Jahrhunderts. (Historisches Taschenbuch de Von Raumer. Leipzig, 1864).

2468. Van Ruckelingen [L. Mathot]. Geschiedenis der Oostenrijksche Nederlanden. I. Karel VI, II. Maria-Theresia, III. Joseph II, IV. Brabantsche omwenteling, V. Leopold II, Frans II, Fransche overweldiging. Antwerpen, 1876-80, 5 vol. in-8.

2469. A. Wolf. Marie Christine, Erzherzogin von Oesterreich. Wien, 1863. 2 vol. in-8. — Traduct. française par L. Y. Bruxelles, 1881, 4 vol. in-8.

2470. Ch. Piot. Les agissements de la politique étrangère en Belgique vers la fin du XVIII° siècle. (CRH. 4. IV).

2471. Th. Juste. Le comte de Mercy-Argenteau et l'abandon de la Belgique en 1794. Bruxelles, 1863, in-8.

1472. A. Theiner. Jean Henri comte de Franckenberg, cardinal-archevêque de Malines, trad. de Geslin. Paris, 1852, in-8.

2473. A. Verhaegen. Le cardinal de Franckenberg, archevêque de Malines (1726-1804). Lille-Bruges, 1889, in-8.

———

2474. de Nény. Mémoires historiques et politiques sur les Pays-Bas autrichiens et sur la constitution tant interne qu'externe des provinces qui les composent. Bruxelles, 1784, 2 vol. in-8.

Gachard. Les mémoires historiques et politiques du chef et président de Nény. (Bullet. Acad. 1840. VII).

2475. Shaw. Essai sur les Pays-Bas autrichiens. Londres, 1788, in-8.

2476. [Derival]. Le voyageur dans les Pays-Bas autrichiens ou lettres sur l'état actuel de ces pays. Amsterdam, 1782-83, 6 vol. in-12.

2477. E. Poullet. Les constitutions nationales belges de l'ancien régime à l'époque de l'invasion française de 1794. Bruxelles, 1875, in-8. (Mém. Acad.).

2478. Ch. Steur. État politique des Pays-Bas sous le règne de l'empereur Charles IV. Bruxelles, 1828, in-4. (Mém. Acad.). — Administration des Pays-Bas autrichiens sous le règne de Marie-Thérèse. Bruxelles, 1827, in-4. (Mém. Acad.).

2479. E. Hubert. Les finances des Pays-Bas à l'avénement de Joseph II. Bruxelles, 1899, in-8. (CRH. 5. IX).

2480. Gachard. Sur le changement apporté à la constitution de la Flandre en 1754. (Bullet. Acad. VII. 2). — J. J. De Smet. Sur les changements faits à la constitution flamande sous le règne de Marie-Thérèse. (Ibid. XI. 2).

2481. L. PYCKE. Quel était l'état de la législation et des tribunaux ou cours de justice dans les Pays-Bas autrichiens avant l'invasion des armées françaises dans ce pays, et quels sont les changements que la Révolution française et la réunion de ces provinces à la France, pendant près de vingt ans, ont opérés dans la législation et l'administration de la justice civile et criminelle. Bruxelles, 1824, in-4. (Mém. Acad.).

2482. E. HUBERT. Étude sur la condition des protestants en Belgique depuis Charles-Quint jusqu'à Joseph II. Édit de tolérance de 1781. Bruxelles, 1882, in-8.

2483. ED. MAILLY. Études pour servir à l'histoire des sciences et des lettres en Belgique pendant la seconde moitié du XVIII⁰ siècle. Bruxelles, 1877, in-8.

2484. A. VERHAEGEN. Les cinquante dernières années de l'Université de Louvain. Bruxelles, 1884, in-8.

2485. E. HUBERT. Les réformes de Marie-Thérèse dans l'enseignement moyen aux Pays-Bas. (Rev. de l'Instruction publique en Belgique, 1883).

2486. ED. MAILLY. Histoire de l'Académie impériale et royale des sciences et belles lettres de Bruxelles (1769-1884). Bruxelles, 1883, 2 vol. in-8. (Mém. Acad.).

Pour l'histoire des institutions, voy. n⁰ˢ 916, 977, 979, 980, 981, 986, 987.

Pour l'histoire économique, voy. n⁰ˢ 1086, 1087, 1093, 1094.

Pour l'histoire ecclésiastique, voy. n⁰ˢ 1148 et suiv.

Pour l'histoire de l'art, voy. n⁰ 1328.

---

2. Les révolutions brabançonne et liégeoise.

2487. P. GÉRARD. Ferdinand Rapédius de Berg. Mémoires et documents pour servir à l'histoire de la révolution brabançonne. Bruxelles, 1842-43, 2 vol. in-8.

2488. F. X. DE FELLER. Recueil des représentations, protestations et réclamations de tous les ordres de citoyens dans les Pays-Bas catholiques au sujet des infractions faites à la constitution, aux privilèges, coutumes et usages de la nation et des provinces respectives. Bruxelles, 1787-1790, 17 vol. in-8.

2489. H. Schlitter. Briefe und Denkschriften zur Vorgeschichte der Belgischen Revolution. Wien, 1900, in-8.

2490. Gachard. Lettres de Joseph II sur les troubles des Pays-Bas. (CRH. 3. XIV).

2491. Gachard. Documents politiques et diplomatiques sur la révolution belge de 1790. Bruxelles, 1834, in-8.

2492. L. P. J. Van de Spiegel. Résumé des négociations qui accompagnèrent la révolution des Pays-Bas autrichiens. Amsterdam, 1841, in-8.

2493. E. Dinne. Mémoire historique et pièces justificatives pour Vander Mersch, où l'on donne les preuves de la loyauté de sa conduite durant la révolution belge. Lille, 1791, 3 vol. in-8.

2494. L. Galesloot. Précis du procès politique de l'avocat Henri Van der Noot. (CRH. 4. IX).

2495. L. Galesloot. L'avocat Vonck devant le conseil de Brabant. (CRH. 4. IX, X).

2496. Chronique des événements les plus remarquables arrivés à Bruxelles de 1780 à 1827, éd. L. Galesloot. Bruxelles, 1870-72, 2 vol. in-8.

———

2497. G. Forster. Ansichten vom Niederrhein, éd. W. Buchner. Leipzig, 1868, in-8. — A. Leitzmann. G. Forsters Briefe und Tagebücher von seiner Reise am Niederrhein, in England und Frankreich im Frühjahr 1790. Halle, 1893, in-8. — Trad: franç. : Voyage philosophique et pittoresque sur les rives du Rhin, à Liège, dans la Flandre, le Brabant, la Hollande, etc. Paris, an III [1794], 2 vol. in-8.

A. Leitzmann. Georg Forster, ein Bild aus dem Geistesleben des XVIII Jahrhunderts. Halle, 1893, in-8.

2498. A. Borgnet. Lettres sur la révolution brabançonne. Bruxelles, 1834, 2 vol. in-18.

2499. O. Lorenz. Joseph II und die Belgische Revolution, nach den Papieren des General-Gouverneurs Grafen Murray (1787). Wien, 1862, in-8.

A. Giel. Kaiser Joseph II und Herr Ottokar Lorenz. Wien, 1863, in-8.

2500. H. von Zeissberg. Zwei Jahre Belgischer Geschichte (1791, 1792). Wien, 1891, in-8.

2501. W. A. Arendt. Die Brabantische Revolution, 1789-1790. Eine Skizze. (Historisches Taschenbuch de Von Raumer. Leipzig, 1843).

2502. L. Delplace. Joseph II et la révolution brabançonne. 2° édit. Bruges, 1892, in-8.

2503. Th. Juste. La révolution brabançonne. Bruxelles, 1885, in-8.

2504. Th. Juste. Les Vonckistes. Bruxelles, 1878, in-8.

2505. M. Legrand. La révolution brabançonne. Bruxelles, 1843, in-8.

2506. E. Discailles. Le général Vander Mersch avant la révolution brabançonne. Gand, 1883, in-8.

2507. E. Discailles. Un chanoine démocrate (le chanoine De Broux, secrétaire de Vander Mersch). Bruxelles, 1887, in-8.

2508. Th. Juste. La république belge. Bruxelles, 1885, in-8.

2509. J. Staes. De Belgische republick van 1790. Antwerpen, 1889, in-8.

2510. J. Van Praet. Les Pays-Bas autrichiens. Leur révolution au point de vue rétrospectif et européen. Joseph II. (Essais sur l'histoire politique des derniers siècles. III. Bruxelles, 1884, in-8).

2511. A. Borgnet. Histoire de la révolution liégeoise de 1789. Liège, 1865, 2 vol. in-8.

2512. J. Daris. Histoire du diocèse et de la principauté de Liège de 1724 à 1852. (Partie du n° 789).

2513. H. Francotte. Essai historique sur la propagande des encyclopédistes français dans la principauté de Liège. — J. Kuntziger. Même sujet. Bruxelles, 1880, in-8. (Mém. Acad.).

2514. von Dohm. Die Lütticher Revolution von 1789 und das Benehmen des Königs von Preussen. Berlin, 1790, in-8. — Traduct. française. Liège, 1790.

2515. Papiers de Jean Remi de Chestret pour servir à l'histoire de la révolution liégeoise (1787-1791), éd. J. de Chestret de Haneffe. Liège, 1881-82, 2 vol. in-8.

2516. Ch. Piot. La politique de l'Autriche au Pays de Liège en 1791. (CRH. 4. VI).

---

3. La conquête française.

2517. Th. Juste. Le comte de Mercy Argenteau et l'abandon de la Belgique en 1794. (Bullet. Acad. 1885).

2518. H. von Zeissberg. Zur Geschichte der Räumung Belgiens und des Polnischen Aufstandes (1794). Wien, 1888, in-8.

2519. K. Stahn. Die Ursachen der Räumung Belgiens im Jahre 1794. Bunzlau, 1889, in-8.

2520. A. Chuquet. Jemappes et la conquête de la Belgique. Paris, 1890, in-8.

2521. A. Chuquet. La trahison de Dumouriez. Paris, 1891, in-8.

2522. A. Orts. La guerre des paysans, 1798-1799. Bruxelles, 1863, in-8.

2523. J. Engling. Geschichte des sogenannten Klüppelkrieges (guerre des paysans dans le Luxembourg). 3e édit. Luxembourg, 1858, in-8.

2524. A. Levae. Les Jacobins, les patriotes et les représentants provisoires de Bruxelles (1792-1793). Bruxelles, 1846, in-8.

2525. A. Thys. De Belgische conscrits in 1798 en 1799. Leuven, 1890, in-8.

———

2526. V. Coremans. Éphémérides belges de 1814 d'après les archives du gouvernement provisoire de cette époque. (CRH. 1. XII).

2527. L. de Lanzac de Laborie. La domination française en Belgique (1795-1814). Paris, 1895, 2 vol. in-8.

2528. Ch. Delecourt. Introduction à l'histoire administrative du Hainaut depuis la première invasion française. Mons, 1839, in-8.

2529. L. Delplace. La Belgique sous la domination française. Louvain, 1896, 2 vol. in-8.

2530. S. Balau. La Belgique sous l'Empire et la défaite de Waterloo. Louvain, 1894, 2 vol. in-8.

2531. F. Van den Bergh. De Fransche overheersching in België van 1792-1815. Gent, 1900, in-8 (Vl. Acad.). — C. Cortebeeck. Même sujet (Ibid.).

2532. P. Verhaeghen. Essai sur la liberté de la presse en Belgique durant la domination française. Bruxelles, 1893, in-8.

2533. A. Thys. La persécution en Belgique sous le Directoire exécutif. Bruxelles, 1900, in-8.

15

2534. P. Poullet. La Belgique et la chute de Napoléon Ier (Revue Générale de Belgique, 1895). — Quelques notes sur l'esprit public en Belgique pendant la domination française (Messager des sciences historiques, 1893).

2535. Ed. Mailly. Études pour servir à l'histoire de la culture intellectuelle à Bruxelles pendant la réunion de la Belgique à la France. Bruxelles, 1887, in-8 (Mém. Acad.). — La Société littéraire de Bruxelles (1800-1823). Bruxelles, 1888, in-8. (Ibid.).

Pour l'état de la Belgique pendant la domination française, voir les rapports des préfets dont sept ont été imprimés. Ce sont ceux de d'Herbouville (dép. des Deux-Nèthes), de Doulcet de Pontécoulant (dép. de la Dyle), de de Viry (dép. de la Lys), de Faipoult (dép. de l'Escaut), de Desmousseaux (dép. de l'Ourthe), de Cavenne (Meuse inférieure), de Pérès et Jardrinet (Sambre et Meuse). Sur ces publications, voy. les Bulletins de la commission centrale de statistique, I, 580. — Il faut y ajouter L. F. Thomassin. Mémoire statistique du département de l'Ourthe. Liège, 1879, in-fol.

X.

LE ROYAUME DES PAYS-BAS ET LA RÉVOLUTION BELGE.

2536. Verslag der handelingen van de Staten-Generaal depuis 1815, éd. J. J. F. Noordziek. 's Gravenhage depuis 1862, in-fol.

2537. Journal officiel du gouvernement de la Belgique. Bruxelles, 1814-1815, 6 vol. in-8. — Journal officiel du Royaume des Pays-Bas, 1816-1829, in-8. — Nederlandsche Staatscourant, depuis 1814, in-fol. — L'Union belge, 19 oct. 1830-3 mars 1831. — Le Moniteur belge, depuis le 16 juin 1831. — Recueil des pièces imprimées par ordre de la Chambre des représentants depuis 1831.

2538. Les principaux journaux belges à consulter pour l'époque de la révolution sont : le Courrier des Pays-Bas (depuis 1821), le Mathieu Laensberg (depuis 1824), le Courrier de la Meuse (depuis 1820), le Catholique des Pays-Bas (depuis 1826), le Belge, le Vaderlander. Le Gouvernement leur opposa le Journal de Gand et le National.

2539. H. Bosscha. Geschiedenis der Nederlandsche Staatsomwenteling in 1813. Amsterdam, 1817, 2 vol. in-8.

———

2540. Th. Jorissen. De omwenteling van 1813. Groningen, 1867, 2 vol. in-8.

2541. Th. Juste. Le soulèvement de la Hollande en 1813 et la fondation du royaume des Pays-Bas. Bruxelles, 1870, in-8.

2542. G. K. Van Hogendorp. Bijdragen tot de huishouding van Staat in het koninkrijk der Nederlanden, éd. J. R. Thorbecke. 's Gravenhage, 1854, 5 vol. in-8.

2543. S. Balau. 70 ans d'histoire contemporaine de la Belgique, 1815-1884. 4e édit. Louvain, 1891, in-8.

2544. J. de Bosch-Kemper. Geschiedenis van Nederland na 1830. Amsterdam, 1873-82, 5 vol. in-8.

2545. W. J. Nuyens. Geschiedenis van het Nederlandsche volk van 1815 tot op onze dagen. Amsterdam, 1883-86, 4 vol. in-8.

2546. de Gerlache. Histoire du royaume des Pays-Bas (1814-1830). 4e édit. Bruxelles, 1875, 3 vol. in-8.

2547. P. Poullet. Les premières années du royaume des Pays-Bas, 1815-1818. (Revue Générale de Belgique, 1896).

2548. L. Hymans. Histoire politique et parlementaire de la Belgique de 1814 à 1830. I. Bruxelles, 1869, in-8.

2549. L. Delplace. La Belgique sous Guillaume I roi des Pays-Bas. Louvain, 1899, in-8.

2550. P. Bergmans. Étude sur l'éloquence parlementaire belge sous le régime hollandais. Bruxelles, 1892, in-8. (Mém. Acad.).

———

2551. J. B. Nothomb. Essai historique et politique sur la révolution belge. 4e édit. Bruxelles, 1876, 2 vol. in-8.

2552. Ch. White. The Belgian revolution. London, 1835. 2 vol. in-8. — Trad. française. Bruxelles, 1836, 2 vol. in-12.

2553. Th. Juste. La révolution belge de 1830 d'après des documents inédits. Bruxelles, 1872, in-8.

2554. de Bavay. Histoire de la révolution belge de 1830. Bruxelles, 1873, in-8.

2555. P. Poullet. Relation inédite sur les débuts de la révolution belge de 1830. (Revue Générale de Belgique, 1897).

2556. O. DE KERCHOVE DE DENTERGHEM. Les préliminaires de la révolution belge en 1830. (Revue de Belgique, 1896).

2557. C. P. E. ROBIDÉ VAN DER AA. Catalogus van boekwerken en vlugschriften, betreffende de woelingen in het zuidelijk gedeelte der Nederlanden, den opstand, de vestiging van het koningrijk België, den tiendaagschen veldtogt, enz. [Amsterdam, 1838-1840], 3 part. in-8.

2558. TH. JUSTE. Les fondateurs de la monarchie belge. (Surlet de Chokier, de Gerlache, Lebeau, Van de Weyer, Le Hon, Goblet d'Alviella, De Muelenaere, de Brouckere, de Mérode, Palmerston, Stockmar, De Potter, Nothomb, Vilain XIIII, Defacqz, Forgeur, Liedts). Bruxelles, 1866-78, 22 vol. in-8.

2559. TH. JUSTE. Le Congrès national. Bruxelles, 1880, 2 vol. in-8.

2560. E. HUYTTENS DE TERBECQ. Discussions du Congrès national de Belgique, 1830-1831. Bruxelles, 1844-1845, 5 vol. in-8.

2561. J. G. VERSTOLK VAN SOELEN. Recueil de pièces diplomatiques relatives aux affaires de la Belgique en 1830-1832. La Haye, 1831-33, 3 vol. in-8.

2562. Histoire parlementaire du traité de paix du 19 avril 1839, entre la Belgique et la Hollande. Bruxelles, 1839, 2 vol. in-8.

2563. DE FICQUELMONT. Lord Palmerston, l'Angleterre et le continent. Bruxelles, 1853, in-8.

2564. L. DE POTTER. Souvenirs personnels. Bruxelles, 1839, 2 vol. in-8.

2565. J. LEBEAU. Souvenirs personnels et correspondance diplomatique (1824-1841), éd. A. FRÉSON. Bruxelles, 1883, in-8.

2566. K. PLETINCKX. Souvenirs révolutionnaires. Bruxelles, 1857, in-8.

2567. VAN DER DUYN DE MAASDAM et DE CAPELLEN. Notice et souvenirs biographiques, éd. C. F. SIRTEMA DE GROVESTINS. St-Germain-en-Laye, 1852, in-8. — Traduct. néerlandaise. Amsterdam, 1853, in-8.

2568. J. R. THORBECKE. Brieven (1830-1832), éd. G. GROEN VAN PRINSTERER. Amsterdam, 1873, in-8.

2569. CH. NIELLON. Histoire des événements militaires et des conspirations orangistes de la révolution de Belgique de 1830 à 1833. Bruxelles, 1868, in-8.

2570. A. EENENS. Documents historiques sur l'origine du royaume de Belgique. Les conspirations militaires de 1831. 2e édit. Bruxelles, 1875-76. 3 vol. in-8.

2571. A. R. Falck. Ambtsbrieven (1802-1842). 's Gravenhage, 1878, in-8. — Brieven (1795-1843). 2e édit. 's Gravenhage, 1861, in-8.

2572. Kluit, W. P. Sautijn. Dagbladvervolgingen in België, 1815-1830 (Bijdragen voor Vaderl. geschied., 1802).

2573. H. von Gagern. Das Leben des Generals F. von Gagern. Leipzig, 1856-57, 3 vol. in-8.

2574. A. J. Goblet d'Alviella. Mémoires historiques. Bruxelles, 1864-65, 2 vol. in-8.

2575. J. J. Thonissen. Vie du comte Félix de Mérode. Bruxelles, 1861, in-8.

2576. J. Bosscha. De belgische revolutie. Leeuwarden, 1856, in-8.

2577. A. L. Van der Meere. Mémoires. Bruxelles, 1880, in-8.

2578. E. Discailles. Charles Rogier d'après des documents inédits. Bruxelles, 1892-95, 4 vol. in-8.

2579. W. J. Knoop. Herinneringen aan de Belgische omwenteling van 1830. 's Gravenhage, 1886, in-8.

2580. P. A. Huybrecht. Histoire politique et militaire de la Belgique, 1830-31. Bruxelles, 1856, in-8.

2581. W. J. Knoop. De tiendaagsche veldtocht in augusti 1831. Amsterdam, 1857, in-8. — W. Würpermann. De tiendaagsche veldtocht. 's Gravenhage, 1881, in-8.

2582. R. Guyot. La dernière négociation de Talleyrand. L'indépendance de la Belgique (Revue d'histoire moderne et contemporaine. Paris, 1900-01).

2583. L. Hymans. Histoire populaire du règne de Léopold Ier. Bruxelles, 1865, in-8.

2584. J. J. Thonissen. La Belgique sous le règne de Léopold Ier. Louvain, 1861, 3 vol. in-8.

2585. Th. Juste. Léopold Ier et Léopold II, leur vie et leur règne. Bruxelles, 1872, in-8.

2586. L. Hymans. Histoire parlementaire de la Belgique de 1830 à 1880. Bruxelles, 1877-80, 6 vol. in-8. — Continuation par P. Hymans et A. Delcroix.

APPENDICE

19. F. De Potter. Bibliographisch woordenboek van de geschiedenis der belgische gemeenten. (En préparation).

19. J. Chavanon. [Bibliographie de] L'Histoire de l'Artois. (En préparation pour la Bibliothèque de Bibliographies critiques. Paris, A. Picard).

19. [Dard]. Bibliographie historique de l'arrondissement de Saint-Omer. Saint-Omer, 1887, in-8.

47. J. Winkler. Studiën in Nederlandsche namenkunde. Haarlem, [1900], in-8.

58. Ch. Duvivier. Note sur l'abandon du style de Pâques dans les chartes de Baudouin de Constantinople (CRH. 5. X).

81. J. Eversen et J. L. Meulleners. De Limburgsche gemeentewapens vergeleken met de oude plaatselijke zegels en beschouwd in het licht der locale geschiedenis. (Publ. de la Soc. hist. du Limbourg, XXXV, 1899).

107. Un supplément à cet ouvrage a paru à Liège en 1900.

118. Leven en werken der Zuidnederlandsche schrijvers. Gent, depuis 1901, in-8. (Vl. Acad.).

150. W. A. F. Bannier. De landgrenzen van Nederland. I. Tot aan den Rijn. Leiden, 1900, in-8.

161. E. Reusens. Pouillé de l'ancien diocèse de Cambrai. (Analectes pour servir à l'hist. ecclés. de la Belgique, 1900).

217. W. P. C. Knuttel a publié en 1900 l'inventaire des pamphlets des années 1689-1713.

231. A. Gaillard. Inventaire des mémoriaux du grand Conseil de Malines. I (1377-1600). Bruxelles, 1900, in-8.

L'administration des archives a commencé en 1900 la publication d'Inventaires sommaires des principaux fonds conservés dans les archives de l'État, dont le premier volume paraîtra prochainement.

259. J. Buisseret et E. de Prelle de la Nieppe. Cartulaire de Nivelles. Nivelles, 1892, in-8. (Annales de la Soc. archéolog. de Nivelles). — Add. ibid. 1894.

274. [J. Finot]. Inventaire sommaire des archives communales de Gravelines. Lille, 1900, in-4. — Id. d'Orchies. Ibid. 1901, in-4.

291. Le 3e et dernier volume de l'Inventaire des archives de l'École Bogaerde a paru en 1900.

339. La continuation des Cameraarsrekeningen van Deventer, éd. De Hullu et Acquoy, a paru en 1900.

370. J. de Fremery. Oorkondenboek van Holland en Zeeland tot het einde van het Hollandsche huis. 's Gravenhage, 1901, in-4.

Complément de l'Oorkondenboek de Van den Bergh.

390. Le 4e volume a paru en 1900.

414. Le 2e volume par A. J. A. Flament (1550-1794) a paru en 1899.

419. M. Willemsen. Inventaire chronologique des chartes et documents de l'église S. Servais à Maestricht. (Publicat. de la Soc. hist. du Limbourg, II et V. 1865-68).

419. A. Schaepkens. Cartulaire de la prévôté de Meersen. (Publicat. de la Soc. hist. du Limbourg. I. 1864).

438. A. Delescluse et K. Hanquet. Nouvelles chartes inédites de l'abbaye d'Orval (1190-1384). Bruxelles, 1900, in-4.

500. N. de Pauw. Bouc van der Audiencie. Acten en sentencien van den Raed van Vlaanderen in de XIVe eeuw. I. Gent, 1901, in-8. (Vl. Acad.).

546. Fl. Van Duyse. Het oud Nederlandsche lied. Teksten en melodiën. 's Gravenhage-Antwerpen, depuis 1900, in-8.

557. Une deuxième édition de cet ouvrage vient de paraître.

617. Add. n° *19* (Chavanon).

635. V. Fris. Ware eene wederuitgave van het Memorieboek der stad Gent nuttig? (Annales de la Soc. hist. de Gand, 1901).

651. Add. n° *19* (Dard).

875. R. His. Das Strafrecht der Friesen im Mittelalter. Leipzig, 1901, in-8.

875. R. Schroeder. Geschichte des ehelichen Güterrechts in Deutschland. Stettin-Danzig, 1863-68, 2 vol. in-8.

930. Le 4e fascicule de cet ouvrage a paru en 1900.

932. R. Fruin. Geschiedenis der Staatsinstellingen in Nederland tot den val der Republiek, éd. H. J. Colenbrander. 's Gravenhage, 1901, in-8.

> Commence à Charles-Quint mais traite surtout des institutions de la République des Provinces-Unies.

995. G. Espinas. Les finances de la commune de Douai des origines au XV⁰ siècle. (Nouvelle Revue historique de droit français et étranger, 1901).

> Fragment d'un ouvrage qui paraîtra prochainement sous le même titre.

1038. C. J. Klumker. Der friesische Tuchhandel zur Zeit Karls des Grossen und sein Verhältniss zur Weberei jener Zeit. Emden, 1800, in-8.

1071. G. Des Marez. La lettre de foire à Ypres au XIII⁰ siècle. Contribution à l'étude des papiers de crédit. Bruxelles, 1901, in-8. (Mém. Acad.).

> Contient un appendice de documents inédits précieux pour l'histoire du commerce flamand au XIII⁰ siècle.

1098. W. Levison. Zur Geschichte des Bischofs Walter von Bresslau, 1149-1169. (Zeitschrift des Vereins für Geschichte und Alterthum Schlesiens, 1901).

> Complète le mémoire de Grünhagen.

1143. Une 2⁰ édition de cet ouvrage paraît depuis 1898.

1151. J. Vos. Les paroisses et les curés du diocèse actuel de Tournai. Bruges, 1899-1900, 3 vol. in-8.

1240. P. Van Duyse. De Rederijkkamers in Nederland, éd. F. De Potter et Fl. Van Duyse. Gent, 1900-1901, 2 vol. in-8. (Vl. Acad.).

1283. L. Courajod. Leçons professées à l'école du Louvre. II. Paris, 1901, in-8.

> Comprend plusieurs leçons sur l'art flamand et bourguignon au XV⁰ siècle.

1290. H. Hymans. Bruges et Ypres. Paris, 1901, in-8. [Aussi sous le titre : Brügge und Ypern. Leipzig, 1901, in-8].

> Des volumes semblables du même auteur, consacrés à Anvers, Bruxelles, Gand et Tournai, sont en préparation.

1305. J. Weale. Memling. London, 1900, in-8.

1305. L. Maeterlinck. Roger van der Weyden et les ymaigiers tournaisiens. Bruxelles, 1901, in-8. (Mém. Acad.).

1577. A. Cauchie. La chronique de Saint-Hubert, le second livre des Miracula Sancti Huberti et la Vita Theoderici abbatis Andaginensis. Bruxelles, 1901, in-8. (CRH. 5. XI).

1796. Ch. Duvivier. La commune de Tournai de 1187 à 1211. Bruxelles, 1901, in-8. (Bullet. Acad.).

1877. Une nouvelle édition de cette chronique par H. Pirenne est sous presse.

1930. Ch. Potvin. Œuvres de Ghillebert de Lannoy, avec des notes géographiques par J. C. Houzeau. Louvain, 1878, in-8.

1986. L. Salembier. Deux conciles inconnus de Cambrai et de Lille durant le grand schisme. (Revue des sciences ecclésiastiques. Lille, 1901).

2133. L. Duncker. Fürst Rudolf der Tapfere von Anhalt und der Krieg gegen Herzog Karl von Geldern (1507-1508). Ein Beitrag zur Entstehungsgeschichte der Liga von Cambray. Dessau [1901], in-8.

INDEX [1]

A.

An, A. J. (Van der), 119, 175.
Abbing, C. A., 767.
Abeele, A. (Van den), 630.
Abel, S., 1498, 1521.
Ablaing van Giessenburg (d'), 88.
Abry, L., 120.
Acker Stratingh, G., 688.
Ackersdijk, W. C., 1464.
Acquoy, *339*.
Acquoy, J. G., 545, 1209, 1217.
Adalard de S. Bertin, p. 134.
Adriani, G., 2191.
Adrien De Budt, *voy.* Budt (de).
Adrien d'Oudenbosch, *voy.* Oudenbosch (d').
Adrien de Veteri Busco, *voy.* Oudenbosch (d').
Adventus S. Gerulfi Truncinium, 1670.
Afbeeldingen van gebouwen, 1338.

Aitzinger, M., 2204.
Alberdingk-Thijm, P., 1523, 1530.
Alberdingk-Thijm. P. P. M., 1090.
Alborgensia, 337.
Alberi, 2072.
Albéric de Troisfontaines, 1700.
Alcuin, 1483, 1495.
Alen, P. (Van), 586.
Alexandre, N. J., 803, 1170, 2429.
Alexandre, P., 977, 979.
Algemeene samenstelling der archieven van Thielt, 315.
Alkemade, K. (Van), 759, 1967.
Allan, F., 766.
Alpert d'Utrecht, 1564.
Altfried, 1502.
Altmeyer, J. J., 645, 1041, 1108, 1109, 1183.
Altorffer, J. A., 754.
Amand d'Anchin, 1567.
Ambros, A. W., 1352.
Amelgard, 1917.

---

[1] Pour le classement alphabétique des noms propres, il n'a été tenu compte des particules : *a, de, De, du, te, ter, van, van den, van der*, etc., que lorsqu'elles sont inséparables. Les noms des auteurs anciens sont classés suivant l'ordre des prénoms pour la période antérieure à l'époque bourguignonne. Après cette date, on a fait figurer à l'index leurs noms de famille. On n'a mentionné les noms des éditeurs de textes que lorsque ces textes ont paru en volumes séparés et ne font pas partie de grandes collections de sources. — Les chiffres imprimés en italiques renvoyent aux N°ˢ de l'appendice.

B.

C.

D.

Dadizeele, J. (de), 1940.
Dagboek der Gentsche Collatie, 1949.
Dale, J. H. (Van), 652, 661.
Damhoudere, J. (De), 899, 917, 1091.
Dändliker, K., 2013.
Dapper, O., 756.
Dard, *19*.
Daris, J., 402, 404, 409, 789, 790, 802, 1722, 1731.
Darras, L. P., 726.
David, J., 550, 592, 1762.
Debout, P., 2342.
Decamps, G., 1068.
Decker, A. (De), 2313.
Decourtray, A., 1953.
Dederich, A., 1453, 1564.
Dedicatio ecclesiae Stabulensis, 1581.
Defacqz, E., 871.
Defrecheux, J., 529.
Dehaisnes, C., 270, 274, 295, 1044, 1285.
Delaborde, H. F., 1788.
De laudidus Caroli ducis, 1905.
Delbrück, H., 2027.
Delcroix, A., 2586.
Delecourt, Ch., 475, 2528.
Delecourt, J., 17.
Delehaye, H., 1703.
Delepierre, O., 124, 265, 503, 628, 1294, 1807.
Delescluse, A., 438, 1743, 2449, *438*.
Delewarde, M., 716.
Delghust, O., 646.
Delhaye, L., 722.
Delisle, L., 1537, 1776, 1908.
Delplace, L., 2502, 2529, 2549.
Delprat, G. H., 1201.
Delsaux, Ch., 1349.
Delvaux, H., 181.
Delvenne, M., 117.

Delvigne, A., 2202.
Demarteau, J., 1226, 1490, 1493.
Demarteau, J. E., 788.
Demay, G., 70, 71.
Demeuldre, P., 1208.
De moribus Lamberti S.Bertini, 1664.
De morte Caroli ducis, 1905.
Denis, H., 1077.
Deprez, V., 1894.
De pugna Boviniensi, 1789.
Derival, 2476.
Dermout, J. J., 1146.
Derode, V., 633, 639.
Descamps, A., 1800.
Deschamps de Pas, L., 80, 103, 651, 1276.
Desilve, J., 1261, 1704.
Desjardins, E., 1475.
Des Marez, G., 83, 897, 919, 995, 1691, 1888, 1895, *1071*.
Desmazières, E., 16.
Desmousseaux, p. 226.
Desnouelles, *roy.* Jean Desnouelles.
Despars, N., 1943.
Desplanque, A., 270, 1950, 2001.
Dessel, C. (Van), 1456.
Destrée, J., 1271.
Deventer, J. (de), 146.
Deventer, M. L. (Van), 2304.
Devienne, Dom, 616.
Devigne, F., 1277.
Devillers, L., 17, 76, 235, 347, 348, 350, 352, 353, 354, 356, 363, 364, 365, 492, 1023, 1133, 1288, 1953, 1994, 2047, 2094, 2250.
De vita dominorum de Arkel, 757.
Dewez, L., 548.
Dieckman, F., 1629.
Dieckmeyer, A., 1624.
Diegerick, A., 2227.
Diegerick, I. L. A., 15, 305, 319, 2090, 2236, 2243, 2246.

E.

Eckel, A., 1544.
Edelheer, J., p. 215.
Eenens, A., 2570.
Ehrenberg, R., 1071, 1080.
Eikelenberg, S., 755.
Elst, P. C. (Vander), 147, 2337.
Eltester, L., 430.
Emmius, Ubbo, 679.
Emo, 1760.
Émulation (L'), Revue, 1374.
Endrulat, B., 73.
Engelenburg, E., 188.
Engelhardt, F. W., 833.
Engels, J. B., 950.
Engels, P. H., 945.
Engling, J., 2523.
Ennen, L., 1110.
Enschedé, A. J., 382, 488.
Enzinas, Fr. (de). 2063.
Érembold de S. Bertin, 1666.
Ernsing, R., 1853.
Ernst, S. P., 814, 950, 1152, 1632,
    1635, 1636.
Errera, P., 1053, 1054.
Escoucby, Mathieu (d'), 1911.
Espinas, G., 911, *995*.
Estrup, H. F. J., 2048.
Étienne de Liège, 1493.
Étienne de Tournai, 1704.
Even, E. (Van), 257, 587. 591, 598,
    1310, 1341, 2150.
Everhelm de Hautmont, 1601.
Eversen, J., *81*.
Evrard, 400.
Excellente cronycke van Brabant,
    1935, 1937.
Eyck van Zuylichem, F. N. M., 1335,
    1344.

F.

Faber, F., 1246.
Faider, A., 920.
Faider, C., 933.
Faipoult, p. 226.
Falck, A. R., 2571.
Faulconnier, P., 633.
Fayen, A., 237, 1722.
Fea, P., 2330.
Feith, J. A., 322, 881, 1968.
Feith, H. O., 326, 525, 685, 688, 880,
    997, 2268.
Félice, P. (de), 2343.
Feller, F. X. (de), 2488.
Felsenhart, J., 1470.
Fenin, Pierre (de), 1918.
Ferraris (de), 140.
Ferreolus Locrius, 2170.
Féry de Guyon, 2065.
Fétis, F. J., 1351.
Feyerabend, S., 200.
Feys, É., 319, 539, 644.
Ficquelmont (de), 2563.
Fiedler, F., 1452.
Fiorville, Ch., 2392.
Finot, J., 270, 274, 293, 1039, 1040,
    274.
Fisen, B., 779, 1152.
Flament, A. J., p. 75, *414*.
Flammermont, J., 57, 639, 2437.
Flandre (La), Revue, 662.
Flandria Generosa, 1772.
Fleuranges, R. (de). 2061.
Flodoard de Reims, p. 136.
Flor O'Squar, 2002.
Focke, W., 2040.
Fockema-Andreae, S., 509, 930, 939,
    992, *930*.
Fokker, G. A., 1081.
Folcuin de Lobbes, 1506, 1572, 1647.
Foppens, Adr., 2391.

G.

Geer van Jutfaas, B. J. (de), 477, 856, 1570, 1830.
Geer van Oudegein, J. J. (de), 461, 856, 858.
Geosink, W., 2134.
Goldenhauer, G., 2100.
Geldersch volks-almanak, 709.
Golhorn, J. 1760.
Génard, P., 250, 581, 2249, 2269.
Genealogia comitum Boloniensium, 1587, 1588.
Genealogiae comitum Flandriae, 1646, 1773.
Genealogia comitum Hainoensium, 1589.
Genealogia comitum Namurcensium, 1588.
Genealogiae ducum Brabantiae, 1750.
Geoffroi de Paris, 1870.
Gérard, P., 2487.
Gérard, H., 1874.
Gérard, M., 112.
Gérard, P. A., 556, 1515, 1516.
Gerbert, p. 137.
Gerbrantszoon van Leyden, J., 760. 1954.
Gerlache, E. (de), 786, 2546.
Germain, J., 1905.
Gervais de Reims, 1683.
Gerijt Potter van der Loo, 1806.
Geschiedenis van Axel, 758.
Gesta abbatum Horti S. Marine, 1761.
Gesta abbatum Lobbiensium, 1573.
Gesta abbatum S. Bertini, 1779.
Gesta abbatum S. Laurentii, 1735, 1821.
Gesta abbatum Trudonensium, 1580, 1732.
Gesta episcoporum Cameracensium, 1566, 1744.
Gesta episcoporum Trajectensium, 1755.
Gesta Frisiorum, 1761.

Gesta Lamberti episcopi Atrebatensis, 1663.
Gesta sanctorum Villariensium, 1753.
Geste des ducs de Bourgogne (La), 1905.
Gestel, C. (Van), 1154.
Gewoonten van Sint-Truijen, 403.
Gezelle, G.. 1936.
Gheldolf, A. E., 476, 609, 954.
Ghesquière, J., 95, 207.
Gheyn, J. (Van den), 1920.
Gigl, A., 2499.
Gildenboek (het), Revue, 1373.
Gilles d'Orval, 1724.
Gilles de Royo, 1905, 1907.
Gillès de Pélichy, 1135.
Gilles le Muisit, 1872.
Gilliodts van Severen, L., 279, 291, 476, 899, 1063, 1363, 1894, 2154, 2230, *291*.
Gingins La Sarra, F. (de), 1925, 2015.
Giry, A., 311, 314, 651, 1007, 1690.
Gislebert de Mons, 1747.
Gobert, Th., 795.
Goblet d'Alviella, A. J., 2574.
Godefroy, 1921.
Godefroy, Denys, 1912.
Godefroy, J., 2250.
Godefroy Ménilglaise (de), 1654, 1747.
Godescalc de Gembloux, 1571.
Godescalc de Liège, 1493.
Godin, 273.
Goes, D. (a), 2104.
Goetghebuer, P. J., 1334.
Goethals, F. V., 84.
Goethals, J. J., 638.
Goffinet, H., 433, 438, 826.
Gollut, L., 1976.
Gonnet, C. J., 488.
Gonzon, 1672.
Goor, Th. E. (Van), 583.
Goovaerts, A., 1356, 1897.

H.

I.

L.

Lange Van Wijngaarden, C. J. (de),
764, 1856.
Langeraad, L. A. Van, 2135.
Langerock, P., 1845.
Langlois, Ch. V., p. 24, 320, 1720.
Lannoy, G. (de), 1930, *1930*.
Lansens, P., 654.
Lanz, K., 2077.
Lanzac de Laborie (de), 2527.
Larcier, F., 931.
Lauer, Ph., 1545.
Laughton, J. K., 2285.
Laurent, Ch., 475, 476.
Laux, M., 2028.
Lavalleye, E., 814.
Laveleye, É. (de), 1046.
Lebeau, 721.
Lebeau, J., 2565.
Le Blond, L., 136.
Lebon, L., 1257.
Le Boucq, H., 737.
Le Boucq, L., 739.
Le Boucq, P. J., 737, 2265, 2386.
Leboucq, S., 2265.
Lecesne, E., 624.
Leclercq, N. J., 476.
Le Court, J. (De), 475.
Leemans, C., 1441. 1474.
Leendertz, W. J., 2344.
Leene, J. (Van den), 132.
Leeuwen, J. (Van), 321, 324.
Leeuwen, J. D. (Van), 1955.
Leeuwen, S. (Van). 469.
Le Fèvre de S. Remy, J., 1910.
Le Glay, A. J. G., 178, 221, 269, 270,
1150, 2075, 2076.
Le Glay, Ed., 611, 1799, 1877.
Legrand, L, 1265.
Legrand, M., 2505.
Leitzmann, A., 2497.
Le Jeune, J. C., 532.
Lejeune, Th., 724, 730, 738.
Lelewel, J., 1930.
Lelièvre, 974.

Le Long, I., 1868.
Lemaire, F., 593.
Le Maistre d'Anstaing, J., 1348.
Lemmege, J. (de), 1968.
Lenarts (de), 796.
Lenglet du Fresnoy, 1921.
Lennep, J. (Van). 516, 1339.
Lenoir, D., 1191.
Lentz, P. A., 1894.
Leo, H., 549.
Léon d'Egmond, 1570.
Le Petit, J. F., 2171.
Leproux, J., 274, 295.
Le Prévost, p. 149.
Lerberghe, A. (Van), 286.
Lerius, Th. (Van), 1307.
Leroux, A., 1810, 1981.
Le Roux, J., 131.
Le Roy, J., 168, 169.
Lesbroussart, J. B., 607.
L'Espinoy, Philippe (de), 130.
Lessabé, J., 171.
Lessing, 1857.
Leuridan, Th., 274, 303, 620, 639,
648.
Leuze, A. (de), 831.
Levac, A., 1087, 2419, 2524.
Leven en werken der Zuid-Neder-
landsche schrijvers, *118*.
Levison, W., *1098*.
Levold de Northof, 1823.
Lévy, E., 1316.
Leyssens, Ch., 582.
Libellus de sepultura Florberti,
1675.
Liber Karoleidos, 1905.
Limburg-Brouwer, P. A. (Van), 371,
1969.
Limburg-Stirum, T. (de), 275, 276,
476, 957.
Limminghe (de), 839.
Linas, Ch. (de), 1286.
Lindanus, 653.
Linde, A. (Van der), 766.

N.

O.

P.

Q.

R.

S.

T.

W.

ERRATA

N° 219, *au lieu de* : t. VIII, *lisez* : t. VII.

N° 270, *au lieu de* : A. et J. Le Glay, *lisez* : A. J. Le Glay.

N° 286, *au lieu de* : 1845-52, 5 vol., *lisez* : 1845-54, 6 vol.

N° 388, *au lieu de* : Besemer, *lisez* : Bezemer.

N° 518, *au lieu de* : H. Coremans, *lisez* : V. Coremans.

N° 538, *au lieu de* : L. De Backer, *lisez* : L. De Baecker.

N° 547, *au lieu de* : Epitomes historiae Belgicae. Libri septem etc.,
Epitomes historiae Belgicae libri septem etc.

N° 587, *au lieu de* : J. Van Even, *lisez* : E. Van Even.

N° 600, *au lieu de* : 1896, *lisez* : 1894.

N° 627, *au lieu de* : L. De Baecker, *lisez* : L. de Backer.

N° 676, *fait double emploi avec n° 662.*

N° 723, *au lieu de* : Ch. Bernier, *lisez* : Th. Bernier.

N° 729, *au lieu de* : E. Mathieu, *lisez* : E. Matthieu.

N° 768, *au lieu de* : E. Van Mieris, *lisez* : F. Van Mieris.

N° 785, *au lieu de* : M. Polain, *lisez* : L. Polain.

N° 946, *au lieu de* : Van Zennicq, *lisez* : Van Zinnicq.

N° 985, *au lieu de* : Debaecker, *lisez* : De Baecker.

N° 1012, *au lieu de* : K. Fruin, *lisez* : R. Fruin.

N° 1020, *au lieu de* : Asch Van Wijn, *lisez* : Asch Van Wijck.

N° 1166, *au lieu de* : O. Sackur, *lisez* : E. Sackur.

N° 1253, *au lieu de* : Federiks, *lisez* : Frederiks.

N° 1310, *au lieu de* : G. Van Even, *lisez* : E. Van Even.

N° 1324, *après le titre, ajoutez* : (Mém. Acad.).

N° 1330, *au lieu de* : L. Pholien, *lisez* : Fl. Pholien.

N° 1341, *au lieu de* : G. Van Even, *lisez* : E. Van Even.

N° 1561, *la dernière ligne fait double emploi avec le n° 1563.*

N° 1566, *au lieu de* : Camerarensium, *lisez* : Cameracensium.

N⁰ 1570, *au lieu de* : Léon d'Emond, *lisez* : Léon d'Egmond.

N⁰ 1582, *au lieu de* : Leodensis, *lisez* : Leodiensis.

N⁰ 1583, *au lieu de* : Fundatis, *lisez* : Fundatio.

N⁰ 1722, *au lieu de* : Ch. Daris, *lisez* : J. Daris.

N⁰ˢ 1756, 1757, *au lieu de* : F. Muller, *lisez* : S. Muller.

N⁰ 1937, *doit être joint au n⁰* 1935.

N⁰ 2086, *doit être remplacé par le n⁰* 1913.

N⁰ 2159, *au lieu de* : F. de Marneffe, *lisez* : E. de Marneffe.

N⁰ 2170, *au lieu de* : 1613, *lisez* : 1616.

N⁰ 2214, *au lieu de* : J. F. Bodel Neyenhuis, *lisez* : J. T. Bodel Nijenhui

N⁰ 2262, *au lieu de* : R. Van de Putte, *lisez* : F. Van de Putte.

N⁰ 2425, *au lieu de* : O. P. et P. Delplace, *lisez* : P. O. et *au lieu de*
XXXII, *lisez* : XXXV et XXXVI.

Il faut en outre rectifier quatre erreurs de numérotation aux pages 93, 16
178, 221, *où les n⁰ˢ* 1842, 1811, 2048, 1472, *doivent être remplacés par l*
n⁰ˢ 1042, 1810, 1948, 2472.

Enfin, après les n⁰ˢ 1041, 1719, 1743, *supprimer l'indication* (P. J.), *apr*
le titre.